重回现场

《老照片》编辑部 编

山东画报出版社
济南

图书在版编目（CIP）数据

《老照片》精选集. 卷二. 壹, 重回现场 / 《老照片》编辑部编. -- 济南：山东画报出版社, 2025. 3.
ISBN 978-7-5474-4800-7

Ⅰ . K260.6

中国国家版本馆 CIP 数据核字第 20243V7K87 号

CHONGHUI XIANCHANG

重回现场

《老照片》编辑部 编

策　　划　冯克力
责任编辑　王伟辰
装帧设计　王　芳　张智颖

出 版 人　张晓东
主管单位　山东出版传媒股份有限公司
出版发行　山东画报出版社
　　　　　　社　　址　济南市市中区舜耕路517号　邮编 250003
　　　　　　电　　话　总编室（0531）82098472
　　　　　　　　　　　市场部（0531）82098479
　　　　　　网　　址　http://www.hbcbs.com.cn
　　　　　　电子信箱　hbcb@sdpress.com.cn
印　　刷　山东临沂新华印刷物流集团有限责任公司
规　　格　160毫米×230毫米　32开
　　　　　　15印张　446幅图　300千字
版　　次　2025年3月第1版
印　　次　2025年3月第1次印刷
书　　号　ISBN 978-7-5474-4800-7
定　　价　98.00元

如有印装质量问题，请与出版社总编室联系更换。

出版说明

　　问世于 1996 年底的《老照片》，向以"定格历史，收藏记忆"为宗旨，勉力观照百多年来人类的生存与发展。经累年出版，已然成一回眸过往的窗口、民间史述的平台。

　　2017 年，值《老照片》出版二十年之际，编辑部曾编纂了一套《老照片》精选集，包括《重回现场》《风物流变》《名人身影》《民间记忆》四种，系从已出版的第 1 辑至第 110 辑《老照片》里甄选而成。

　　这次推出的四种同名精选集，乃其续编，故以"精选集·卷二"名之。所选篇目，悉出自第 111 辑至第 150 辑《老照片》。

　　今后，随着《老照片》丛书的陆续出版，未来或有"精选集"之卷三、卷四……相继推出，亦未可知。

《老照片》编辑部

2025 年 1 月

目　录

庚子事变后的午门

杨 潜

　　1900 年 8 月，紫禁城失去了往日的皇家威严。八国联军攻占北京后，于 8
月 28 日在皇城内外进行了一次"炫耀式"阅兵仪式，联军多达两千三百名武装
人员和西方外交官，从大清门聚集，沿紫禁城中轴线，依次穿过天安门、午门、
太和殿、神武门，以示对清廷的轻蔑和羞辱（图 1）。午门是皇宫的正门，隐喻
着大清帝国的国运，它是不会被征服者轻易放过的。1901 年 1 月 27 日，是德
皇威廉二世的诞辰日，德军又选择在这里举办了一场颇有声势的庆典（图 2）。

图 1　1900 年 8 月，美国摄影师詹姆斯·利卡尔顿拍摄的立体照片。立体影像技术曾一度流行，
立体照相机设有两个镜头，像人的双眼存在间距，捕捉具有视觉差异的影像。但两张拼在一
起，照片须用特殊仪器观看，才会产生立体效果

图2 1901年1月27日，德军选择在午门举行德皇诞辰庆典，不只是为下榻西苑仪銮殿的瓦德西元帅到此方便。因驻华公使克林德被戕，德国在战后议和、赔款等一系列问题上立场强横，表现凶暴，处处显示着降服大清的胜者姿态

联军对北京的皇城、内城和外城实行分区占领，宗室昆冈等钦派留京办事大臣向洋人多方求告，才未将紫禁城划为占领区。联军将皇宫交由美、日两国军队看守，美军据午门，日军据东华门、西华门和神武门。尽管对进出皇宫做了一些规定，但各种身份的异邦人士，得以自由入内观览，拍摄皇宫建筑和景物，以满足他们对深宫禁奥的好奇。日本摄影师小川一真与建筑史学家伊东忠太等人曾对紫禁城进行系统调查、勘测，编纂了《清国北京皇城写真帖》。至于西方人拍摄的皇家建筑、园林景观的照片，在当时多用于报刊、书籍及邮政之需，今天则成为众多博物馆、图书馆的珍藏。

在云志艺术馆影藏中，有若干庚子事变前后的午门影像。最为稀见的一帧老照片，是清朝官吏在午门的合影（图3），此前国内未见公开披露，以致罕为人知。一干文武官员及其随从，无所顾忌地在皇宫正门前拍照，与烦琐森严的宫廷规矩大不相合，实在不可思议。联想到直隶总督端方在参加慈禧奉安时，发生仆人"偷拍"事件，以致端方罢官、肇事者下狱。在动辄得

图3　清朝官员午门合影

咎的宫廷，言行举止稍有不慎，就会涉嫌对上的"大不敬"，招来永劫不复的灾殃。这帧清末老照片，因此显得十分蹊跷与特别。图片未标注任何相关信息，亦不知其来源出处，给解读带来一些困难。笔者先从辨识合影中的官员开始，经细心检索、反复比对，照片中的两名官员身份得以确认：左起第八人是候补侍郎胡燏棻，左起第九人是武卫右军翼长姜桂题。他们位于前排居中位置，无疑是照片里的主角。

接下来的照片解读便顺风顺水。胡燏棻与姜桂题是参与庚子善后事宜的重要官员，其职责一度有过交集。梳理、弄清他们在庚子事变前后的军政活动轨迹，是解开照片密码的钥匙。

胡燏棻为清末时期著名的洋务派官员，是清军新式练兵最早的主持者，因调任芦津铁路督办，才由袁世凯接替而淡出军界。这位科举正途出身的官僚，思想并不守旧，以通晓洋务、善于交结洋人闻名朝野，故一度遭到守旧势力的打压，庚子事变前屡遭弹劾，被撤去督办铁路的差事，到总理各国事

3

务衙门担任闲差。庚子事变中，拳民毁铁路，声言"杀了胡燏棻，铁路就断根"，胡因此大恐，以在京家当被毁、须回原籍置办衣物为由，请假数月出京避祸。朝政大局糜烂后，李鸿章出任议和大臣，委派胡燏棻组织善后营务处，协调京畿兵备防务、地方治安的重建。1901 年 5 月，奕劻、李鸿章上奏《联军将退预筹布置折》，奏调袁世凯所部姜桂题及马玉昆两军来京畿驻扎，由候补侍郎胡燏棻居中联络布置。胡燏棻与奕劻、李鸿章均有良好的私人关系，并且熟悉武卫军系统的众多将领，还曾任顺天府尹，深谙京城民情，是居中协调军地双方的合适人选。姜桂题为毅军宿将，甲午战争中率部与日军作战，因旅顺失守，被清廷革职，留营效力。1896 年姜桂题被袁世凯招入新建陆军，分统左翼各营，兼任全军翼长，1899 年随袁世凯入山东，主要负责对胶澳德军布防。1901 年 7 月，奉命率三千四百人开赴直隶，途中参加对团民作战，8 月初抵达京北清河镇，候联军撤离接管北京内城防务。姜桂题拨出一部，成立宿卫营，于 8 月 29 日与联军完成交接，临时担负起紫禁城的守卫。

依据胡燏棻和姜桂题在 1901 年中的主要活动，再对照片中人物的夏季服饰、建筑修葺、周边环境等信息综合研判，推断此照拍摄于 1901 年 8 月 29 日至 11 月 8 日之间，即辛丑年夏秋季节。武卫右军和武卫左军入卫京师，是庚子变局的一个重要事件，它与庚子前的极端排外及战后的施行新政，尤其是军制改革前后相连，互有因果。虽不为近代史家所重点关注，却对清末政局的演变与走向，产生了深远影响。条分缕析这一事件与照片的关联，须对历史背景、名物等稍作说明。

先说午门。午门是皇宫正门，位于紫禁城南北轴线，因其居中向阳，位当子午，故名午门。明清两代，凡遇重大典礼、重要节日，都在这里陈设高等级的皇家仪仗。清朝中前期多次在此进行"受俘礼"，宣示战功、武力。按照清朝典章制度，大军征讨获胜凯旋之日，要献俘于太庙，受俘于午门，但一般止于献俘礼毕。只有康熙、雍正、乾隆、道光四任皇帝移驾午门，享此殊荣。八国联军在午门大肆炫耀，还以"其人之道"的侮辱意图明显。小川一真于 1901 年拍摄的午门（图 4），对比图 3 可以发现，墩台和各个阁楼尚未整修，正中门楼重檐之间出现残破，墩台外面表层斑驳，甚至生长出灌木杂草。另一帧来自《庚子事变京师残迹影集》的照片（图 5），与小川一

图4 1901年，小川一真拍摄的午门。《清国北京皇城写真帖》包括紫禁城、西苑、万寿山、天坛、先农坛、雍和宫等处十大部分，对建筑位置、尺寸、材料、形状等做了详细的记录，是由建筑史家、建筑师、摄影师合力完成的

真所摄参看可窥全貌。查《德宗景皇帝实录》，光绪二十七年（1901）四月，"谕内阁，奕劻电奏，京城各处跸路所经，请派大臣修葺等语。现在回銮有期，自应先行择要修理。着派张百熙、桂春、景沣、陈夔龙，切实估修"。又"谕令内务府大臣扫除宫阙"，以迎接回銮。图3中的午门建筑已修葺完毕，时间是在联军交还紫禁城后，即着手对紫禁城多处门楼整修。又据口述史料，天安门、端门、午门等处墙面还刷抹了红灰，亦可从照片得到印证。由此可以大致推断图3的拍摄时间。

再说照片中的人物。合影人员主要来自三个系统：京畿善后营务处、武卫右军编成的宿卫营和内务府护军营。清廷任命胡燏棻的正式名义是"襄办京畿善后营务处事宜"，主要职责是协调布置姜桂题与马玉昆两军进驻京畿地区。其任务划分：武卫右军姜桂题部驻防北京内城，除重点守卫紫禁城，另分扎于内城九门各地段；武卫左军与联军作战虽遭受重创，因战后收编聂士成等各军残部及溃兵，人员数量得以扩充，故部署于北京外城及京郊各处。战前由八旗兵与内务府两个系统构成的禁卫军，除随慈禧出逃的神机营、虎神营计两千余人幸免，其余数万禁卫军受到毁灭性打击。虽经战后收容、整编，亦属杯水车薪，无法承担原有京畿防务。1901 年 5 月，远在西安的清廷派桂春回京，预先筹备两宫回銮，与内务府大臣世续重组了护军营。

照片左侧数人是武卫右军官佐，照片右侧是内务府官员及护军，按新军编练的武卫军与八旗兵的装束迥然不同。武卫右军的前身是袁世凯编练的新建陆军，成军之始便追求西化和统一，就军服而言，与八旗、绿营、勇营的服装相比，不仅式样发生变化，且种类齐全，官兵等级体现得更为明细。而八旗将士固守穿马褂的传统，平时穿着服装多为各式马褂。汉人高级别武官也喜用马褂为行服，以显示身份的尊贵。姜桂题与另外武职官员均身着马褂，是他们除参加朝会、典礼等重大活动之外，办理一般公务时穿着的行服，俗称"行褂"。姜桂题是军中有名的"长人"，此公以勇武扬名，日常却甚少威严，喜与下属说笑。合影的众人大都一脸严肃，独其眉开眼笑，似印证了他的好脾气。马褂来自满洲贵族服饰传统，官员穿着起来并不"简单"，行袍穿在内，腰间系行带，外罩行褂，下系行裳，很有一套讲究。后排被遮挡的人头戴平顶凉帽，这是武卫军士兵夏季配发的藤编军帽，常见于这一时期的新军影像。清廷经庚子之役，痛感旧式军队朽腐无用，遂有彻底改革兵制的决心，新军编练迅速展开。1903 年 12 月设立练兵处，统一全国新军的营制饷章，推出军官制度和军衔制度。到 1905 年，出台《新军统一军服章程》，清末新军"外貌"至此发生了根本改观。

照片中有五位官员穿戴补服，是这帧照片的一大看点。清代官服制度有严格的规定，处处体现"分等级、定尊卑"，官职越高其官服种类越多，使用的布料、珠宝等更加贵重精美，比如佩戴朝珠必须是文五品、武四品以上官员。从佩戴的朝珠、顶戴及补子图案，大致可判断官职的品级。胡燏棻是正二品文官，曾在光绪十七年（1891）赏加头品顶戴，胸前方形补子图案为一品文官的仙鹤。前排另两位佩戴朝珠的官员，补子图案为四品文官的云雁。

Вход в запретный дворец. Пекин.

图5 选自《庚子事变京师残迹影集》，拍摄者为西方人，佚名，推断拍摄于1900年夏秋之间

前排尚有一位没有佩戴朝珠的人，补子图案似为监察官员通用的"獬豸"。京师设五城御史司坊，负责巡查京城内东西南北中五个区域，满汉各一人，为正六品，一般由科道官每年轮替出任。这帧画质清晰优良的老照片，能够展示清代官服、军服及靴帽佩饰的一些细节，在同期影像中实不多见，服饰史研究者可为借鉴。

照片是何人拍摄？因何而留下这帧影像？尚待破解。观察合影中的众多人物，队形排列显得随意，视线也未集中于镜头，既不像标准的"留念照"，也不似抓拍的"纪实照"。来自不同衙门的官员是为何事集于午门？聊做一推测：在两宫回銮之前，胡燏棻、姜桂题及内务府官员，对皇宫的禁卫事宜进行巡查，恰有来此的摄影师为他们留下了此帧影像。在武卫右军接收紫禁城之前，尤其是"觊觎"皇宫已久的西方人纷至沓来，留京善后大臣们不得不与联军商订入内规定："凡文武官员及各国士商，应持有联军各军管带官

之信函，准予每礼拜二、礼拜五等日，自午前十点钟至午后二点钟止入内，二点钟以后，应请各位退出"，"入内须提前两日预约，由美军或日军提督批准。"据《瓦德西拳乱笔记》1901年2月1日所记："昨日荫昌将军曾受李鸿章及庆亲王之嘱，特来余处相告，谓近来获得（美国）查菲将军书面允许，往游紫禁城之人，屡欲侵入住有妇女之院宇。"以致内庭宫妃惊恐不安，荫昌请求瓦德西对外籍人士严加约束。紫禁城收回后，"总管内务府大臣世续等上奏紫禁城外守门洋兵，一律撤退。即于初五日起。会同三院卿轮班直宿"。虽封闭宫门，不允进入，但此后陆续到京的外国人，仍不时前来宫外观瞻。图3为外国人拍摄的可能性很大。

　　1902年1月7日，两宫回京，慈禧曲意结好列强，着荣禄致书各国公使，对他们保护皇宫之举表示感谢，并亲自出面在宫中款待各国公使夫人。清廷

图6　这帧午门旧影与庚子事变无涉，是目前所见紫禁城最早的照片，是有英、意双重国籍的费利斯·比托拍摄于1860年。作为著名的战地记者，他用镜头记录了英法联军与清军的作战行动及战地景观。英法联军进入北京火烧圆明园，但未侵扰皇宫，在议和期间，他与奕䜣拉上关系，还为恭亲王拍摄了肖像照。比托来到午门，对紫禁城外围建筑进行了拍摄。细看此照能发现此午门与庚子事变后的午门的细小差异

对两宫回銮的"有功"人员大加赏赐，胡燏棻与姜桂题都在其列。胡燏棻很快成为朝廷堂官，1901 年 11 月上谕着派胡燏棻会同办理收回津榆铁路事宜，1902 年 1 月署工部左侍郎，3 月迁刑部右侍郎。姜桂题也屡获恩赏，授紫禁城骑马，赏穿黄马褂。1902 年 2 月调离武卫右军，升任重新恢复建制的毅军总统，自此成为独当一面的将领。胡、姜二人还获赏过皇上赐予的"福"字、袍料等物。姜桂题调离后，宿卫营差缺由护驾有功的张勋接替，此乃张勋仕途崛起之端始。

武卫右军禁卫京师，是在原八旗禁卫系统全然瓦解情势下，清廷不得已之举措。汉籍武装充任御林军，有清一代前所未有，既违背祖宗成法，安全也操于汉人，无疑是满洲贵族的一块心病。故编练新军之初，宣布从八旗抽调兵丁万余人，第一期挑选三千多人，按照北洋常备军营制饷章，交由袁世凯创建京旗军。再经两期扩编形成一镇规模，后来统一番号，京旗常备军称陆军第一镇，成为保卫皇室的主要力量。而武卫右军与江南自强军则整编为陆军第六镇。1909 年初，满洲贵族中的少壮派为加强皇室的武装力量，任命载涛、毓朗和陆军部尚书为专司训练禁卫军大臣，1911 年 8 月正式成军，取代陆军第一镇驻守宫禁。这支缺乏实战的御林军，尽管武器装备一流，但在清朝大厦将倾之际，并未起到任何作用。

庚子事变后的几帧午门旧影，就像大历史中的小切片，映射出大清帝国饱受外力冲击，王纲和法度，日趋弛坠；守旧与改革，进退失据。清末新政绝非是清廷主动要求的变革，而是在剧烈的外力冲击下，为求自保倒逼的结果，因而推进最快的是军制改革，政治层面的立宪则是一拖再拖，对高度集权一直不愿放手，最终导致了辛亥革命的爆发。

紫禁城"沦陷"于外敌之手，是创痛至深的国变中标志性事件之一。"清朝官员午门合影"尤具"图史互证"的实据价值和文物意义，不仅清晰地揭示了文字资料中若明若暗的史事脉络，也能从现场当事人中打捞出被逐渐遗忘的信息。在那些地位不同、前程未卜的文武官员的神态表情里，也让后世窥见了几缕鲜活的晚清官场镜像。

（图片由云志艺术馆提供，原载《老照片》第 149 辑，2023 年 6 月出版）

青岛前世

——德国人拍摄的胶澳租借地

李 洁

青岛是我国重要的沿海开放城市，也是最早一座全然按西方模式兴建起来的近代化名城。早在百余年前，即德国占据青岛之时，在西方人的语境中，TSINGDAO（青岛的旧式英文拼注）就是令人向往的"远东模范殖民地"。

在 1897 年 11 月 14 日德国人强行登陆之前，本地名曰"胶澳"，隶属莱州府即墨县。"澳"的本义即海边弯曲的泊船之地，"胶澳"即胶州湾的泊船处。胶澳口上有个青岛村，其名得之于近海中的那座青葱之屿，即小青岛。"澳"乃书面语，当地人则称村前的那片海为青岛口。

1891 年暮春，大清国第一重臣，以文华殿大学士、直隶总督兼北洋大臣，再兼会办海军事务大臣（即海军副司令）的李鸿章，在授命襄办海军事务的山东巡抚张曜的陪同下，巡视他所辖的北洋海防。自威海卫乘军舰抵达胶澳后，李鸿章亲睹了此地战略意义之重要，回京后立即与张曜联名上书朝廷，建议在胶澳设防。十余年前，他即派员前来胶澳视察。数年前，驻俄、德、荷、奥公使许景澄意外获知德国人对胶澳颇有兴趣，也曾上书朝廷，力陈胶州湾屯兵设防之必要。所以，这一次，光绪帝收到奏折后，三天即朱笔批复"照所请行"。于是，翌年 6 月，登莱青镇总兵官（简称登州总兵）章高元便率四营官兵由登州（蓬莱）进驻莱州所辖的胶澳，在青岛村至海岸之间的空地上兴建了他的总兵衙门，在团岛、青岛口等地兴建了四座兵营，以安置他带来的广武前军、广武中军、嵩武前军和嵩武中军。同时，他在距青岛口数公里之外的下杨家村设置了电报房，使胶澳与外界有了最快捷的联络通道。而且，因青岛口滩平水浅，不足以泊大船，他还下令在总兵衙门以西修筑了

图1 青岛最高军政官署——登州镇总兵衙门

一座长长的木栈桥。有了这座栈桥，这个城市就有了一个驰名中外的地标。

因正二品大员衙门的设置和两千多名官兵的常驻，让青岛口迅速繁荣起来。民国初期的《胶澳志》上有明文记述："青岛村初为渔舟聚集之所，归有居民三四百户，大都以渔为业，今之天后宫、太平路一带，乃三十年前泊舟晒网之所。章高元驻兵后，渐成为小镇市矣。"

章高元乃淮军宿将，曾随本乡的福建巡抚刘铭传赴台湾与法军激战，因功晋为澎湖镇总兵，复任登州总兵。移总兵衙门于胶澳之后的第三年，即甲午年（1894年），日本悍然发动了侵华战争。章高元奉旨率所部八营奔赴辽东半岛，在凤凰山阻击过日军的进攻。这样一个被朝廷授予"巴图鲁"（满语：勇士）的老将，却在胶澳任所遇上了天大的难题——光绪二十三年十月二十日（1897年11月14日），昨天停泊在青岛口的四艘德国铁甲舰上，有几个海军校尉自栈桥登陆，前来拜访他，告知：因山东曹州发生虐杀德国传教士的惨案，所以德国远东舰队奉德皇钦命自上海赶来，请他率所部于四十八小时内撤离本地，否则将以敌军对待之。

章高元有所不知，早在上一年冬季，德国驻华公使海靖即向清廷交涉租借胶澳五十年事宜。清廷拒绝了德国人的要求。但是，因十几天前的"曹州教案"的发生，让一直等待时机占领胶澳的德国皇帝威廉二世瞅准了机会，立即下令德国远东舰队强占胶澳。

面对突如其来的德国人，章高元一面电报直隶总督兼北洋大臣王文韶（李鸿章已因甲午战争失败而调离）和山东巡抚李秉衡（张曜已病逝于任所），一面亲赴德营与棣特利谈判。谈判未果时，他欲自裁殉国，却被部下和德人拦阻。万不得已，他只得率所部退出胶澳。尽管章的不战而退遭到了李秉衡的弹劾，却得到了朝廷的首肯。16 日，北京电覆济南李秉衡，命其"镇静严扎，任其恫吓，不为之动，断不可先行开炮，致衅自我开"。翌日，又电令章高元等："非奉谕旨，不许妄动。"

转年 3 月，李鸿章与海靖即在北京签订了《胶澳租借条约》，大清国将胶澳及周边地区租借于德国，为期九十九年。

之后数年间，青岛口的总兵衙门，便成了德国人的远东保护地总督府。1899 年 10 月 12 日，威廉二世皇帝下令，把"保护地"命名为"青岛"。

近日，在临淄刘云志先生处，亲睹了若干帧德占青岛初期的原版照片，且都是从未见诸报刊与网络的罕见写真。翻阅这些百多年前的老照片，史籍上的枯燥文字瞬间变为活生生的影像。笔者随手择出其中十四幅呈献于兹，期与读者朋友共赏之。

总兵官，为清国正二品武官，其地位仅低于一省之巡抚与提督，为镇守一方之军政大员。登莱青总兵，约相当于山东东部军区司令。1892 年 6 月，章高元奉旨迁移胶澳，并于是年开始兴建其官署。岂料，仅过了五年，德国人即逐走章氏及清军，将总兵衙门变成了占领军司令部和青岛总督府，直到 1906 年新建的总督府大楼竣工后，此地才终结了青岛地区最高行政机构的使命。

从照片（图 1）上看得出，这是一座全然中国官衙规格的建筑群。敞亮的南门外，有一座高大的照壁。照壁上，绘着麒麟一样的神兽"贪"。只是照壁之上，多了一个十字形的信号杆，上面垂着一面旗帜，那应该是德国人设立的航标之一吧。史料记载，德国登陆当天，即雇得中国人将相关的航标设施等立于岸上。

总兵衙门门前的马路，尚未铺设石头，但还算整洁。两个德国军官和一队士兵立在路边。远方的小山，即小鱼山。

德国人占领青岛以后，即按时价征用了青岛村及附近的土地，其原住民全部移居他处，家园被拆除，取而代之的是一栋栋欧式的大小洋房。占领当局只在青岛口保留了两座中国建筑，即这座总兵衙门和其西边的天后宫。

值得记住的倒是这座官衙大门外的两棵不起眼的小树。从照片上，看不出那是两棵什么树。但关心青岛历史的人都知道，那是两棵银杏，至今还在，已经是参天大树。倒是马路对面的那些更大的树，早就没了踪影。

没了踪影的还有这座中国正二品大员的官衙。1959年，被老青岛人称作"老衙门"的这座青岛历史上最早的公用建筑，被彻底拆除，其原址上建起了一座苏联建筑风格的青岛市人民会堂。当下，会堂是青岛交响乐团的驻地。

今天的人们，如果有心，走到青岛前海的大学路和太平路路口时，抬眼看看会堂院内的东南角，就会看到有两棵粗壮的银杏树默然挺立。这两棵大树，成了青岛百年前最大建筑物的最后见证。

摄影师从总兵衙门东南角的高处，大约是小鱼山南麓，即今金口路一带，拍下了地处青岛口的这组建筑群的全景（图2）。

这是一座青岛历史上规模空前的建筑群，自南而北，从大门到大堂，从

图2　地处青岛口的总兵衙门全景

主院到跨院，房舍层层叠叠，显示了传统官署的规格与气派。因竣工只有数年，所以，大小建筑一体簇新。

远处的前海栈桥，清晰在目。

那时的沿海一线，只有一条土路。后来，殖民当局把它规划并修筑成了青岛最美的风光大道，初名威廉皇帝大街，即现在的太平路。

衙门以西和以北，丘陵起伏，一片荒芜。远处山坡上几个影影绰绰的东西，似是德国人从船上卸下的货垛。

近镜头处的山地上，尚有小块农田。看上去，冬小麦长势喜人。有农田在，既显示了本地原住民的半渔半耕的生活状态，又佐证了德国人占领胶澳伊始尚未实施原住民动迁工程。

彼时青岛，只是中国北方沿海地区的一个再普通不过的海滩而已。

广武中营（图3）为清军驻扎胶澳的四营之一，其营房位于总兵衙门西北，德国人占据胶澳后，一部德军进驻其间，后在此新筑了成群的德式建筑，并以其下野的"铁血宰相"俾斯麦的名字命名了该兵营。这个地方，就是今中国海洋大学老校区。

为了拍照这张合影（图4），水兵们拉上了一大两小中国人与他们同框。只是不知道他们让中间那位中国人端的牌子上写的什么字。

从三个中国人的衣装来看，早期青岛住民的日子过得并不差。透过高大的营门，能看得清院内整洁的营房。

营门外，两个德国人与一个中国人站在一起，让摄影师拍下了这张照片（图5）。

早期青岛移民中，有聪颖好学者，马上学会了德语，成了第一批翻译兼买办。后来成为青岛首富的莱州人刘子山，人称"刘半城"，就是那批人中的一个。

这是某座营房内的场景（图6）。一群德军官兵，在院内的山炮前嬉笑着欲拍合影。显然，这是正式合影前的一次试拍，却真实再现了占领者的心态。因未发一枪而入主胶澳，表情都很轻松。

仅建好几年的房舍，确实很新。

本来德国占领当局是要拆除这座天后宫（图7）的，不过，当地商民闻

图3　清军广武中营的营盘

图4　德国水兵在清军营门前合影

图5　另一座清军的营门

图6　营房内的德军官兵

讯后，立即与德国当局进行了交涉，并做出适当的承诺，终使总督大人顺从了民意，妥善地保留了这座始建于明代的历史建筑。

在中国，凡有海的地方，必有天后宫。青岛的原住民，都是明代洪武年间从西南省份迁徙而来的移民。在黄海之滨，他们学着在海里讨生活，并繁衍生息下来，就不能不像南方人一样祭拜一位海上保护神。在德国人登陆之前，胶澳商民于同治年间两度重修过天后宫。

1902 年，青岛的华商自建"中华商务公局"，其办公所即设在天后宫里。

照片上的天后宫，其原貌一直保持到约三十年前。笔者少年时，遇上破旧立新时代，天后宫成为青岛市南区文化馆的场所，直至 20 世纪 90 年代，文化馆才迁出。但之后的"修复"工程着实令人沮丧，竟然被"翻新"成了一个全然新貌的旅游景点！有心人如在青岛太平路上寻找照片上的这座天后宫，必定会失望，因为现在的天后宫，不再是黑瓦青砖的明代风格的地方小庙，而是一座用金琉璃瓦与红柱子堆砌起的仿古建筑。

照片里可见，天后宫周围散落了偌多的雕凿得大体一样的花岗岩石块。

图 7　青岛口的天后宫

老青岛都知道，这些石头，不是用来改换天后宫建筑材料的，而是普通的铺路石"马牙石"。

在改革开放之前，青岛老城区的路都是这样的石头路，只不过，经若干代人的磨蹭，马路上的每一块石头都已油光发亮。

现在老城区高地的天主教堂周边的那几条马牙石路，是近年重新铺设的。

比马牙石路更让人记住的是青岛老城区的下水道。老青岛称下水道与污水井口为"古力"，这是地道的德语 Gully 的音译。

前些年，青岛街头电线杆上贴了很多"投古力"的小招贴。外地人见此，肯定不知所云，但青岛人知道，这不过是一条疏通下水道的小广告而已。

从照片（图 8）上看，当时修古力，挖地不止三尺，砌石不止一层，雨水、污水分流，且污水要经过处理才能入海。

因大规模开发建设整座城市，青岛急需大批劳工。于是，青岛原住民和附近地区的青壮年农民，便成了德国人辖下的第一代居民。

为了便于管理，德国殖民当局把青岛划定为欧人居住区与华人居住区。

图 8　修"古力"现场

图 9　海边的纤夫

图 10　搬运克虏伯大炮的劳工

图 11 在河边打水的妇女

即便设置惩戒罪犯的监狱，也分为欧人监狱与华人监狱。

青岛所有的市政与军事工程，都是华人经手完成的。

老照片记下了他们的身影。

在海边，他们照旧造船、修船、补网，现在又多了为德国人摆渡和为德国船拉纤的新活计（图 9 ）。

从码头到山头，每一尊克虏伯大炮都是他们搬运的（图 10 ）。从海岬到

图 12　洗海澡的孩子

图 13　工地一侧的剃头挑子

图 14　全然欧化的青岛

要塞，每一座炮台都是他们营造的。从大街到小巷，每一幢造型奇特的洋楼都是他们一砖一瓦垒起的。

他们的"家里的"（女主人），还像往常一样操持家务，相夫教子。从妇人打水的照片（图11）上可以推测出，当时的青岛年轻一代的女人们，受德国人的影响，已经不再把脚缠成三寸金莲般的袖珍，而是丢掉了裹脚布，能够像男人一样正常行走，甚至能挑水而行了。老青岛把缠过又放开脚的女人，称作"小大脚（jue）"。

他们家的"小骚"（男孩子），一时还改不掉光着腚到海里洗澡的习惯——老青岛一直把到海里游泳说成"洗海澡"（图12）。

从穿戴上看（图13），早期青岛人日子过得蛮不错。要不然，青岛怎么会从德占之初的8.2万多人剧增为1914年撤离时的15万人？

几年之后，渔村外的青岛口就成了这个模样，一座完全欧化的城市（图14）。

（图片由云志艺术馆提供，原载《老照片》第132辑，2020年8月出版）

蓦然回首

——京汉铁路溯源之片羽

狄 恩

　　七十多年前，笔者在北京上小学时起，就在课本上知道建成于清朝末期的京汉铁路和它在中国近代铁路发展史上的重要作用，自此，对这条铁路的历史就抱有好奇之心。

　　1985 年在武汉出差时，我抽空参观了存有该铁路历史遗迹的武汉二七纪念馆，里面有一件珍贵的历史文物——京汉铁路告成铁碑。铁碑用中文、法文两种文字镌刻，中间铸有"大清国铁路总公司建造京汉铁路由比国公司助理工成之日朝廷特派太子少保前工部左侍郎盛宣怀二品顶戴署理商部左丞唐绍仪行告成典礼谨镌以志时在光绪三十一年十月十六日"。下半部用法文表达了同样内容。

　　当时笔者向该纪念馆请益了两件事。其一，俄法英等大国在清朝时都曾用兵于中国，并在中国有重大经济利益。为什么至关重要的京汉铁路，会由与中国关系不大的小国比利时安排贷款，并提供全部工程设计和担任建造的总承包方？纪念馆拿出了简短资料，回答了这个问题。1897 年 3 月 17 日，比利时驻汉口领事法兰吉求见张之洞，声称"自己奉该国君主命而来表达如下意愿：铁路借款，极愿助力。我们是小国，不干预其他事，较诸大国为胜"。时任湖广总督张之洞听了这番话之后，便提出了借款五项条件：一、利息只可四厘；二、丝毫不许有回扣；三、物料设备各国投标，优选物好价廉者定，不能有必需限用比利时提供的条款；四、比利时不得干预中国事务；五、借款唯有以铁路做抵押，先借银，后造铁路。对于张之洞提出的条件，法兰吉除要求利息提到五厘五毫外，其余完全允诺。在张之洞做出通报之后，最终决定以比利时为总承

图1 京汉铁路前门站。图片选自中国铁路总公司与承造中国铁路比公司印制的《京汉铁路
1899—1905》影集（云志艺术馆提供）

包方。因当时以北京的卢沟桥为发车起点，故最初称之为卢汉铁路。张之洞能
做出果决的判断，可以肯定地说，他把法兰吉的话听进去了。在和李鸿章沟通
时，他把倾向于用比利时的缘由以五个字概括：小国无大志。也就是说比利时
的目标，无非就是赚贷款和工程承包的钱，没有更大的政治意图。在这一点上，
李鸿章和他声气相通，拥有共识。鉴于他们多年共同的切身体验，深感日俄法
英等强国都十分强势，有野心，选择比利时比较合适。

其二，一个比利时公司怎么能有这么大的工程技术能力，在一百多年前
就有把握揽下这么艰巨而复杂的工程？更何况又是在遥远的中国担任总承包
建造？这公司名字是什么，现在还在吗？你们这里有没有任何与对方的合同、
工程方案或至少信函文件可为佐证？对此，武汉纪念馆既拿不出当年的任何
文件，也回答不出该公司名字和下落。我是做工程管理的，很难想象，如此
天大的事，单凭比利时一位驻汉口领事的三寸不烂之舌，就能打动城府极深
的总督张之洞。但此后的十几年中，再没有遇到任何破解疑问的线索。心想

图 2　行驶在京汉铁路上的比利时生产的机车。图片选自中国铁路总公司与承造中国铁路比
公司印制的《京汉铁路 1899—1905》影集（云志艺术馆提供）

一百多年过去了，这家公司极可能早已消失了。

1999 年 11 月经人介绍，比利时公司 CMI 的总经理高鲁博（Jean-Marc Kohlgruber）与我会面，讨论业务合作的可能性。该公司当年隶属于比利时最大的、年产优质钢六百万吨的钢铁公司。作为工程公司，CMI 承担维修并保障钢铁公司所有设备无故障并高效率运转的责任。在设备制造方面，他们特别偏重于大型钢带热镀锌生产线。在钢铁大国人的眼里，CMI 只不过是钢铁联合企业里区区的一个机修总厂而已。可是 CMI 一直力图在世界各国，争取担任从设计建造到保证投产宽钢带热镀锌线的总承包方。

由于他们的对手是基础很深，占据全球统治地位的德国西马克、日本三菱重工和价格极具竞争力的意大利达涅利这类巨头。十多年下来，他们遇到了难以突破的瓶颈。推荐我联系他们的是一家有八十年历史的工业炉公司，加上初次交流得还不错，高鲁博就邀我去比利时和他们董事长见面。为了解他们困局的症结所在，我提前去拜访了把他们淘汰掉的两家中国钢铁公司。

经过调研，基本弄清楚了他们失败的原因。12 月中旬，我到了 CMI 总部所在的列日市。

这座城市很像天津，有一条漂亮的河蜿蜒流过，初见之下，顿感十分亲切。而 CMI 公司就坐落在河边的一座古城堡里。当时也是由高鲁博陪同，与公司的董事长一起吃了一顿中饭。这四小时的午餐，却开创了我们长达十几年的合作。

CMI 公司在冶金设备制造能力上并不特别强，但是作为综合性钢铁公司的维修部门，对于生产操作中的流程和诀窍的掌握，功力极深，用当下流行的话说就是"接地气"。一旦把 CMI 这种优势发挥出来时，那就是一种强大的相对优势。此后，我每年至少去列日三次，总是匆匆地进进出出，忙得昏天黑地，早就把京汉铁路这段事忘到了九霄云外。

2012 年去列日市开会，看到 CMI 在建一座钢结构的巨型高塔。这设备，白天吸收阳光加热熔盐，晚上到了用电高峰，把热熔盐的能量释放出来供电。赛伦先生看出我有点将信将疑的样子，就说："我们就是要再度发挥两百年前公司创始人考克利尔的创新精神。"虽然我早知道考克利尔（John Cockerill）是公司创始人，但是对于这位近两百年前的人物，确实所知不详。

随后他带我去了一间历史资料馆。进去后，一张合影（图 3）立刻吸引住了我的全部注意力。照片里欧洲男士和女宾中间，坐着一位年迈的中国老人。我看了第一眼，就死盯住了，人也僵住了。难道是他吗？我两位小学同班索姓兄弟，其先辈是总管内务府大臣明善，他的儿子文锡和孙子增崇在同治、光绪、宣统三朝先后担任总管内务府大臣。兄弟俩私下经常给我讲些清朝的历史，再加上逐年不断阅读有照片的历史书籍。哎呀呀！中间的这位，不就是晚清名臣李鸿章吗？我马上问董事长，中间这位中国人是谁呀？他回答："是来自中国的一位高级官员，到我们公司访问。"照片上标注时间是"大约 1900 年"，但在场的人都不清楚这位高官的尊姓大名。

看了这张照片，那天我什么事也做不下去了！匆匆和赛伦分了手。清朝晚期力推洋务运动的李中堂，怎么会有空跑到这不大不小的城市，与一群洋人拍下合影？我非把这来龙去脉理弄清楚不可。

首先是理清 CMI 公司奠基人的历史。英国出生、精于铁匠手艺的机械

Visit of a Chinese delegation to Cockerill premises in Seraing (Belgium) around 1900

图 3　李鸿章一行访问考克利尔公司时合影

工程师考克利尔，在 1799 年成立了一家纺织机械工厂。1807 年，他从英国老家搬到了列日，并创建了一家工厂。该工厂最初制造用于梳理、纺纱和织造羊毛的机器以及蒸汽机。他的儿子约翰·考克利尔（John Cockerill）主管列日的工厂。后来，约翰购进了一座一个王子在河边的宫殿及其周围的土地。在这里，先建造了一家铸造厂和机械制造厂，后又不断地扩建，拥有了高炉炼铁，制造蒸汽机、鼓风炉、牵引机。公司名字就叫"约翰·考克利尔"。该公司当时在欧洲领先的是铁路机车，尤其是火车头的研发制造。

　　天不从人愿，1838 年至 1839 年比利时和荷兰之间的紧张局势，导致考克利尔公司破产了。考克利尔紧急赶往圣彼得堡会晤俄罗斯的尼古拉一世，希望筹集资金渡过难关。但在回国途中患上伤寒，他不幸于 1840 年 6 月 19 日在华沙去世。

　　考克利尔去世五十六年之后，七十四岁高龄的李鸿章率中外随员四十五人，一路颠簸出使欧美。此次历时七个月的出访，海路行程三万里，是清王

朝首次派出规模如此宏大的外交使团。李鸿章这次访问比利时的目的之一,
就是为京汉铁路的修建做实地考察。

根据比利时王宫档案馆记录:为接待李鸿章特使,王宫做出精心的安排。
当李鸿章一进入比利时边境,立刻就换乘早准备好的王家专用车厢。由国王
副官在首都火车站迎接他,随后直接前往布鲁塞尔皇宫。在那儿等待他的是
比利时国王利奥波德二世。李鸿章与国王开门见山,立刻商谈卢汉铁路修建
等事宜。第一次商谈比较顺利。会谈结束后,国王在王宫举行高规格的宴会,
宴请李鸿章一行。李鸿章在布鲁塞尔居住的旅馆,后来称之为 19 号馆,极
受重视。为了纪念此次访问,这家旅馆一直都挂着李鸿章亲题的"大清帝国
钦差大臣李"的匾。

李鸿章到列日市访问的另一个佐证,是翻译成中文的记载:"参观了军
工厂,看到了克革烈枪炮公司的最新产品。他对比利时军队的武器装备表
示惊叹,感到美不胜收,倍加赞赏。""克革烈"和"考克利尔"一样都是

图 4　京汉铁路长辛店站。图片选自中国铁路总公司与承造中国铁路比公司印制的《京汉铁
路 1899—1905》影集(云志艺术馆提供)

Cockerill 的音译。记录中还有一段: "克革烈的厂长看到李鸿章十分喜欢一种新式大炮,就表示愿意赠送一尊给李鸿章。李鸿章担心一路上行程遥远,自己还要乘船去美国,无法随身带,就表示希望克革烈公司能直接送去中国。一般人也就将李鸿章这句话当作玩笑。但此后,这位厂长还真特奏比利时国王,且派出专人把这门大炮押送运往中国。"

从最初接触 CMI 公司时起,就知道 CMI 的大炮生产历史悠久,在技术上是世界第一流的。如今北约的军队,包括坦克车上的大炮,都还在使用他们公司的产品。看来,李鸿章到访列日的考克利尔公司,不单是为考察铁路建设,另一个重要目的就是对他们生产的武器做进一步的了解。李鸿章不但专注地参观了该厂的军工部门,并且提出了一些令"克革烈"的专家感到十分内行的问题。

据西方报纸当年的报道,李鸿章的关注点之细,远出乎他们的意料。在参观铁路相关项目时,他不但参观了机车制造厂、铁轨工厂,还进一步去铁

图5　1835 年考克利尔公司生产的火车头

路公司和管运营、调度的部门询问运营细节。他要弄清楚火车票定价和国民平均收入的关系,铁路公司为何减少了二等座、增加三等座,如何根据乘客消费能力,以适合的票价恰当地匹配市场需求。在技术上,为准备修铁路,他对如何选用不同规格的铁轨格外留意。李鸿章追问陪同的铁路公司总经理,为什么该公司在某些特定的铁路上,要增加铁轨的重量,且必须至少超过原来的 75 磅 / 平方码? 总经理回答,他们公司正在将铁轨的重量增加到 80 磅 / 平方码,而某些铁路段铁轨的重量甚至达到了 100 磅 / 平方码。随着机车引擎和车厢重量的增加,为了公众安全考虑,相应且有必要地增加铁轨的牢固性。他们公司已经订购了比现在使用中的这些火车头牵引能力更强、更快的机车引擎。考虑到中国计划的铁路有一些延伸段,李鸿章和外方深入探讨在不同地段以及为了对未来发展留有余地,中方应该提高到多少磅 / 平方码重量标准的铁轨为宜。以李鸿章的身份,亲自关注并探讨如此细枝末节,实在是出乎比利时人意料。但他深入探讨的这些技术标准问题,实实在在是问到了举足轻重、牵一发而动全身的关键。

李鸿章在欧洲还去看了芭蕾舞演出——这是他访欧之行,为数不多的娱乐活动之一。剧院自然非常重视,为李鸿章一行提供了一整层装饰并布置成清朝风格的包厢。剧院经理一直陪同在侧,而李鸿章仔细"盘问"了这位经理。经理回忆说:"他的问题几乎涉及了剧院管理的每一点,了解管理是他的兴趣和重点所在,包括剧院在内。"在芭蕾舞表演过程中,剧院经理一直向他解释这一舞蹈的特点。经理还特别评论道:"李先生对于芭蕾舞女演员,脚的大小非常感兴趣,问的具体到几寸几分"。还继续评论说:"他认为芭蕾舞女演员脚的尺寸,大得有点出格了。"由于当年"三寸金莲"仍然是中国人对女性的审美标准,所以西方女子的大脚,让中堂李大人看得瞠目结舌,颇以为然。

一旦理清了考克利尔公司产权频繁变动的脉络,和中国当时动荡不安的历史背景,就不难理解,建成京汉铁路这么大工程的比利时公司,为什么会在中国人的记忆里消失得无影无踪了。

(原载《老照片》第 136 辑,2021 年 4 月出版)

刘公岛上的三块功德碑

彭均胜

记功载德或颂扬政绩的碑通称功德碑。对于碑主来说，是褒奖和颂扬，对于当时和后人则是楷模和榜样。由于这种碑既有现实意义，又有历史意义，勒石镌刻功德无量，因而历代官民无不高度重视，统治者更是乐此不疲。功德碑设计制作要考虑到持久性，因此功德碑的选材一般为石质，石雕功德碑不易风化，保存寿命长。北洋海军时期，刘公岛存有"柔远安迩""治军爱民"和"军肃民安"三块功德碑，是刘公岛绅商分别为北洋海军提督丁汝昌和北洋护军统领张文宣设立。

1888年，中国近代第一支海军北洋海军在刘公岛正式成军。历经七年多精心筹建的这支背负着自强梦想的北洋舰队，成绩蔚为大观。岛上已建成海军公所、铁码头、机器局、囤煤所等较为完善的军事设施。拥有主力战舰25艘、辅助舰艇30艘、运输舰艇50艘，官兵4000余人，实力号称亚洲第一、世界第九。当时的刘公岛前海面上战舰云集，锦旗猎猎，北洋海军提督丁汝昌励精图治，指挥若定，将士厉兵秣马，训练有素，此时的北洋海军可谓达到鼎盛时期。

1890年的初夏，威海卫民众以刘公岛绅商的名义，为丁汝昌、张文宣竖了三块歌功颂德碑。其中"柔远安迩"四字是为丁汝昌题写的，但这四个字却涵盖着大清王朝的韬略底蕴。《清史稿》记载"朔漠荡平，怀柔渐远"，当时朝鲜国王给大清皇帝的咨书上就写着"宣天朝柔远之德"。所谓"柔远"指的是怀柔感化四方，意指外国；所谓"安迩"就是平定安抚内地，意指国内。身为北洋海军首任提督的丁汝昌，自1879年被李鸿章调任北洋海防差

图1 1880年，在英国纽卡斯尔接收"超勇""扬威"
巡洋舰时的丁汝昌

用至北洋海军于1888年正式成军，已逾十个年头。其间，丁汝昌乘坐大铁舰，历经风涛洗礼，周历了朝鲜、日本、东南亚和海参崴，也踏遍了陆地上合庆、皂埠一带的座座山头，且自北洋海军入驻威海卫以来，威海卫外无骚扰、内无盗匪，一片祥和，既"柔远"，也"安迩"，颂称丁汝昌"柔远安迩"倒也实至名归。

接下来，我们看看这块功德碑都刻有什么信息。碑的上款是"钦命头品顶戴海军提督总统全军西林巴图鲁丁老军门禹廷德政碑"，皇帝给丁汝昌的荣衔是一品顶戴，珊瑚顶子，勇号赐用满语"西林"，意为战斗，"巴图鲁"是勇士或勇敢，那时只有满族官员才能享用满语，这对汉族官员的丁汝昌来讲可谓是很高的恩宠和褒奖了。

1884 年，为了加强海防建设，李鸿章选定了旅顺口和威海卫作为北洋海军驻泊和训练之地，修筑坚固的炮台，装备能击毁敌铁甲舰的守口巨炮，以阻挡由水路来犯的敌人。

根据当时李鸿章的安排，身为李鸿章外甥的张文宣从朝鲜被调回国内，驻守旅顺要塞，任庆军防营管带。他治军严格，爱护士兵，与将士同甘共苦，故部下无不为之用命。后因张文宣练兵守土有功，北洋营务处奏保其升任都司，官正四品。1885 年兼领刘公岛护军营。

图 2　现存龙王庙内的"柔远安迩"和"治军爱民"功德碑

1887 年，威海设防，张文宣被调防至威海，率亲军正、副两营驻刘公岛，自此，开启了张文宣在刘公岛上长达九年的治军、筑炮台以及抵抗日军的生命历程，直至 1895 年 2 月 12 日在岛上自杀殉国。

当时的威海卫（特别是刘公岛）的平民百姓，久处于海防前沿，长期存在着一种大兵压境、黎民遭殃的恐惧心理。张文宣作为北洋护军统领和管理刘公岛最高行政长官，在修筑炮台之暇，他还督率士兵加练新式陆操，"且操且防"，不仅使刘公岛成为海防重镇，而且对百姓没有惊扰，还为老百姓做了一些实事和好事，赢得百姓信赖和爱戴。1890 年夏天，威海卫民众以刘公岛绅商的名义，根据康熙皇帝"致治之道"，以及"近来兵民多不能调和，尔宜尽心料理"的御言，为治军严明、待人宽厚、深得百姓民心的张文宣，专门立了"治军爱民"和"军肃民安"两尊功德碑。

当时，三块功德碑到底竖立在何处？现已查无实证，成为一个谜团。然而，历经百年风云，三块功德碑却经受了种种磨难。1895 年，北洋海军全军覆灭，日军占据刘公岛，三块功德碑便从显赫的位置上倒了下来。"柔远安迩"碑在英租时期，被一个英殖民当局雇佣的文书，叫作邵"帖写"的荣成人放

图3 英租刘公岛时期的"军肃民安"碑

置于岛上龙王庙里，并且就地布置了个纪念丁汝昌的简易"纪念室"，使得该碑总算保存下来。"治军爱民"碑先是被埋在水师学堂前，后来不知被谁挖出，由驻军挪作小桥铺石用。1981年，北京师范大学一些师生进岛实习，其中曾在岛上当过兵的一个叫陈健敏的大学生知道这一事后，与师生们一合计，就报告了文化主管部门，此碑才被发现并加以保护留存下来。"军肃民安"碑在"文革"中被当作四旧"扫"掉了。唯有"柔远安迩"和"治军爱民"两块碑得以幸存，现陈列在刘公岛上龙王庙东厢房内，供世人凭吊。

（原载《老照片》第122辑，2018年12月出版）

日俄战争的稀见影像

李　洁

1904年2月至1905年9月，日本与俄罗斯在中国满洲（时称我东北地区）进行了一场残酷的地域争霸战。因为中国人把 Russia 音译为"俄罗斯"，简称"俄国"，而日本人则译为"露西亚"，简称"露国"，所以，此役被日本人称作"日露战争"。

本来，在19世纪日本幕府时代末期，俄罗斯被音译为"鲁西亚"。但随着明治维新的成功，日本综合国力大增，民族主义思潮汹涌，把朝鲜半岛视若本国的屏障，进而把中国的满洲也当成了自己的外围篱笆，于是，就与扩张至远东的"鲁西亚"有了无可回避的利益冲突。以旭日之邦为荣的日本人便不无恶意地把"鲁西亚"改成"露西亚"，其灵感或源自中国乐府诗句"朝露待日晞"，即清晨的露珠终会被冉冉上升的太阳烤干。要知道，在长达一千多年的历史中，日本皇室、贵族和武士阶级一直把"汉学"（日本人称汉字和中华文化经典）当成必修课，所以，明治时代的每个上层人物自幼即熟读中华典籍，熟悉汉语诗词。

明治时代，"露国威胁"成了明治君臣心头祛之不去的梦魇。

早在1895年春，在中日甲午战争（日本称"日清战争"）中获胜的日本，凭《马关条约》攫取了中国的辽东半岛、台湾和澎湖列岛，并索取战争赔款两亿两白银。但在该条约尚未生效之际，俄国联手德国与法国挺身而出，劝诫日本归还辽东于中国。迫于俄国太平洋舰队近在咫尺（驻符拉迪沃斯托克，即海参崴），无力与三国对抗的日本只好"饮恨"接受"奉劝"，增索三千万两白银后向中国归还了辽东半岛。此即日本人引为奇耻大辱的"三国干涉还

图 1　王家双树子（辽阳西约五公里处）东端铁道线路附近，日军步兵第八联队第八中队在战斗中。摄于 1904 年 9 月 3 日 8 时 17 分

辽"事件。

从此，沙俄向远东发展的"东方政策"，与岛国的以满洲和朝鲜为本国"利益线"（安全屏障）的"大陆政策"开始正面对抗。当年，日本主流报纸曾以中国典故"卧薪尝胆"为题刊发社评，反映了当时日本举国上下以俄国为假想敌的复仇情绪。日本政府把从中国索取的两亿三千万两白银的战争赔偿大部分用于了军备，并开始急剧扩军。

1896 年 6 月，即甲午战争结束一年之后，中俄两国在莫斯科签订了《御敌互助条约》。两国公认的潜在敌国为日本。因该条约内容从未公之于世，故一直被世人称为"中俄密约"。

1897 年 11 月，按"中俄密约"的约定，清国邀俄国派军舰驶入旅顺港，以防御侵占胶澳（后改名青岛）的德国远东舰队北犯京津。翌年开春，俄国强租旅顺口和大连湾二十五年，旅顺港自此成为其太平洋舰队的第一基地。

图 2　日军占领辽阳西门后的情形。摄于 1904 年 9 月 4 日

为保护军港和舰队，俄国不惜斥巨资把旅顺建成了"东方第一要塞"。随后，西伯利亚大铁路修进了满洲。该铁路为世上最长的铁路，其中国段时称"东清铁路"，即民国时所称的"中东铁路"。铁路开通后，俄国的兵力和军火就可以快捷地从欧洲运抵东亚的辽东半岛。

　　俄国的步步东进，更刺激了日本的民族主义情绪和备战气氛。日本陆军已从"日清战争"前的六个师团迅速扩增为十二个师团。海军则加紧组建"六六舰队"，即以六艘战列舰和六艘装甲巡洋舰为组合的新型舰队，以期御俄于岛国之外。为守卫本岛，东京湾和大阪湾海岸安置了二十尊威力空前的巨型榴弹炮。

　　1900 年春，即中国干支纪年历的庚子年，中国北方爆发了义和团运动。在建的东清铁路遭当地团民和官军的破坏，数目不详的俄工程技术人员及家属遇害。借口"护路保侨"，沙皇尼古拉二世悍然派遣十五万大军入侵中国

图 3　在辽阳烟台（今属灯塔市）西北约十一公里的太勾一处衙门院内，第四军司令官野津道贯、闲院宫载仁殿下与德国皇族豪伦·奥利伦（音译）留影。摄于 1904 年 11 月 7 日 14 时

东北。同年，俄国还与朝鲜王国签订密约，租借了朝鲜马山附近的海域为太平洋舰队停泊地，并获得了开发鸭绿江畔林木等资源的特权。义和团运动平息后，东清铁路迅速开始复建。

对日本人而言，东清铁路就是一把刺向自己的匕首。用日本军人政治家山县有朋的话说，就是"这条铁路每延长一寸，日本的寿命就会缩短一分"。因而，日本政府一方面进行外交斡旋，一方面加紧备战。为了反制俄国对中国东北和朝鲜半岛的控制，1902 年 1 月，日本与在远东有既得利益的英国缔约结盟。至此，日俄对撞已无可避免。

1903 年 3 月，俄国公然违背与清国的约定，拒绝如期从中国东北撤军，其控制中国东北和朝鲜半岛的野心昭然若揭。而且，沙皇尼古拉二世不顾清廷的屡次交涉和各国的强烈关注，悍然在旅顺口设置了具有本国地方政府性质的"关东州总督府",赤裸裸地表示出对中国领土的侵占之欲。接到清国的暗中求助后,日本主动与俄国开展谈判。但谈判数月,毫无结果。于是,日本君臣决意以举国之力发动一场战争,以期将俄国阻止于"利益线"之外。

1904 年 2 月 8 日深夜,日本不宣而战——日本联合舰队远程摸来,偷袭了旅顺港,击伤三艘俄主力战舰。震惊世界的日俄战争就此爆发。

对这场在第三国土地上擅自挑起的战争,日本人称之为"征露之役"。

大清国无力阻止两个强邻在自己土地上的厮杀,只得像列强一样,无奈地宣告"局外中立",并为两国划定了交战区:

> ……其中之金州、复州、熊岳三城及安东县街为指定战地;抑或西至海岸起,东至鸭绿江岸止,南自海岸起,北行至五十里止,为指定战地。

图 4　蛇子山(辽阳烟台东北约十七公里、沙河堡东南)北约一公里处,步兵第三十九联队第一大队警戒线。摄于 1904 年 12 月 13 日 16 时 40 分

图 5　旅顺东港南岸被炸毁的战列舰。摄于 1905 年 2 月 4 日 16 时 20 分

清国的《局外中立条规》，对本国人民和交战两国各有约定，可谓面面俱到。

对内，清廷规定如下：

> 本国人民不得干预战事暨往充兵役；
> 民间船只不得往役战国或应招前往办理缉捕转运各职司；
> 不得将船只租卖于战国或代为安装军火或代为布置一切及帮助以上各事以供其交战及缉捕之用；
> …………

对外，中方告诫两国：

> 粮食柴草等一切日用之物，须该国军队自备与携带；
> 不得招募华民、匪类充当军队；
> 须将开战日期及在何处开战预先知照华官出示晓谕，俾人民知避，免遭兵祸；
> 两国开战后，凡因战事造成人民财产之损失，照公法应由战败之国认赔；凡无故造成人民生命财产损失者，何国所行之事，应由何国认赔。

事实上，随着战局的推进，战地被一再扩大，而在枪林弹雨中偷生和厮杀的人们，无论是大清臣民还是交战两军，均未履行这个《局外中立条规》。

像十年前发动"日清战争"一样，日本也于开战后在皇宫里设立了最高统帅部——大本营。大本营依然由参谋本部（陆军司令部）和海军军令部（海军司令部）的总长与次长、兵站总监及相关的参谋等组成，天皇的政治顾问元老和内阁的总理大臣、陆军大臣和财政大臣等不定期参加会议，天皇也亲自主持过御前会议。

图 6　从大案子山炮台正面胸墙上看壕沟内外。摄于 1905 年 2 月 27 日 14 时

图 7　蛇子山东南方，第十师团步兵部队行进中。摄于 1905 年 2 月 28 日 10 时

偷袭旅顺港告捷后，日本联合舰队就将俄太平洋舰队的主力战舰堵在军港里，随后联合舰队司令官东乡平八郎受命悍然宣布封锁中国的黄海海面，阻断了俄舰撤回本国的海上通道。

2月10日，大本营组建了由近卫师团、第二师团和第十二师团组成的第一军，以军事参议官、陆军大将黑木为桢为司令官。经一个多月的准备，黑木为桢统辖第一军主力从朝鲜半岛登陆，经平壤抵达鸭绿江东岸。4月30日夜，第一军强渡鸭绿江，并于翌日清晨进入地面战场，与防守的俄军东满支队展开激战，当日即夺取安东（今丹东），随即经凤凰城（今凤城市）向辽东半岛腹地挺进。

3月15日，大本营组建第二军，编入第一、第三、第四、第五、第六、第八师团，和后备步兵第一、第八、第十四旅团，以及骑兵第一旅团。5月5日，庞大的第二军在军事参议官、陆军大将奥保巩司令官的指挥下，从大连东部的盐大澳一带登陆，占领大连后，迅速向北推进。

第二军占领大连的当日，大本营即组建了以攻克旅顺要塞为目标的第三

图8　潘家台（奉天北东十六公里）西南端，第一军俘获的战利品。摄于1905年3月22日10时

图9 某大队卫生所前的合影

军，以退役召回的陆军中将乃木希典为司令官。稍后，乃木即率第七、第九、第十一师团，和后备步兵第四旅团进入中国战场，第一师团和后备步兵第一旅团则在中国东北由第二军调入本军。乃木军很快完成了对旅顺口的包围。

此时，俄军自国内源源增援而来，战事呈胶着状态。

为协调前方各军，6 月 20 日，日本设置了满洲军总司令部，以元帅、参谋总长大山岩为总司令，以陆军大将、参谋次长、前台湾总督兼内务大臣儿玉源太郎为总参谋长。大山岩与儿玉源太郎的原职分别由元帅山县有朋和陆军中将长冈外史接任。随后，大山岩即率总司令部进入战区。

6 月 30 日，大本营编制第四军，以军事参议长、陆军大将野津道贯为司令官，统辖第十团、后备步兵第十旅团进入战地，原属第二军的第五师团在中国东北编入本军。

之后，双方投入总兵力多达九十万人，在辽东半岛进行了若干场惨烈的会战。

图 10　王家甸（位于水师营东北约五公里、团山子东北约一千五百米处）西南方凹地，口径
280 毫米的榴弹炮正在试射

　　日俄战争最终以美国总统西奥多·罗斯福出面斡旋而告停——在从欧洲出发的俄远征舰队全军覆没于对马海峡之后，1905 年 6 月 9 日，老罗斯福分别致电沙皇尼古拉二世和天皇睦仁，吁请两国立即媾和。两国君主响应了美国总统的倡议，于 8 月派出代表前往美国开始谈判。9 月 5 日，日俄两国代表在美国东海岸的朴次茅斯签订了议和协定。日俄战争终于结束了。

　　这场战争给日本、俄罗斯和中国带来的深刻影响，笔者在 2019 年春天出版的拙著《晚清三国》中已有详尽表述，有兴趣的朋友或可找来一读，此不赘言。

　　不过，也正因《晚清三国》的出版，让一直谬赏拙作的好友冯克力大兄约我去了一趟齐国古都临淄——这位《老照片》的主编告诉我说，那里有一位老照片收藏家刘云志先生，刚好得到一宗日俄战争的原版照片，希望我去

图 11　掩埋俄军遗骸时的祈祷

图 12　西沙河子（昌图车站北约七公里处）附近，日俄休战条约协定双方委员正在会晤。摄于 1905 年 9 月 13 日 10 时 50 分

图 13　押解战俘撤往后方

图 14　男扮女装的歌舞伎

为之解读。

于是，去年（指 2020 年）夏天的我和此时的您，就读到了这一百余帧原版的历史图像。

网络时代，让许多尘封在史料中的老照片呈现于今人面前。但网上的历史影像大都被时光浸泡得漫漶不清，有的甚至模糊得如雾霾笼罩，细节难辨。而且，更多的老照片仍躺在收藏家的库房中，尚未被人们重新解读。这本画册里的百余幅照片，都是原版的清晰影像，而且有的还是难得一睹的稀罕之片。第一单元里的写真，大都注有详尽的图说。如拍摄地点，精确到公里；参战部队，精确到中队；拍摄时间，精确到分钟。第二单元的照片，也都有详尽的英文注释。如欲浏览那一场决定了日、俄乃至中国命运的大战，此相

图 15　战前的"佩列斯维特"战列舰锚泊在旅顺港

图 16 俄国人占据的"亚瑟港"

册确属不可多得的读本，甚至称得上是善本。

通常人们误以为"写真"是日语，即照相或照片的意思。其实不然。"写真"是地道的汉语，其本义是逼真的肖像画，引申为对事物的真实反映，其近义词为"写照"。有例为证。早在一千三百多年前，唐太宗李世民还是秦王的时候，曾让擅长丹青的阎立本为他聘得的十八位博学之士作幅画，这幅画，就叫《十八学士写真图》。百余年后，唐代大诗人杜甫还写过"将军善画盖有神，必逢佳士亦写真"的诗句。九百多年前，宋代政治家与文豪王安石也有"死生难有却回身，不忍重看旧写真"的佳句传世。可见，"写真"是地道的汉语词汇。

自 3 世纪末汉学传至岛国之后，"写真"一词也被日本人记住，并借用

图 17　战场上唯一的女兵在拍照数小时后阵亡

在了千年之后的西方摄影术传入之际，成了拍照或照片的表述之一。19 世纪中期，即日本江户幕府晚期，随着西方舰船的陆续来航，"银版写真机""湿版写真术""摄影"等新造日语开始出现在书面上。1862 年（日本文久二年）问世的日本第一座照相馆，其名称就叫"写真场"。后来，"写真"逐渐成了日本人对照相或照片的统一指称。

1877 年，日本最后一场内战"西南战争"爆发后，政府曾安排民间摄影师随军行动，并留下了若干张珍贵的历史记录。1889 年，日本摄影者同好成立了"日本写真会"，其创建者，就是陆军陆地测量部的小川一真和小仓俭司等人。至 1894 年"日清战争"开战时，照相术传入日本已三十余年，陆军的那几位懂写真的测量官，自然而然地成了战地记者，他们被编入大本营

图 18　特制烧水车

设立的写真班，成了第一批随军出国写真的人。

　　十年后，日俄战争爆发，大本营照例设立了写真班，小川一真与小仓俭司均被招入其中并派往中国战场。本书第一单元里的大部分照片，就是他俩和同事拍摄的。

　　如今，随着我国的改革开放，"写真"一词又从日本回归祖国，被人们所接受，甚至成了有些新潮人士对人体摄影的代称，显然，这是对"写真"本义的异化。

　　开战以后，日本即聘请西方各大国的主流报刊派摄影记者随军采访。这些洋摄影师，戴上了日军颁发的"通信员"的白布袖章（上面还写着本人的片假名名字），自始至终，跟随日军，拍下了大量的照片。本书第二单元选取的四十五幅照片，即取自 1905 年由完美公司和安德·伍德两个公司出版的日俄战争相册。

因近年一直在闲散地解读晚清政局暨东亚地缘政治，所以，笔者才斗胆应老友之邀，为每一幅写真小作诠释，以资读者朋友了解这些黑白影像背后的纷乱历史，进而看出日本、俄国乃至中国历史走向的脉络。

一场"日清战争"，让日本成为亚洲第一强国。十年之后的日俄战争，则让日本跻身于世界强国之列。正因以国运相赌的以小胜大、以弱胜强的超乎想象的苦斗变为现实，才让日本的军国主义思潮空前高涨。激进军人一再突进，文职政府亦步亦趋，先把韩国变成了自己的附属之邦，数年后又发动了九一八事变，终于把日本绑上了失控的战车。在祸害中国和亚洲其他一些

图 19　日军从钟楼进入奉天城

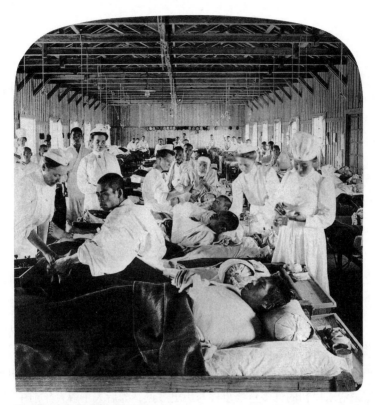

图 20　偌大的病房里都是洋护士

国家的同时，也让日本帝国走上了绝路，最终摔下历史的悬崖，从此覆亡。

以史为鉴，可以知兴替。

以图为鉴，可以窥细节。

（此文是作者为《日俄战争——日本与欧美记者东亚争霸之写真》一书所写的序言。该书为李洁撰述、刘云志辑图，由山东画报出版社出版。）

（原载《老照片》第 137 辑，2021 年 6 月出版）

隆裕太后的丧事

杨　潜

　　1913 年 2 月 22 日，隆裕太后病逝于紫禁城长春宫，距离清廷宣布皇帝退位仅一年零十天。隆裕太后辞世对皇室宗亲无疑是一大噩耗，尤其是对民国创立心存疑惑的遗老遗少们，更是如丧考妣，惶恐不安。仍旧保留的清宫内务府遂组织人员治丧，按宫廷旧制为隆裕太后办理大丧。肇建之初的民国政府，出于稳定政局、宣示主权、安定人心等多重考量，格外优待隆裕丧礼，为其隆重举办了国民哀悼大会。

　　美国人约翰·詹布鲁恩，当时在北京开设了一家照相馆，使他有机会用镜头记录清末民初的许多重要事件与历史节点，为后人了解百年前中国的政局演变、世态人情，提供了真实可信的见证。这组珍贵稀见的隆裕丧礼影像，由知名摄影家、收藏家刘云志先生收藏，今披露于世，撷取其中若干照片稍加解读，以飨读者。

隆裕这个人

　　隆裕贵为皇后，光绪帝死后加封为皇太后，却在《清史稿·后妃传》中记录甚简："德宗孝定景皇后，叶赫那拉氏，都统桂祥女，孝钦显皇后侄女也。光绪十四年十月，孝钦显皇后为德宗聘焉。十五年正月，立为皇后。二十七年，从幸西安。二十八年，还京师。三十四年，宣统皇帝即位。称'兼祧母后'，尊为皇太后。上徽号曰隆裕。宣统三年十二月戊午，以太后命逊位。越二年正月甲戌，崩，年四十六。上谥曰孝定隆裕宽惠慎哲协天保圣景皇后，

图1 天安门扎建了七门八柱松彩牌楼，上书"国民哀悼会"。牌楼后方的金水桥上，圆盖形小亭为临时搭建的祭亭

图2 金水桥上的祭亭

合葬崇陵。"历史的隐秘从未因"正史"里的语焉不详而泯没,想要遮掩的历史往往欲盖弥彰。

隆裕生于 1868 年,名静芬,小名喜子,是慈禧太后的亲侄女,也是光绪皇帝的表姐,相貌才具平常。光绪十四年(1888),由慈禧一人独断钦点成婚,实非"德宗聘焉",终其一生,她没有得到光绪的宠爱。隆裕的性格柔懦平和,不善巧言逢迎,也从未得到过慈禧的欢心。作为皇后,她在内宫貌似和光同尘,从不显山露水。她所居住的钟粹宫向为清静之所,过着"欲卷珠帘春恨长"的日子,因此也避开了诡谲莫测的宫闱内争。

直到 1908 年光绪帝病逝,此时慈禧太后亦病体危笃,遂下懿旨立醇亲王载沣子溥仪为嗣皇帝,命载沣摄政,死前又降旨:"嗣军国政事均由摄政王裁定,遇有重大事件,有必须请皇太后懿旨者,由摄政王随时面请施行。"宣统皇帝即位后,尊光绪帝皇后为皇太后,上徽号"隆裕皇太后",自此,这位在宫廷里被压抑了二十年的中年女性,阴差阳错地走到最高国家权力中心,在她面前已然是风雨中摇晃欲坠的清王朝了。

隆裕与清帝逊位

武昌首义后,革命党人与清政权的对立进入生死对决。在多方政治势力的角逐和博弈中,隆裕太后被推上历史的风口浪尖。经过曲折反复的南北议和,双方讨价还价,也走到了是战是和的十字路口,清廷一方可做最后决断者便是隆裕。以往的史述多是强调袁世凯,说他利用革命军与北洋军的军事对峙,阴施伎俩又心怀不轨,渐次掌握了清室的生死大权,既恐吓清廷中枢,又利诱南方党人,威逼清帝退位,从而攫取了民国大总统之位,但历史并非如此简单。

清朝终结之前,隆裕太后曾召集六次御前会议,议决清室进退。王公大臣内部,持主战与持主和的双方分歧严重,主战派认为清廷军事力量犹存,尚可决战。即使战而不胜,退回关外,联手蒙古,尚可裂土而治。在首次御前会议上,奕劻、溥伦等少数人主张皇帝退位,实行共和,受到良弼、铁良、载沣等多数人的痛斥和抵制,主战的满蒙王公、宗室亲贵杀气腾腾,决意同

图3　禁卫军值勤官兵，禁卫军军装及标志与北洋陆军有所不同，最明显的区别是肩章为竖式，着深色军服者为禁卫军下级军官

图4　午门城门悬挂中华民国五色旗，门楼内外墙壁挂满社会各界送来的挽联

图5　丧礼期间的午门近景

逼宫的袁世凯、革命党拼死一战，以图侥幸。前四次御前会议虽没有议出结果，但隆裕阻止了主战派企图用兵，避免了大局失控。第五次御前会议，是在段祺瑞等数十名将领联名，要求明降谕旨宣示中外，"立共和政体"之后，众人不发一言，奕劻、载沣仍不到会，隆裕表明态度："明日与渠二人（指奕劻、载沣）决之。"次日，续开会议，各王公依旧模棱两可。隆裕最后说："你们反复推求，始终迁延不定，这样疑惑会越来越多，将来必演出同室操戈、涂炭生灵之惨剧。此后兹事我一人承担耳。"遂议决接受《清室优待条件》，于1912年2月12日发表退位诏，改帝制为共和，作出了符合历史潮流又使国家付出代价最小的理性选择。

对隆裕一生功过是非的评说，时人和后世或褒或贬，众说不一。有的讥其平庸无识，有的诽其贪鄙好权，有的赞其深明大义，有誉其女中尧舜。上述臧否，多出于一时一事观察揣测得来，加之立场各异，难以论定。隆裕久居深宫，喜好读书，对西方历史与文化有一定程度的了解。她与身边人谈论对西方政体的见解，虽说肤浅，但毕竟有了新思想的萌芽，不能不说与日后做出的"逊让之举"是有关联的。

图 6　午门外等待致祭的学界代表，列队着制服者为学校生

　　国家权力虽然实现了和平转移，新旧势力的巨大纷争仍一时不能弭平。在不少宗室王公、前清臣子看来，大清江山正是葬送在隆裕太后之手，因而耿耿于心，难以释怀。隆裕虽下诏逊位，得"让国"之名，其内心无时不受煎熬，自感愧对列祖列宗，当时的媒体就渲染称："孤儿寡妇，千古伤心，每睹宫宇荒凉，不知魂归何处。"回溯前朝盛况不再，可谓触景伤怀。一年来，隆裕的身体日非一日，"积成肝郁，尝患呕逆"。史料记载，民国二年（1913）正月初十，是隆裕的寿诞，在前清称之为"万寿节"，民国临时大总统袁世凯派出专使梁士诒祝寿。一些京中王公则有意回避，不肯入宫行祝贺之礼。隆裕以抱病之身，勉强支应寿诞庆典，据说当日殿内熏炉热气过高，致使病情加剧，卧床不起，七日后遂告不治。

　　隆裕去世后，作为民国政府的治丧机构，国民哀悼会成立之始便公布"发起宣言书"，说："隆裕皇太后，默审潮流，深鉴大势，见机独早，宸断无疑。诏书一下，化干戈为坛坫，合五族为一家，大道为公，纷争立解，盖宁可以敝屣天下，断不忍涂炭生民，所谓能以礼让为国。"初时议定 3 月 19 日，在太和门开全国国民哀悼大会。操办隆裕葬礼，冠以"遵上古之唐虞，

图7 午门内临时搭建的外宾接待处,对面悬挂五颜六色的万国旗

图8 太和门前扎建一座三门式大型松彩牌楼,上署"哀悼"榜书

图9 到太和门祭坛致祭的各界、各方人士

图10 祭坛外的护灵军人，浅色军服为禁卫军，深色军服为步军统领衙门人员

61

图 11　前来太和门祭坛致祭的前清遗老，官帽和长辫依然是"标配"

淘女中之尧舜"美誉，以此彰显民国政府的政权合法性，有利于稳定鼎革之后的大局及人心，此为民国政府重要考量。而逊清皇室一方，按前清旧制办理隆裕大丧，也有其自身的利益盘算，从主持丧事的几位重要成员来看，皆为支持"逊位"一派，他们有借隆裕大丧来重塑清室尊崇的用意，以安抚宗室内部，达到消解试图复辟的人铤而走险，损害到已获得的整体利益。一言蔽之，各方各派均有不同的政治诉求。

民国政府治丧

民国成立后，尚无给政治显要人物治丧的经验，丧仪没有可参照的成例。故从政府角度为前清隆裕太后举哀，须兼顾丧仪的规格、称谓以及传统等因素，尤其要考虑从帝制向共和转型中体现礼俗的时尚新风，这就决定了这场世人瞩目的丧事，其仪式注定是新旧杂糅的。单从丧仪规格论，虽无"国葬"之名，场面绝不逊色于后来的"国葬"大典。

袁世凯接到内务府世续的报闻，即派荫昌、段芝贵、孙宝琦、江朝宗、言敦元、荣勋等人，前往宫中吊唁。当日下午，在总统府开特别会议，由此开启了一连串的悼念活动。随后由国务院发布通告两则，首先公布隆裕死因并致哀悼，意在消除谣诼，市面已有传闻隆裕系吞金致死，甚至有遭毒杀的耸人之说。此时，复辟派正策动库伦独立，为预防宗社党中的极端分子趁机起事，北京警方一度颁布了戒严令。另一则重申"遵照优待条件，以外国君主最优待遇，规定各官署一律下半旗二十七日，左腕围黑纱，自二月二十二日始，至三月二十日止，以志哀悼，特此通告"。国务院查照《优待清室条件》第五款："德宗崇陵未完工程如制妥修，其奉安典礼仍如旧制，所有实用经费均由中华民国支出。"依据本款，隆裕太后祔葬崇陵，为题中之义，所有葬礼所需费用，亦归民国政府负担。此案提交迅速得到临时参议院通过。

国民哀悼会由临时参议长吴景濂出面组织，并被推为总代表，参加成员包括了当时军政商学各界的头面人物。这个临时性的治丧组织阵容庞大，分设总务、文牍、庶务、会计、交际5个科，计有322人。总务科多达70人，又以军界大佬居多，有段祺瑞、江朝宗、王廷桢、姜桂题、李纯、张勋、曹

图12 进入民国，官轿已经难得一见了。"围观"者对轿子主人的好奇肯定大于轿子本身

63

图 13　参加奉移的满汉执事夫，身后是"九凤曲柄黄盖"，为法驾卤簿仪仗的"核心"

锟、段芝贵、鲍贵卿、徐树铮、靳云鹏、卢永祥、何宗莲等，总统府也派人参加，纳入民国政府的满人官员也列名其中。交际科人员最多，有 164 人。办事机构设在位于西珠市口的京师商务总会内，对外统称国民哀悼会事务所，负责协调统筹隆裕治丧事宜。

治丧所需经费，政府并未拨出专款，国民哀悼会报请国务院同意，采取驻京各官署、社会团体、地方各省以及个人自愿协款方式筹集。据《国民哀悼会纪事录》记载，共收捐款 90 笔，合计银洋 18863 元整。饶有意思的是，另有 8 家认捐未缴，"诈捐"行为也被记录在册。至治丧结束，用款 13910.765 元，余款暂存于京师商务总会，以备日后奉安时所需。

以"国民哀悼会"名义办理重要丧事，对民国政府而言，实为破天荒之事。国民哀悼大会选址于紫禁城太和门，足以体现对隆裕太后极尽哀荣之意。清朝当政时，紫禁城以乾清门为界，分为外朝和内廷两个部分。民国成立后，紫禁城收归国民，乾清门以北的内廷，只是逊位皇室的暂住之所，根据协议将择时移住京郊颐和园。据曹汝霖在《一生之回忆》中说，在民国元年春节当天，曾开放了紫禁城三大殿，任人观光游览，此举显有象征意义。

图14 向前门火车站行进的移灵仪仗队伍

哀悼大会原定于3月18日、19日两天进行，经军方人士请求，又展期为3日，20日为军界专场，又名为全国军界哀悼大会。我们从事竣后所编纂的《国民哀悼会纪事录》中可知，哀悼大会的现场布设、丧仪程序事先有详尽筹划，乃至中外人员的进出线路、列班地点、致祭顺序等细节，均作出详细安排。还精心制作了与会人员纪念徽章，以及致祭时佩戴的标识牌。徽章为锡合金制作，五角形中心缀梅花，铸"国民哀悼会"字样，颜色为白底衬梅花，瓣分红黄蓝白黑五色，寓意五族共和。标识花为纸制品，菊花形外附五叶，花为黑色叶分五色；标识牌为纸质长条形状，下端燕尾式，白纸黑边，中缀"国民哀悼会"字样，凡莅临祭坛哀悼者均须佩戴胸前。现场维护秩序的男、女纠察员，内、外宾接待员，除佩戴通用标识外，另加不同专用标志，以方便识别。

隆裕祭坛设于太和门。灵堂则设于太和殿内，殿内布置井然肃穆，正面扎有三门四框式的素彩灵龛，顶端正中悬一方大匾，上题"女中尧舜"。灵龛须弥座四面栏杆，缀以素色花圈，灵龛内置放隆裕太后着宫廷服装御影。殿内盘龙柱及殿壁四周，悬挂巨幅挽幛、挽联，供案上设鲜花果馔，明灯香

图 15 隆裕灵榇上盖着绣有九只彩凤的黄云缎堂罩，用的是九十六人"落地满黄"的皇杠

烛，供案前立大型镜框，镶嵌宣布施行共和的诏书，尤为显眼。殿内专设经台，内供西方三圣，由汉藏高僧于会期时唪经礼忏。道教亦由白云观派道士前来设坛诵经。

紫禁城天安门，扎建七门八柱松彩牌楼，嵌以国民哀悼会；午门城门悬挂中华民国五色旗，门楼内外墙壁挂满社会各界送来的挽联，并高悬五颜六色的万国旗。太和门前扎建三门式大型松彩牌楼，榜书"哀悼"二字。在哀悼大会将临之际，紫禁城外至正阳门等地也极力营造哀悼之氛围。

国民哀悼大会

3 月 18 日上午 10 时整，国民哀悼大会正式开始。首先奏哀乐，主祭人吴景濂首先就位，各官署、团体、各省代表依次就位，主祭人率代表向北迎銮，伴诵清音，銮降清音止，再诵以诗歌迎銮之章。主祭人诣灵位前献花果毕，宣读祭文。随后，伴以哀乐，主祭人率各代表向灵前以三鞠躬行哀祭礼，礼毕再向北行送銮，与迎銮时礼仪同。礼毕即散班，总祭过程简洁而隆重，此新式致祭礼仪，在新旧交替之际尤让人耳目一新。

随后进行的各团体分班致祭从中午 12 时开始，当日排班顺序为军界、警界、政党、报界、商界、回僧道番各教，至下午 6 时结束。次日从上午 10 时开始，排班顺序为宗人府、八旗外三营、内务府同时进行；12 时后，依次为政界、各团体会社、学界、女界、地方团。3 月 20 日为全国军界致祭。可谓烦琐费时，历时三日，方告完成。

与会致祭的公职人员，对所着服装也有相应要求，除军警界、学界服章专有规定者除外，须身着大礼服或常礼服（长袍对襟马褂），左臂均缠黑纱，军警刀柄缠黑纱，以示庄重和哀悼。对宗教界人士、满蒙人士则听其自便。故会期之内，西装与马褂、短发与长辫交相辉映，煞是一道独特风景。

袁世凯没有亲临现场，派荫昌到会致祭文。称："大总统袁世凯谨代表国民，遣陆军上将荫昌致祭于大清大行太后，尊谥孝定景皇后之灵。"尚有清朝臣子的口吻。有意思的是，3 月 20 日，开全国军界哀悼大会时，袁世凯再派荫昌致第二道祭文，这回则声称"代表军界"，似有宣示他是军队最高统帅的意思。民国副总统黎元洪驻扎武汉，派遣代表张昉致哀，除一道祭文，另撰挽联两副，其一为："片语息兵戈，民国酬恩应第一；全军为墨绖，深宫弭乱更何人。"此联悬于太和殿内，引人注目。陆军总长段祺瑞、直隶总督冯国璋、拱卫军总司令段芝贵等也有祭文。国民党本部致以哀辞，此前，在日本考察的孙中山也发回唁电。孙中山曾在民国元年赴京期间，与前清宗室成员见面，席间发表谈话，称赞隆裕太后下诏逊位之举，称得上为"女中尧舜"，虽为客套溢美之词，此说却不胫而走，乃至于在国民哀悼大会期间，更将此称号公知国人。

对民国方面的治丧安排，清室表示感念国民盛情，醇亲王载沣特委溥伦为代表，赴国民哀悼大会致辞答谢，答词中说："大行皇太后，洞观时势，俯察舆情，毅然去帝制而伸民权，挽狂澜而出民水火，不忍以一姓之尊荣，致万民之涂炭，顺天应人，颁共和诏，化干戈为揖让，合五族为一家，美德休风，超越千古，所谓女中尧舜者，见诸今日。""念圣母之徽音，受国民之奠醊，皇室光荣，同深钦感。"哀悼大会期间，溥伦每日到场，对政商学各界均表谢意，3 月 20 日对军界致答词时，溥伦更是情不自已。那些头角峥嵘的将领，并非隆裕一手擢拔，军界隆重其事，时人有不解或质疑者，但多数北方军人认为，正是隆裕"颁共和诏"，避免了一场惨烈的国家浩劫，如此尊崇隆裕，乃出于公义而非为私恩也。

另外，驻京各国公使也对隆裕逝世表达惋惜、哀悼之意，国民哀悼大会期间，除去太和门致祭外，各使馆均下半旗志哀。京师警察厅应国民哀悼会之请，传示北京各戏班、演出团体自3月18日起，一律停演三天。据统计，参加国民哀悼大会的各界人士有数万人之多。

皇室办理大丧

为一窥隆裕丧事的全貌，对皇室治丧略作叙述。隆裕太后六脉刚绝，溥仪当即下旨："钦奉皇祖妣孝钦显皇后懿旨，承继皇考穆宗毅皇帝为嗣，并兼皇考德宗景皇帝之祧，仰蒙兼祧皇妣大行皇太后……自去岁冬令以来，渐至违和，屡进汤药调理，方期日就安痊，不意服药罔效，遽于正月十七日丑时仙驭升遐……谨遵遗制，穿孝百日，并素服二十七月，稍申哀悃。"当日

图16　禁卫军马队为奉移大队的引导

申初，隆裕遗体入殓，谓之"升入梓宫"，然后用鹅黄吉祥轿将梓宫从长春宫出吉祥门，由景运门进锡庆门、皇极门、宁寿门，至皇极殿停灵，此为清宫内廷最为尊贵之所。

从富察敦崇编纂的《隆裕皇太后大事记》中可知，隆裕大丧遵照前清典制、列后成案办理，哀荣不逊于清廷当政时期的帝后们。隆裕灵堂之布置、供品之摆放、礼器之陈设，极尽皇家豪奢。由宗人府、内务府分别知会各府王公命妇、前清文武官员，陆续进入内廷行礼致祭，直到农历二月二十七日奉移易县西陵为止，历时四十天的内廷举哀活动才告结束。前去清宫内廷的致祭者，缟素服饰、行礼位置等，因身份地位而有差别，如穿孝服百日，是至尊的待遇，一般人等，满二十七日即可释服。这些今天看来甚为无聊的规矩，体现了皇族森严的等级，不可僭越，与同时开国民哀悼大会，所营造的平等风气迥然不同。

这期间除每日祭奠，正月二十三日为"头七"，行殷奠礼，王公大臣行一跪三叩礼，计用金银锞三万锭、纸钱三万张、五色纸三万张、连饭桌二十一张、九只羊、十一瓶烧黄酒。农历二月初七为"三七"，行初奠礼，

图 17　隆裕灵榇所经城区万人空巷，中外人士争睹盛况

之后又行大祭礼、绎祭礼、初满月礼。隆裕太后上谥号后，举办了一系列繁复而隆重的仪式，犹如上演剧情丰富的大戏。终于到了梓宫奉移之日。前两日行祖奠礼，示以饯送之意。掌礼司遵饬事先择好吉期，由皇帝钦定农历二月二十七日（4月3日）辰时起行，据说此日为青龙普护月德吉期。

隆裕梓宫奉移

隆裕的丧事，经历了举哀、奉移、奉安崇陵三个阶段，因光绪帝陵尚未竣工，所以隆裕梓宫先须奉移易县梁格庄行宫暂安，与光绪灵柩会合。崇陵修竣完毕，1913年12月13日（农历十一月十六日），与光绪梓宫同时安葬在金龙峪崇陵。

隆裕梓宫奉移时，民国政府给予了足够重视，派出大批军警人员维持京城及易县西陵一带的秩序。禁卫军、步军统领衙门、京师警察厅以及地方官署，全力予以协助。从步军统领衙门存档中，查到一份给清宫的文函，内有"此次恭备孝定景皇后大事，及奉移要差，步军统领衙门派出军士守护照料，暨沿途弹压均属妥协，奉旨赏银三千两……臣等闻命自天，感佩无地，伏思保卫弹压，为军士应尽职务"，表示将接到的"银两按名分发，务使实惠均沾"。民国建立业已两年，民国官员依旧对"逊帝"称臣，让人发噱。

隆裕梓宫奉移，清宫动用了象征最高皇权的"法驾卤簿"，这种在皇权时代都难得一见的仪仗，引来无数中外人士的观瞻。由民国政府派出的仪仗队、军乐队为前引，继有一众满汉执事随后，门纛、曲律、影亭、亮轿、曲柄黄伞、鹰、狗、骆驼、刽子手、帐篷等排成长队。梓宫使用九十六人"皇杠"，出紫禁城后，由天安门向南，过中华门（原大清门），出正阳门，到达前门车站，用慈禧乘坐过的专列运往易县。

约翰·詹布鲁恩拍摄的隆裕丧事照片，目前发现的有七十六帧，减去场景重复的部分影像，可说是记录了许多珍贵的历史瞬间。《国民哀悼会纪事录》记载，会场聘有专人摄影，共洗印了六十套，每套十八张，每张五角，共用银洋五百四十元，送给清宫及宗室成员的数量不详。后来，故宫博物院在整理清宫留存照片时，刊布了隆裕丧事旧照九帧，与约翰·詹布鲁恩所摄照片无一相同。从两组照片的风格看，似乎也找不出相互关联。由于缺乏资料记载，约翰·詹布鲁恩是以何种身份到了国民哀悼大会以及奉移的现场，还是一个待解之谜。从老照片上透露的信息，推测他全程参加了哀悼大会。梓宫奉移时，约翰·詹布鲁恩出现在不同地点，用镜头留下了转瞬即逝的场景。这批照片显然不是"摆拍"之作，尤其是在紫禁城内拍摄的作品，没有呈现宏大场面的"整齐划一"，甚至没有司空见惯的"全家福"，或许他是一位不请自来的旁观者，拍摄点与拍摄时机受到一些限制。恰恰是他在不经意状态下的拍摄，各色人物的"原生态"，使得照片的历史信息得以真实展现。

（图片由云志艺术馆提供，原载《老照片》第 139 辑，2021 年 10 月出版）

明治时代军政要员的合影

李　洁

这是一张很有意义，但也很吊诡的历史写真（图1）。

其意义在于它是明治时代日本军政要员的空前绝后的大合影，亦即中国人所称的"全家福"。

其吊诡处在于，这是一张让笔者误读了许久的写真。因为笔者先读过的是一张看似完全一样的明治时代军政要员的大合影（图2），只是为了政治正确，此图的正上方，即松枝最茂密处，加上了一个圆形的明治天皇的戎装头像。

本来，笔者一直以为，这是一张日俄战争胜利回国，日军在东京青山阅兵场参加过阅兵式后，借机留下的一张全家福。因为照片的第一排有些我打眼一看就认得出的面孔，如伊藤博文、山县有朋、大山岩、桂太郎、松方正义、小村寿太郎等，当然更少不了战后被奉为"军神"的两位军头乃木希典（一排右三）和东乡平八郎（一排左五）。

不料，2020年5月，笔者第二次去临淄的云志艺术馆看老照片，刘云志先生却告诉我说：他购得的这张老照片，拍卖时标注的文字是："日俄战争出征前合影"！

原照上没有天皇的"御影"。看看大山岩（一排左九）和儿玉源太郎（一排左八）的座次，竟高于元老伊藤博文（一排右六）和山县有朋（一排左七），我才知，此片确实是为给满洲军总司令和参谋长等送行时的大合影。我一时蒙圈。

这就来了问题：大山岩和儿玉源太郎是1904年6月20日被委以满洲军

图1 明治时代军政要员的"全家福"

图2 加工过的明治时代军政要员"全家福"

总司令和总参谋长的，而那个时候，无论乃木希典还是东乡平八郎，都在中国东北与俄军死缠烂打，根本不在国内！

于是，笔者反复盯看两张相似的写真，逐一对照画面上的人物，终于看出破绽——这竟是一张被修饰过的照片，乃木希典和东乡平八郎都是后来剪贴上的人物！而原位置的政界大佬，则被剪贴到了第二排，由端坐变成了站立。再数一遍人数，原照一百二十四人，修饰后一百二十六人，多出的二人，正是乃木和东乡！

疑惑迎刃而解。是的，这场决定了日本国运的大战，岂容军界元勋缺位？于是，两个当时并不在场的"军神"，就神不知鬼不觉地出现在了明治时代军政要员的大合影中。

那么，被他俩顶替的那二位去了哪里？逐一对照，才知此二人为文部大臣与内务大臣，因其地位相对不那么显要，被升（降）到了第二排的原空当里。

得，索性把这张大合影的主要人物一一标注出来，看看他们都是什么显贵人物吧！

第一排，右起依次为：伊集院五郎（海军军令部次长，即海军副司令，海军中将）、井上良馨（海军横须贺镇守府司令长官、海军大将）、久保田让（文部大臣，后调至二排右三，原座改贴乃木希典）、山本权兵卫（海军大臣、海军大将）、桂太郎（内阁总理大臣、陆军大将）、伊藤博文（元老、侯爵）、上原勇作（前陆军工兵监兼参谋本部第三部长、现满洲军第四军参谋长，陆军少将，野津道贯之婿）、野津道贯（满洲军第四军司令长官、陆军大将）、山阶宫菊麿（海军大佐，亲王）、有栖川宫威仁（将官会议议长、大本营附、陆军中将、亲王）、大山岩（元帅、满洲军总司令官）、儿玉源太郎（满洲军总参谋长、陆军大将）、山县有朋（元老、元帅、参谋总长）、松方正义（元老、前内阁总理大臣）、芳川显正（内务大臣，后调至二排左一，原座改贴为东乡平八郎）、小村寿太郎（外务大臣）、寺内正毅（陆军大臣、陆军中将）、香川敬三（皇后大夫，即皇后事务总管）、斋藤桃太郎（东宫大夫，即皇太子事务总管）。

第二排有几个值得注意的人：

右起第八人，就是那个戴着西式高帽的小个子（戴了那么高的帽子才和别人等高），叫林权助，时任驻韩国公使。此人曾任驻清参赞，代理馆务期间，营救了梁启超、黄遵宪，后任驻华公使、驻英公使，曾受命以特使的身份到奉天吊唁过被关东军谋杀的张作霖。

　　林权助左边的三人分别是递信大臣大浦兼武、农商务大臣清浦奎武和司法大臣波多野敬直，都是响当当的政界大佬。

　　三大臣之后的那个军人，即日军主管情报工作的原参谋本部第二部部长、大本营参谋，即将随大山岩赴任的满洲军总司令部参谋福岛安正少将。

　　福岛安正身边，是前驻俄公使、对俄谈判全权代表粟野慎一郎，开战前夜奉命宣布两国断交，经欧洲辗转回国。

　　其旁为老资格的陆军大将、前东京卫戍总督佐久间左马太，他即将南下，接任儿玉源太郎的台湾总督一职。

　　再左一人为日本军医总监。军医总监旁的那个穿白色海军装的，就是日本第一代联合舰队司令长官，时任海军军令部总长（即日本海军司令）的海军大将伊东祐亨。正是这个人，把清国的北洋水师彻底打垮。日俄战争后，他晋为海军元帅。

　　伊东身边的是冈泽精，天皇的侍卫武官长，新晋陆军大将。

　　站在第三排与第四排的都是相关的军政僚属。但第四排左数第三人却是让人不能小觑的一个，即长冈外史。他虽仅为陆军少将，却是儿玉源太郎力荐上任的新任参谋次长。而站在右数第三人的那个小年轻的身份也相当让人意外，因为他只是一名陆军少尉。该人是这张合影中一百二十四人中级别最低的一位。此人与现场的一些佐（校）级军官，大概都是满洲军总司令部的中下级军官，所以才有资格站到了军政大佬大聚首的场合。

　　从这张大合影中来看，当时的写真，既讲规矩，又不太较真儿。

　　且看，第一排最中心端坐的是两位亲王，尽管他俩的军衔与年龄都不算高，但因系皇室成员，天皇的代表，故理所当然地被安排到了显要的位置。被送行的大山岩、儿玉源太郎、野津道贯及其女婿上原勇作，自然被安排到了亲王的身旁，以至于连最有资望的政界大佬伊藤博文和"皇军之父"山县有朋也屈尊坐在了他们的身边。明治时代的"财神爷"松方正义，虽贵为元老，也只能靠边坐了。把文部大臣与内务大臣调整到后排之后，前排就座的阁员只有首相桂太郎、陆相寺内正毅和外相小村寿太郎，因此三相与战争有最直接的关系，所以，"老九不能走"。一排最边上（左一、二）的两个人因是天皇的对外联络员宫里的大夫，即以皇后事务总管和皇太子事务总管的名义的天皇的对外联络员，以其身份的特殊，也不宜到后排站立。

第二排有资历很老的海军司令伊东祐亨和陆军大将佐久间左马太，有天皇的侍卫长，有多位政府总长，还有海军省次官，级别也足够高。两个重要的外交官林权助和粟野慎一郎，以及传奇的"情报之父"福岛安正，级别虽稍差一等，但也受到礼遇。

最让人称奇的就是末排的那位参谋次长长冈外史了。就是这个胆大包天的家伙，居然提议把防守国门的口径二百八十毫米的巨炮增援了乃木军，才使日军最终攻陷了旅顺要塞，并顺利赢得了奉天大会战。战争的最后一役即桦太岛（库页岛）之役，也是他力促发动的。

了解明治时代的历史，自然就对这张大合影有了解读的兴趣。

可以这么说：这幅照片上的所有人物，再加上两个当时不在场却被事后补贴上去的"军神"乃木希典和东乡平八郎，以及未被补贴上的黑木为桢、奥保巩、川村景明等军事将领，共同支撑起了明治时代的大厦。

（图片由云志艺术馆提供，原载《老照片》第 139 辑，2021 年 10 月出版）

约翰·詹布鲁恩镜头下的壬子兵变

杨 潜

云志艺术馆收藏的民国元年"北京兵变"老照片,是国内迄今所见数量最多、记录场景齐全的一宗影像资料,计有六十二帧,其中大部分照片鲜为人见。美国摄影师约翰·詹布鲁恩,时在东交民巷开设照相馆,这位来华经商的美籍人士,在兵变期间拍摄这些影像,是为使馆外交官员所指派,还是纯属个人行为?因缺少史料佐证尚不清楚。但从事后印刷发行过一套"北京兵变"明信片来看,无疑也有商业盈利目的。它作为一桩历史事件的影像见证,随着时光的流逝,愈发彰显其"图像证史"的价值。

北京兵变始发于京城,乱局随后波及保定、天津等地,距清廷颁布退位诏书仅十七天,因岁在壬子(1912年),也称壬子兵变。这场兵祸除造成巨大的社会恐慌和经济损失,还直接导致了革命党人要求袁世凯南下宣誓就职计划的落空,对民国政局走势产生了重要影响。兵变起因是袁世凯授意操控,还是因军纪败坏祸起于萧墙?百余年来,众说纷纭,聚讼至今,成为近代史上的悬案。历史家对北京兵变的史述与史论,已汗牛充栋,本文只叙述其梗概。而事件发生时,西方各国的外交应对,尤其是驻华外军的应急调动、防范等军事活动,至今缺少具体深入的梳理。解读约翰·詹布鲁恩镜头下的壬子兵变,从清晰直观的图像中进入历史现场,对厘清列强在民国肇建时期的一些真相大有帮助。

京城猝发兵变

1912 年 2 月 29 日晚间的北京东城，突然枪声大作，火光冲天。惊骇万状的北京市民发现成群结队的武装士兵，饿狼一般扑向繁华街区肆意劫掠，乱兵所经商铺、银号及大户人家几无幸免。继有民间不法之徒趁火打劫，兵匪合为一体，被祸之家如待宰羔羊，任由作乱兵匪蹂躏。事后确知，兵变由朝阳门外东岳庙所驻陆军第九标炮营发起，先在城外抢劫商户，入夜后炮击朝阳门，欲强行进入内城，由驻扎禄米仓的辎重营打开城门引入，帅府园、土地庙等处所驻各队也与之呼应，随后分路分股开始扫荡东城及正阳门外的商业街区，乱局骤然失控。29 日夜，商业区以东安市场及周边罹祸最为惨烈，洗劫一空后焚为废墟。

事发当夜，驻扎京城的毅军率先派兵平乱，因没有接到格杀令，故以堵截驱赶为主，未对乱兵、劫匪形成强有力的震慑，致放火行劫，通宵达旦。

图 1　东安市场商贾辐辏，为北京繁华之地。劫后现场聚集的各色人等中，可见巡警、外国人的身影，或为维持市面，或为调查灾情。那些在街头伫立观望的市民，则是最为焦灼不安的人，没有人知道灾难还会不会降临到他们头上

图2　日昌大药房是一家西药房，毗邻商铺已被焚毁。废墟前束手无策的人，多是居住在附近的商民。照片左侧的院落，倚门观望的壮年男子忧心忡忡，门匾被树干遮去关键性一字——魁元□馆——给准确解读带来障碍，推测为一处私人学塾

次日总统府即发布戒严令，做相应部署防范，但兵变如瘟疫一般蔓延开来。3月1日夜，前一天未饱其私欲的溃兵又从丰台等地折回，与部分驻西城军人再度作乱，浩劫之惨烈有甚于东城之乱。是夜，预先防备的军警开始强力镇压，对乱兵、劫匪进行斩杀。京城乱局稍有好转，而保定、天津驻军又相继哗变，京畿地区一时风声鹤唳，人心惶惶。

事后约略统计，仅北京一地商贾损失即达数千万元，内城被劫四千余家，外城六百余家，以金店、银号、当铺、首饰楼为重。其中恒利银号兼营金店，铺面尽毁，失银四十万两、黄金三千两，随后兵变延及天津，所开分号也未能幸免。

兵变发生时，已被南京临时参议院选举为临时大总统的袁世凯尚未宣誓就职，前往北京的迎袁专使团在此次兵变中，寓所遭受劫掠，专使蔡元培等虽性命无虞，亦大受惊吓，仓皇避入六国饭店，未能完成迎袁南下的使命。袁世凯被指为兵变操控者即由此为发端。兵变导致京畿乱局的善后处理，极其复杂，此不赘述。而兵变之因，后世大致有三说：一是袁世凯指使曹锟制

图3　满目疮痍的东安市场，瓦砾上呆立的人，难以言状他们的心境。远处门楼上歪斜的五色旗，大概是市场残存不多的物件

图4　商铺民宅遭劫时，不少业主为保全性命远避，贪利之人往往顺手牵羊。另有兵匪不及携走之物，遗落于街巷甚多，市民捡获颇丰。乱局稍定后，市面传言巡警欲挨户搜查，引发不安。故巡警总厅发布告示，饬令不得藏匿捡取的他人财物，一律交还，逾期不交按抢劫问罪

图 5 两具尸身横卧于西四牌楼下，以震慑不法之徒。被杀的人系平民装束，并非作乱军人，是否当斩，人死已无法审其轻重了。趁火打劫者撞在枪口，无人为其叫屈。比起守法市民经历的夜半惊魂、家财尽毁，民众总会认定这些蟊贼罪有应得

造兵变，作为拒绝南下就职的借口；二是袁克定私自与北洋将领密谋倡乱，阻止袁世凯南下；三是因北洋军人军纪败坏，又以欠饷、减饷、剪辫等导致不满引发哗变。袁世凯取得最高权力后，推翻共和，复辟帝制，遂被千夫所指，归为反类，因而长期以来，袁世凯阴谋操控北京兵变说，成为史学界的主流意见。

引发列强介入

1912 年 2 月 12 日，清帝颁布《退位诏书》，中国帝制时代落下帷幕。2 月 15 日，南京临时参议院召集十七省代表开会，选举袁世凯为第二届临时大总统。临时政府政权移至袁世凯手中，为西方驻华公使团所乐见。国家权力虽然实现了和平转移，南北双方围绕首都选定，以及袁氏去南京就职的争议尚未解决。值此当口突发兵变，使得各国驻华公使馆极度关切。变起时，各公使馆下令戒严，东交民巷卫队均进入高度戒备状态。意大利、美国、英

国先后派出武装士兵，连夜将本国侨民从危险区域接入使馆区。午夜子时，有兵匪二十余人，欲出崇文门逃逸，见崇文门及附近德军严阵以待，终不敢越雷池一步而转往他处。

东交民巷街是贯穿使馆区的主要通道，东口为德国军人把守；西口距受祸惨烈的东安市场距离较近，警戒程度更高。美军在堡垒式大门外，筑起一道沙袋掩体，封堵了东西方向通道的入口，人力车、马车等车辆不得通行，约翰·詹布鲁恩所拍摄的外国军人影像，长久留住了见证国耻的历史场景。

英国驻华公使朱尔典在 3 月 1 日，就北京兵变三次电告英国外交大臣格雷爵士。他在不甚明了的情况下，于首次电报中夸大了骚乱的损害程度，称："昨晚八时左右，袁世凯本人的第三镇士兵，突然闹事，肆意焚掠内城的大部分地区，该处现已成为废墟。断断续续地开火整夜未停，其目的在于恫吓居民，从而便利于他们抢劫；看来似乎很少有人死亡。据说，闹事的起因是减发军饷。"

图 6　崇文门城楼西侧，身着猎兵装束的德军士兵。德国军服种类繁多，猎兵通常会用帽罩覆盖皮革制作的圆顶帽，但帽徽须露于外。城垣上的克虏伯炮，为 77 毫米口径野战炮 FK 96 的升级版，是一战初期德军主力野战炮。他们身后的方形碉楼，为德军拆除原护军值房而擅自修筑，阻断了城墙上的通行

图 7　德国使馆卫队负责把守东交民巷东口。远处建筑是崇文门。兵变发生后，许多达官贵人举家避入使馆区，托庇于外人，以防不测之灾。门楼处那位正与德国军官交谈的男子，头戴瓜皮帽，斜倚自行车。而执勤的德国士兵，正笑容可掬地朝着拍摄者走来

华人商业与居民街区罹祸严重，东交民巷使馆区内及外国人所设商行、住宅则安然无恙。很显然，这些兵匪对洋人心存忌惮，而对同胞下手却凶悍无比。兵变作为一种"特殊"的军事冒险行动，他们经过拿捏，觉得抢自家人比抢外国人风险低得多。而当局却以外人无恙未酿成国际交涉暗自庆幸，可谓无耻至极。与袁世凯关系甚密的莫理循住宅邻近东安市场，不仅未受到骚扰，他还敢出面帮助邻居劝阻抢劫者。

当兵变蔓延至丰台、保定时，正在筹组的总统府及直隶当局深感忧虑，又不愿意以官方名义请驻华外国军队协助止乱。唐绍仪遂于3月2日晨，以私人名义请求朱尔典召开外交团会议，筹议保护北京的措施。当日下午，各国公使齐聚英国公使馆开外交团会议，议定三项：一是军事情报统一使用意大利无线电报，由北京传黄村、黄村传大沽；二是从天津各国驻军中抽调千人加强使馆卫队；三是由各公使馆卫队派出分遣队，每日在主要街道巡察。各国公使认为，目前中国军、警已丧失维护秩序的能力，实施第三项可以起到震慑不法之徒和安定人心的作用。甚至，有公使竟指称目前局势已到了如

图8　美军在东交民巷西口门外，筑起沙袋掩体，封堵了使馆区东西方向通道的入口。与德军把守的东口相比，美军警戒程度更高。执勤军人一字排开，表情颇为放松，与身后掩体的森严氛围大异其趣。其中混入一名日本兵，不知因何来此"协防"

图9　行进中的比利时公使馆卫队，他们是使馆区驻军中的"另类"，卫队仅有一名军官和二十名士兵。名为护卫使署，其实别有用心，除体现拥有在华驻军权外，遇有事端即可军事介入，有利于"利益均沾"。庚子事变中，比、荷两国均未派兵，故分赃获利不多

图 10　3月3日上午10时，各国公使馆卫队约有七百名军人，在英使署集合后举行武装游行。从长安街东行，折向崇文门方向，出内城后由正阳门返回。此处为使馆区东端，前列是德军，其后为美海军陆战队员、意大利海军陆战队员。尖塔式西洋建筑，为北京同仁医院，这座建筑现已不存

图 11　美国公使馆如临大敌，门前设置起沙袋掩体和路障，数名军人同时上岗，宛如一座戒备森严的军事堡垒。路旁穿长袍的中国人，怯生生地向拍摄者方向张望，这名中国男子是公使馆雇佣的杂役，还是邻近商家的雇员，不得其详

图12　三名日本军官均携日式军刀，站姿者压低了帽檐，双手拄刀而立，表情深不可测

庚子年闹义和拳的地步。

　　3日上午10时，约有七百名各国军人在英使署集合，从长安街东行，折向崇文门方向，出内城后沿南城墙，由正阳门返回。驻京外军自这次"炫耀武力"行动之后，每日派出小分队往来街市，名为护民卫商，实为恫吓威慑。日本在北京商家众多，自3月2日起，日本商店均有两名日本兵持枪守护。德国公使从卫队抽调二十人，紧急派往直隶井陉煤矿。

　　各国公使均密切关注事态发展，他们表面上"统一行动"，实则各怀心思，各有不尽相同的外交诉求。或许是庚子事变给美国人留下的阴影未泯，当年公使馆尽毁、美国军官战死。此次兵变，美国显然过度反应，故于3月3日急调一百五十名陆战队员入京支援，行动之快捷先于其他列强。随后各国的调兵入京愈演愈烈，德国从青岛、日本从天津也迅速调兵入京，一艘日本海军战舰从芝罘驶向大沽，外媒渲染的中国又将大乱的消息、言论，一时甚嚣尘上。同一时间，中国南方驻军亦有赴京平乱的请求，袁世凯担忧"请神容易送神难"，凡属北洋系统之外的军队调动，他一概疑为居心叵测。总统府分别致函各公使馆，试图阻止外军向北京增兵，陈说兵变绝无政治与国

图13　清外务部迎宾馆大门，位于石大人胡同，现已列入文物保护单位。1911年11月，袁世凯组织责任内阁后，于次月将内阁公署由东安门大街迁至迎宾馆。民国建立后，临时大总统袁世凯先以此为办公场所。当年8月，为礼让进京的孙中山，总统府迁出，以迎宾馆为孙中山在京居所。拍摄者由院内及外，将大门内左侧站立的一干人收入镜头，可清晰看到以军人居多，总统府办事员也在其中

图14 从总统官邸（迎宾馆大门）多名执勤卫兵的状态，能看出此时仍处于"非常时期"，警戒等级很高。持枪士兵服饰亦是看点：大檐帽上的徽章不同，枪械、军装、绑腿均有异，说明他们并不隶属一支部队。推测最左边肩枪者为原卫队士兵

图15 1912年2月27日，迎袁专使团在北京贵胄法政学堂行馆合影。这帧合影流传甚广，参加照相人员并非专使团全体。前排左起第一人是汪精卫，第二人是刘冠雄，第四人是魏宸组，第五人是蔡元培，第六人是钮永建，第七人疑为曾昭文，第八人是王正廷

图 16　巡逻于北京外城的骑兵，推断为陆军第一镇所属马队，由保定临时征调步、骑兵六个营入京，分驻南苑、北苑。战马扬起轻尘，有骡马车相随，这也是陆军马队配置的装备之一

际上的关系，承诺确保外人的财产安全。驻华公使团置若罔闻，日本又从旅顺调一千两百名军人开往天津，俄国从哈尔滨调六百名官兵进入直隶；他们还援引条约规定，对袁世凯拟派军队赶赴天津维持秩序予以回绝，不允许中国军队进入天津周边二十里以内。3 月 4 日，袁世凯派颜惠庆、富士英、曹汝霖等分赴各使馆慰问，还发出外交照会，极尽安抚之事。

　　劫后的京城施行戒严，规定下午 6 时后禁绝街面行人，加之外国军人于通衢街市武装巡行，引起市民猜测和惶恐。京师巡警总厅特发布告："奉大总统谕，据京师总董会呈称，闻外国兵队有出城游行之说，人心惊疑，呈请宣示办法等语。外国兵队系为暂时保护使馆暨外国商民起见，曾经声明无干涉地面性质。应出民政部传知该会，毋得误自惊疑。"欲借助外力平息乱局，又恐惧外势趁乱扩张，是袁世凯面临的两难之境。北京当局所受最大重创，无疑是临时政府急切从外国人那里取得巨额借款，正在进行的谈判因京畿地区的乱局暂时中止。所有的政治要员都清楚，借不到钱，新政府一天也不可能正常运作下去，千疮百孔的中国无法得以恢复，袁世凯不得不对驻华公使团极尽讨好，以使洋人对他不失信心。

图 17　牵马士兵的近影，可以近距离观察战马、马鞍和士兵的个人装具等细节。北洋陆军使用的军马主要是蒙古马，其貌不扬，但体魄强健，耐受力强。士兵所戴军帽很是别致，大檐帽上均缀长绒棉护耳，冬季能起保暖防风作用，其他季节解去护耳，一帽多用

　　3 月 2 日，发表大总统布告，以安定人心。布告中说："此虽由该兵丁等误会谣传，不能恪守纪律，实由鄙人镇抚无术，未能先事防维之所致。鄙人甫受国民委托，膺此仔肩，诚欲竭区区之愚，为同胞稍谋幸福。乃新任未履，而愆咎先丛，利国之政未闻，病民之事已见。抚衷自问，负疚良多。嗣后益当振刷精神，妥为布置。"袁世凯的"抚衷自问"，大有下"罪己诏"的意味。而京师巡警总厅从 3 月 1 日至 3 月 23 日，发布告示十六道，晓谕北京市民。北京兵变后的政局乱象、民情世态，被约翰·詹布鲁恩一一记录下来，虽是历史的碎片，在百余年后依旧彰显其证史的独特价值。

东交民巷兵营

　　东交民巷使馆区已经走入历史，呈现于今天的是一处欧式风格街区，所遗存的西洋建筑物，得到了文物级别的整体保护。回溯 20 世纪初，东交民巷一带，逐渐成为西方列强在北京的"法外之地"，陆续建起外交官邸、兵

营、银行、商行、教堂、医院、酒店、邮局等。这处大体呈长方形的单一使馆区，周边筑有坚固的高墙和众多碉楼，围墙砌有射击孔，以墙外开阔地带为安全缓冲区，出入巷口分由各国卫队值守，俨然一座军事堡垒。

晚清政府的丧权辱国，莫过于《辛丑条约》允许列强在中国驻军，其中驻东交民巷的使馆卫队，更是国人的肘腋之患。日本学者宇野哲人曾在1907年前后来中国游历，他在《中国文明记》中记述所见："游北京者，必先登上城墙。予被此城墙之壮大所惊倒，真正之金城铁壁之感慨已由此而发。而此城墙之上，正阳门侧有美国之炮台，崇文门侧有德国之炮台，巨炮朝向皇宫。一旦有事，一击之下，便能使之粉碎。见此形势，再次让人吃惊。中国人不能随便登城，而吾等外国人可随便曳杖登临。作为中国人，对此屈辱，又有何感？"约翰·詹布鲁恩的影像再现了上文所述一幕，虽然皇帝黯然下台，共和体制肇建，但洗刷国耻依旧遥遥无期。

当武昌起义爆发，辛亥革命浪潮不可阻挡之时，西方列强虽明示中立，但暗中还是属意政治强人袁世凯掌控未来中国，然而兵变的发生还是让西方

图18　在南城墙外环城铁路沿线警戒的北洋陆军。2月29日夜，参与兵变的溃兵少数回营，大部劫车窜逃，因而铁路及车站成为守卫的要点。他们使用的枪械，似为升级版的"汉阳造"，显示武器装备国产化将逐渐占据主流

人有所失望，他们频繁调兵和炫耀武力，在所谓"护侨护商"的借口下，深藏着向中国各方政治派别的"示威"之意。在风起云涌的革命年代，掠夺成性的殖民者最担忧的是被压迫民族日益高涨的自主意识。约翰·詹布鲁恩留下的驻华外军影像，恰是列强"大炮政策"在中国的形象写真。

从英国驻华武官韦乐沛向国内递交的军事情报可知：民国成立前后，驻直隶各国官兵总数达到7021人，大部分驻天津，其中英国驻直隶的兵员有2840人，远超他国军队的数量。而在北京，有10国公使馆驻扎卫队，8国建有兵营，官兵总数为2098人，共配备野战炮33门，机关炮37门。其中俄国卫队的人数居列强之冠，军官6人、士兵393人；英国卫队有军官10人、士兵322人，另在丰台驻有大批军队；美国使馆驻有321名海军陆战队队员，并装备2门3英寸口径野战炮，8门不同规格的机关炮，堪称火力强悍；法国卫队有军官6人、士兵295人；日本卫队有军官12人、士兵280人，比利时未设兵营，卫队仅有21人。使馆区内的所谓"卫队"，堪称一支装备精良的"十国联军"。

图19 这是一帧经常被误读为清末编练新军时期"已经装备了当时最先进的德国毛瑟枪的北洋新军中的淮军"。实际是直隶巡防营士兵，兵变后奉命从天津小站调京，协助维持治安。士兵所使用枪支，是奥地利曼利夏步枪，也是一款性能优良的单兵武器

图20 巡防营士兵与地方商团人员在城中一起值守。巡防营士兵服饰，与新式陆军服饰相比明显落伍。士兵之帽式，夏季用麦编草帽，冬季用青布头巾。进入民国以后，军官服饰才有了相应变化，而士兵军服则延续了较长时间

　　正因东交民巷的"特殊地位"，兵变之时，京城达官显贵相率避居东交民巷，托庇于外人，贵重之物或存银行或储洋行，一时饭店旅馆价格大涨。莫理循在写给《泰晤士报》新闻部主任达·狄·布拉姆的信中说："目前使馆区里挤满了避难的中国人，外国旅馆里一间客房挤着住十到二十人。唐绍仪从骚乱开始就没有离开过旅馆，南京的代表当他们的住所在星期四夜晚遭到抢劫时，先是逃到基督教男青年会的大楼里，随后在美国人陪同下，住进六国饭店，再也没有离开过。"

　　袁世凯对北京乱局的应对措施是奏效的，从3月1日下达戒严令，对乱兵、劫匪进行格杀，京城逐渐恢复秩序。更为重要的是，南方革命党人做出了让步，同意袁世凯在北京宣誓就职。3月10日下午3时，身着军服的袁世凯，在迎宾馆东楼礼堂宣读誓词，如愿以偿成为中华民国临时大总统。东交民巷的各国公使们，绝大部分前来为袁氏捧场。血雨腥风后的北京城，并未因此盛典而增添多少喜庆。

　　倒是多有中外媒体抨击军警在平乱中滥杀无辜。一家法文报刊披露一老

妇偕弱女，在被焚毁的当铺捡拾被弃衣物，被巡查的毅军当场击毙。这家媒体在谴责中国军人施暴的同时，大赞美国军人解救蒙冤的百姓。报道称："有美国巡查队，见穷民二十余人，被执行将赴市处决矣，伊等询其所犯何罪？乃系随众人于已焚毁之基地，捡取旧物者。诸人大为不忍，遂命将其释放。该巡查此举，深得京城百姓之欢心，故人人将此事传说，称美国军人为英雄焉。证诸以上各节，可知近日所捕所杀者，半皆饥寒交迫、身已半死之穷人，至真正纵火杀抢之恶兵，业已远飏"。外国人自我吹嘘的怪相，与街头弃尸场景相互参看，见证了那个时代中国人的悲哀。

约翰·詹布鲁恩或许没有想到，他拍摄的数量不菲的使馆区照片，会为后世研究东交民巷，以及给中国带来耻辱的"国中之国"留下了难得的证据。

（图片由云志艺术馆提供，原载《老照片》第 141 辑，2022 年 2 月出版）

袁世凯被刺与南北和谈

赵晓林

1912 年 1 月 16 日，北京东华门大街与王府井大街转角处的一声巨响，震惊了朝野。

三枚炸弹，袁世凯竟然无恙

这声巨响源于一起震惊中外的刺杀事件，发生的背景很深远，被刺杀的人物很有名、在当时很有权势——他就是时任内阁总理大臣的袁世凯。

这次刺杀的具体位置在哪呢？是怎么进行的呢？

据事后有人考证，还有参与策划的北方革命党人胡鄂公回忆，暗杀团共分四组，其中两组的分工是投弹，一组进行狙击，还有一组负责接应。因为组织严整，而且事先摸清了袁世凯的行动规律，所以计划非常周密。

16 日上午十一时三刻，袁世凯下朝后，乘坐的马车从东华门出来，经过东华门大街与王府井大街的转角处，第一组刺杀者从三义茶叶店二楼投掷出一枚炸弹，但没有炸到马车。随后第二组又扔出两枚炸弹。"弹中世凯车，弹发车覆，死世凯驶车马一，护卫管带袁金镖一，护卫排长一，亲兵二，马巡二，路人二，又骑兵马三"，这是当时的记载。

其后，袁世凯在卫士的帮助下骑马逃走，接着就下令搜捕刺客。

当时在北京的英国记者也对此事做了报道，内容和上面的有所不同。据报道，刺客的确扔了三颗炸弹，但有一颗没有炸。炸弹约有炼乳罐头大小，里面是很有威力的烈性炸药，当时炸伤了约有二十人，其中好几个人几乎被炸死。但袁世凯的马车没有被炸到，因为车夫比较机敏，抽打马匹加速躲了过去。这个报道因为在事发后就发出了，还是比较准确的。

对于当时的真实情景，只能通过记载和老照片来了解了。反映当时刺杀后的情景的老照片，笔者找到了几帧。

第一帧"袁内阁受炸弹处"（图1），是最为重要的一帧。照片还有一句说明："三顺茶店窗棂已被震碎"。照片中显示的三顺茶店有两个相挨的门，上方各有一块匾额，分别写着："三顺字号""茶叶老店"。左边门前站立着三个士兵，面朝外警戒。另一个门前有警察模样的人，正在向店内张望。

后面几帧照片分别是"炸弹击毙之马。在三顺茶店东侧"（图2）、"炸弹击毁自来水护箱"（图3）、"炸弹爆发后东华门断绝交通"（图4）、"巡警捕获掷炸弹者。以襄蒙其面首载以人力车"（图5）。

从这些老照片上可以看到，事发地"三顺字号"门上的窗棂玻璃有的被震碎了，可见炸弹威力还是挺大的。当时如果炸到了马车，袁世凯应该很难不受伤。

另外，这些照片还透露出一个重要信息，以前很多相关文章中写的刺杀

图1　袁内阁受炸弹处。三顺茶店窗棂已被震碎

图2　炸弹击毙之马。在三顺茶店东侧

图3　炸弹击毁自来水护箱

图 4 炸弹爆发后东华门断绝交通

图 5 巡警捕获掷炸弹者。以囊蒙其面首载以人力车

发生地是"三义茶叶店"。但是经过查阅这些老照片，可以知道当时的发生地是"三顺字号""茶叶老店"。

炸弹袭击发生之后，大批军警在出事地点搜查刺客，当场就捕获了张光培、黄之萌、杨禹昌、陶鸿源、薛荣、李怀莲、许同华、傅思训、黄永清、萧声十人。当天就有法国新闻记者保释了其中的七个人，只有张光培、黄之萌、杨禹昌三人因当场被搜出了武器而判处死刑，当日执行。此后，据袁世凯的心腹唐在礼说，袁世凯因此好长时间一直躲起来不肯出门。

遇刺而未伤，袁世凯算是被"福星"关照了一回。这也让他找到了一个借口，从此再也不进宫了。既然不上朝，那么后来发生的逼宫，袁世凯就不用亲自出面了，反倒回避了"面圣"的尴尬。

随之，袁世凯开始发起攻击，给下属段祺瑞等发出命令，让他们通电清廷，要求立定共和政体。2月初，段祺瑞再发通电，历数清代皇族败坏大局之罪。民国政府代表伍廷芳发出最后通牒：如果三天内清廷不退位，即收回优待条件。

宣统三年十二月二十五日，也就是公元 1912 年 2 月 12 日，隆裕太后率宣统皇帝溥仪在紫禁城养心殿正式发布了清室退位诏书，这也是清王朝颁发的最后一道诏书，正式宣告了大清朝在入关两百六十八年后，真正亡了。

上海和谈，五次会谈争执不下

只是，为什么突然在北京就发生了这样一起刺杀事件呢？事情源头得从前一年——1911 年说起。

1911 年，是中国近代史上具有特别意义的一年。是年 10 月爆发了武昌起义，面对风起云涌的革命形势，清廷决定启用袁世凯南下讨伐革命军。北洋军在军事上很快取得了优势，尤其是攻陷汉口、汉阳后，湖北军政府承受了巨大的压力。而列强为维护各自的在华利益，极力促使双方和谈。11 月 26 日，英国驻汉口总领事葛福出面"调停"，向湖北军政府提出议和条件。湖北都督黎元洪等以军事失利，竭力主张妥协。经过商议，革命党人同意"如袁世凯反正，当公举为临时大总统"。同时，十一省革命军政府公推伍廷

图6　议和中之伍廷芳

芳（图6）为和谈总代表。12月7日，清廷任命袁世凯为议和全权大臣，袁世凯奏请清廷同意后任命唐绍仪（图7）为全权代表。

12月8日，唐绍仪一行人乘专列从北京南下，开始了和谈。11日，唐绍仪抵汉口，第二天过江会晤黎元洪，才知伍廷芳不愿来武昌，要他到上海谈判。原来，伍廷芳受张謇、赵凤昌等人劝阻，托英国驻沪总领事请朱尔典向袁世凯说项，令唐赴沪议和。于是，袁世凯电令唐绍仪"赴沪讨论"。据英国《泰晤士报》的记者莫里循的报道：

图7　议和中之唐绍仪

　　这是大清王朝的历史上从未有过的一幕：作为朝廷大员的唐绍仪，不着官服，而是西装、领带，一身洋装束，抵达上海（图8），乘着汽车前往谈判地点市政厅（图9）。和他对垒的南方革命党谈判代表伍廷芳，虽然剪了辫子，却还是头戴瓜皮帽，身穿长袍马褂，坐着马车到了市政厅。

图 8　唐绍仪离舟登岸。随行者为驻上海英国总领事。从这张照片中，可以看到唐绍仪一身西装

图 9　唐绍仪登岸后甫入汽车之景

图 10　在上海英租界市政厅举行会议时门前之景

图 11　中华民国议和参赞钮永建、汪兆铭、王宠惠、胡瑛

12月18日下午，也就是唐绍仪抵达上海第二天的下午，南北议和代表在英租界市政厅举行第一次会议（图10）。南方总代表伍廷芳，武昌中央军政府代表王正廷、唐绍仪等出席会议，参会的参赞有汪精卫、王宠惠、钮永建（图11），另有湖北特派代表胡瑛；北方首席代表是唐绍仪，参赞有杨士琦、章宗祥、严复等。此次会议的主要议题为南北停战，还未触及敏感的国体和政体问题。参加的还有英、美、法、日、德、俄的领事和外商代表李德立。第一次会议讨论停火等事宜。

12月20日，举行第二次会议，具体商讨国体问题。29日至31日，唐、伍又接连进行了三次会谈，就停战具体执行、清帝逊位待遇、满蒙回藏待遇等问题进行讨论，特别对国民会议代表组成和开会地点进行了反复磋商，决议移入上海租界。伍代表革命派提出清帝退位、选举总统、建立共和政府等条件，唐则代表袁世凯进行要挟。

这一谈就谈到了月底，共进行了五次会谈，讨论的议题除双方停战外，

图12　驻上海英法俄德美日六国总领事代表政府周旋和议往谒伍廷芳。立门外墙侧面对语者为俄德两总领事

主要是对于何种国体的争论，即君主立宪与民主共和，起初双方争执不下。南方代表伍廷芳首先提出，必须以成立共和国为双方进行谈判的先决条件。唐绍仪暗示袁世凯的内阁并不反对共和制度，但因所处地位不同，目前仍然坚持立宪制度，建议召开临时国会解决这个问题。在这个关键时刻，袁世凯做了一个比较含糊的姿态，他没直接说支持共和，而说的是不反对共和。这样对两种说法都留下了余地。其实，袁世凯已经在清廷那里得到了自己想要的，下一步清廷立宪也肯定以他为核心。袁世凯一方面承诺坚守立宪制、反对共和来安抚清廷，又以革命党的共和要求作为继续要挟清廷的筹码，以图获得更大利益；另一方面，他又以清廷体制要挟革命党。

同时，英、美、日、俄、德、法等国驻华公使联合对和谈施加压力，声称"中国的战争若持续下去，将有危于外人的利益与安全"，提出"须早日解决和局，以息现争"，其主要矛头指向南方革命当局。进入革命阵营的旧官僚和立宪派竭力把南方引向拥袁的道路，一些革命派的代表人物也附和这种主张。伍廷芳代表民军坚持和谈必须以承认共和为前提，但又暗示对方，只要袁世凯胁迫清帝退位、赞成共和，革命党人愿以大总统的职位作为报答。

溥仪退位，袁世凯成最大赢家

在南北和谈过程中，孙中山于12月25日归国。1912年1月1日，孙中山在南京就任临时大总统，宣告中华民国成立。孙中山同时向袁世凯表示"暂时承乏，以待贤者"，也就是说等到统一后，随时可以把总统之位让给他。但是，袁世凯此时做出了令人想不到的决定，他撤销了唐绍仪的议和代表资格，宣布由他与伍廷芳直接电商和谈事宜。

1月22日，在内外交困和重重压力之下，孙中山发表五点声明：只要清帝退位，袁世凯赞成共和，即举袁做大总统。孙中山的表态并没有让袁世凯放心，他表面上用电报与伍廷芳就停战撤兵、国民会议、临时政府和清帝退位等问题进行激烈的论争。同时又密令唐绍仪留在上海继续与伍廷芳秘密磋商关于清帝退位后的优待办法，还有孙中山辞职和他继任总统等问题。

　　2月6日，南京临时参议院通过《清室优待条例》。与此同时，袁世凯授意段祺瑞率北洋将领联合发电，胁迫清廷召开皇族人员会议，宣布共和。12日，清廷被迫接受优待条件，并颁布皇帝退位诏书，末代皇帝溥仪宣告退位。至此，南北议和终获成功。第二天，孙中山提出辞职，15日，临时参议院选举袁世凯为临时大总统。最终，这次南北和谈以袁世凯篡夺最高权力而宣告结束。

　　至于这次刺杀，事后查明系北方革命党所为。这也说明，当时的革命党并不是一盘棋，而是各自为战，更像是一盘散沙。和谈期间，北方革命党人非常不满袁世凯的做法，同时也不满南方对袁的妥协，便想用暗杀袁世凯的手段扭转局势。于是，东华门大街"三顺字号"前的炸弹刺杀事件发生了。革命党人预想不到的是，这次刺杀非但没有成功，而且成了袁世凯成功逼迫清帝退位、攫取最高权力的重要一步。

（原载《老照片》第 137 辑，2021 年 6 月出版）

爷爷的欧战见闻

马京东

我爷爷马春苓，字芳洲，号延襄，山东省临朐县东城街道胡梅涧村人。生于1886年，1962年去世。爷爷去世那年，我才刚刚出生，关于爷爷的很多故事都是通过家人口述和爷爷的札记了解的。

爷爷六岁时就跟着祖父读书，十四岁从师学艺，十六岁八股成篇。1913年，考入原临朐县师范学校，毕业后做了小学老师。

第一次世界大战期间，欧洲陷入全面混战，协约国物资人力资源面临极大困难，此时英法将目光投向了中国，决定招募华工从事战场劳务工作。"带着至少五年的合同去欧洲吧！你的年收入将达到两千法郎，回来时将成为大富翁。"在当时，这样的广告遍布山东、河北、河南、江苏等十多个省区的招工点。

那时临朐大旱，迫于饥荒，有大批的农民报名。对于大部分人来说，这既是一个赚钱的机会，又是一个了解西方的机会。爷爷当时正在当小学老师，渴望了解外面的世界，见识不同的文明。爷爷在日记中这样写道："余尝披览地图，以见其世界之大，万国之众，水陆山原之异势，飞潜动植之殊态，以及人民风化，土地气候，莫不千差万别……虽朝夕讲诵地理，而授者听者，皆恍惚无证……与念及此，遂慨然有环游之志。""今日之择，既能增军事之新学识，又得偿游历之夙愿。时哉弗可失矣！"

爷爷去应募华工之前，已经有四个女儿，母亲也已经年过七旬，爷爷托他的弟弟照顾老母亲，把家里的事情都交代给了妻子。1917年10月3日，爷爷拜别双目失明的老母及家人，同华工们从青岛乘船出发，赴欧洲战场。

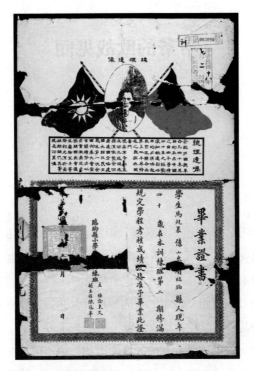

图1　爷爷的毕业证书

在大西洋，搭载华工的船只经常遭到德国潜艇的袭击，许多华工命丧大海，爷爷在日记中写道："唯见碧浪滔天，弥望无际。岛屿不见，飞鸟绝迹……德国暗伏潜水艇于大洋各航路，踪迹联军船只，突起沉之，为害最烈。"当时爷爷也是恐惧不已，但是自己强打精神，鼓励同胞："大义所趋，死生一之，又何惧乎！今日之役……吾等受政府承允于役西土，不惜破釜沉枪，亦自有名有利。既无所悔，夫复何惧？"

爷爷途经日本、加拿大、美国、英国、比利时，漂泊两个月零二十天，于1917年12月23日到达法国加来省。还未来得及舒展疲惫不堪的身体，爷爷和其他华工立即被送往工厂做工、运输材料和修路等，工作条件极其艰苦，劳动强度非常大。爷爷在日记中写道："呜呼！日营劳作，筋疲力困。夜避飞炸，心惊胆战。回望故国，关山万里。前计归期，迢迢三年。其苦况

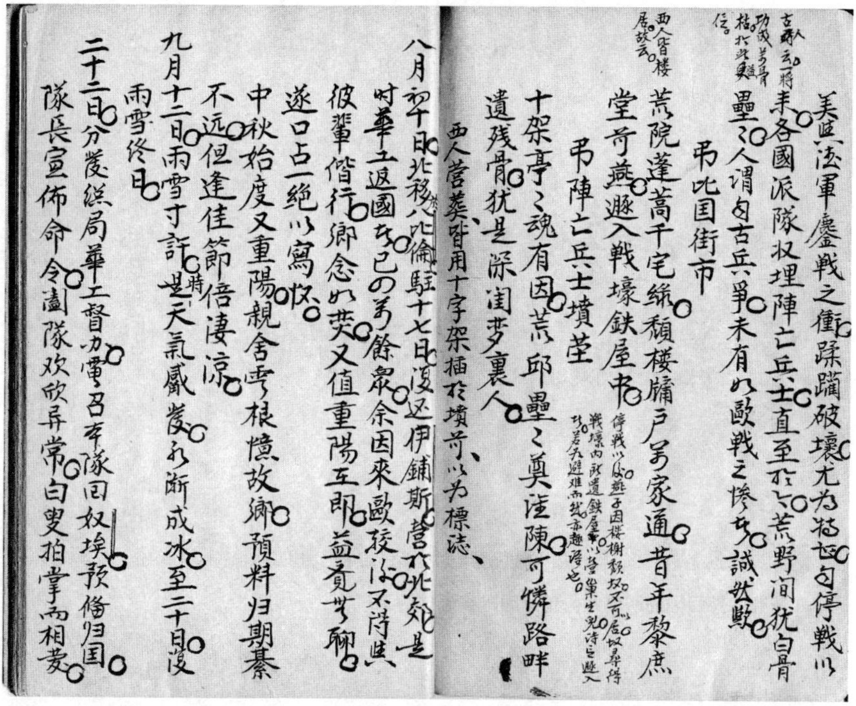

美丽法军鏖战之衝蹂躏破坏尤为酷也句停战川

功成之将来各國派隊攷埋陣亡兵士直至於乃荒野间犹白骨

墨之人謂句古兵殍未有以歐战之惨矣誠然歟

西人皆楼居故云

吊比國街市

荒院蓬蒿千宅縱積樓牖戶另家通昔年黎庶

堂前燕遊入战壕鉄屋宅

弔陣亡兵士墳茔

十架亭之魂有因荒邱蠹之真淀陳可憐路畔

遺殘骨犹是深润芳裏人

西人营葬皆用十字架插於墳前以为標誌、

八月廿印北發八倫駐十七比復以伊铺斯营於此処是

時華工退國右已之茅餘眾余因來歐豉沉不閒供

彼輩偕行鄉念以奚又值重陽互助益貢多卿

遂口占一絕以寫怀

中秋始度又重陽觀舍弯根憶故鄉預料归期慕

不远但逢佳節倍凄凉

九月十三日雨雪終日两雪之後天氣驟冷不断成冰至二十日後

二十二日分發給局華工督办電召本隊回攷埃预偹归國

隊長宣佈命令逾隊歡欣异常自叟拍掌而相爱

图2　在欧期间，爷爷记录下所见所闻所感，写成《游欧杂志》。图为书中篇章《吊比国街市》与《吊阵亡兵士坟茔》，写到战后满目疮痍的场面，令他不胜感慨

NIEPPE — La Place et les ruines de la rue d'Arm...
The square and the ruins of Armentières Street

图3　爷爷携带回国的明信片：法国涅普被战火毁坏的街道

PONT-DE-NIEPPE — La Lys et les usines bombardées - The river Lys and the bombarded manufactories

图 4　爷爷携带回国的明信片：里斯河畔被轰炸的工厂

452　ROUEN. — Le Quai du Havre et le Transbordeur.
Quay of Havre and Trans-shipping. — LL.

图 5　爷爷携带回国的明信片：里昂的码头

诚不忍言，虽然，吾人旅此，如神虎瓶鱼，即插翅亦难奋飞。虽日夜忧虑，亦将奈何……吉凶祸福，概听天由命矣。"

爷爷在法国工作的地方是加来省西部诸工厂，"去战线尚百余里，故未冒子弹之险，并未遭颠沛之苦。惟夜间敌国飞机潜入内地，抛掷炸弹，以毁战线后路之营盘、粮草厂、子药局。凡晴明之日，无夕不至。英人常备机械……或驾飞机以敌之。弹壳如雨，为害最烈，故各营之中，皆备地穴或沙屋以避之……一夜之间，常奔避数次，故在该地住七八月，未尝解衣而寝。"

1918 年 11 月 11 日上午 11 时，爷爷"忽闻各处舟车工厂及机器局，时发动汽笛，呜呜而鸣……德国败绩，停战请和，联军得胜……故各国人民，悬旗张彩，以相庆贺耳……不觉恐怀驰然，愁思涣然，乡心油然矣"。然而，战争结束后，爷爷和华工们又被分派到法国和比利时打扫战场，清理废墟。"自经战乱之后，诚有不堪言者，房无完壁，木无完枝……尸横遍野，阴风惨凄，其铁网纠绊。战壕逶迤，荒草没顶焉……老叟悲叹，稚妇涕泗……人

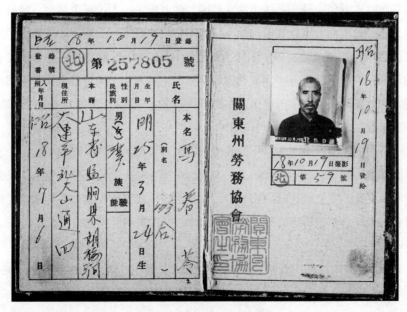

图 6　1943 年，爷爷被日本人强征到大连充当劳工时的证件

图7 我的爷爷马春苓晚年照

谓自古兵争，未有如欧战之惨者。"事实上，也有许多华工在清理战场时被哑弹炸死。

在欧洲历时两年多，爷爷记录下了当时华工在欧洲战场辛苦劳作的情景，写成《游欧杂志》一书，为后人研究那段历史留下了宝贵的资料。战争结束后，直到1919年12月25日，爷爷才终于回到家乡，回家时，"子弟欢迎，老母依门，扶亲入室，两泪流痕。"爷爷回国后继续教学至七十岁，前后共教学四十多年，可谓桃李满天下。

2018年是一战结束一百周年，11月我有幸随山东侨务代表团赴英、法、比参加一战华工纪念活动。当来到华工墓园时，看到一排排墓碑坐落在墓园，两万多华工为了捍卫和平，献出了自己年轻的生命，客死在异国他乡，我不禁泪如雨下。十四万一战华工用汗水、血泪，甚至生命，为中国作为战胜国在1919年巴黎和会上赢得了发言的机会，但中国却没有得到战胜国的待遇，十四万华工的贡献也没有得到重视。正如英国一战华工历史作家在赠予我的书上写道："华工是一战的英雄，拯救了我们，却在巴黎和会上被出卖。"

爷爷的《游欧杂志》是一战残酷战争的真实写照，战争是残酷的，战争永无赢家。我可以告慰先辈的是，今天的中国，今天的山东已经发生了天翻地覆的变化，我们的生活富裕安定，这是中国人民百年探索奋斗得来的。世界各国人民应铭记历史，珍爱和平，和睦相处，携手发展！

（原载《老照片》第125辑，2019年6月出版）

美国亚洲舰队在烟台

魏春洋

众所周知，烟台是中国北方著名避暑胜地，每年夏天都吸引了大批游客来这里消夏避暑。鲜为人知的是，20世纪前半叶，几乎每年都有一批不速之客成群结队来烟台进行所谓的"避暑"，他们高悬星条旗的战舰停泊在芝罘湾内，他们的水兵在烟台大街小巷、海边沙滩和酒吧舞厅里寻欢作乐。这就是近代美国亚洲舰队来烟台"避暑"的景象。他们真的是来烟台"避暑"的吗？

溯　源

美国军舰来烟台"避暑"，应该追溯到第二次鸦片战争。这场战争中签订了《天津条约》。《天津条约》对烟台的影响至少有两个方面：其一，是导致烟台在1861年开埠；其二，是允许"没有敌意或进行捕盗的军舰可自由驶入（中国）所有港口"。自此之后，美国军舰可以在中国沿海各开放口岸、长江流域及其他地区自由航行。因此，1861年烟台开埠后，就不时有美国军舰来烟台"拜访"。比如1876年大清直隶总督李鸿章与英国驻华公使威妥玛（Sir Thomas Wade）在烟台进行外交谈判时，1895年中日在烟台进行《马关条约》换约仪式时，美国就有多艘战舰停泊在芝罘湾。但当时还没有在烟台设立基地，直到美国亚洲舰队成立后，美国舰队才开始在烟台设立海军基地。

美国亚洲舰队成立于1902年，总部设在菲律宾。起初，美国亚洲舰队是分舰队（U. S. Navy Asi-atic Squadron）的级别。1910年升格为舰队级别

图 1　美国亚洲舰队停泊在烟台山前

（The U. S. Asiatic Fleet）。美国亚洲舰队的活动范围主要是在亚太地区。从
1902 年到 1941 年，美国亚洲舰队以"保护美国侨民"和"保护美国利益"
为由，不仅巡逻于中国长江上下游，而且航行至华北和华南的港口城市，还
远航到新加坡、中国香港、法属印度支那、荷兰东印度等国家和地区。在太
平洋亚洲水域，美国亚洲舰队是一支令人生畏的海上打击力量。1925 年时，
美国亚洲舰队已经拥有一艘巡洋舰、两个驱逐舰分队（每个分队拥有十艘
驱逐舰）、两个潜艇中队（每个中队有六艘潜艇）以及为数众多的炮舰，此
外，还有"黑鹰"号驱逐舰供应船，以及"海狸"号和"坎罗普斯"号潜艇
供应船，有时运兵船也供舰队司令调遣。此外，美国在华驻军长江巡逻舰队
（Yangtze Patrol）、华南巡逻舰队（South China Patrol）和"中国海军陆战队"
（China Marines）也受美国亚洲舰队司令的调遣。

　　美国亚洲舰队的活动十分有规律。舰队大部分军舰从 10 月到次年 3 月
在菲律宾甲米地（Cavite）过冬，在菲律宾水域里进行维修和演习。夏天则
在中国北部海岸附近进行演习或访问港口。亚洲舰队在青岛设有一个夏季潜
艇基地，在烟台设有一个夏季驱逐舰基地。

　　美国亚洲舰队为什么选择烟台作为驱逐舰的夏季基地？原因是烟台作为
北方最早的一批沿海开埠城市，其优越的地理位置早就为美国政府所觊觎。
正如阿美德在《图说烟台》一书中提到："在七十多年前，当美国政府刚刚

图2　1935年9月，美国亚洲舰队水兵在烟台聚餐

从内战的创伤中得到恢复，设在烟台的美国领事馆就强烈建议，华盛顿当局应该在烟台建立美国海军基地。这一文件在1866年就送达了美国政府，文件中宣称，烟台具有极其重要的战略地位，同时，从气候条件来说，烟台优于任何一座中国的港口城市。"

但美国亚洲舰队正式将驱逐舰基地设在烟台，已是20世纪初。

军　训

根据记载，烟台成为美国亚洲舰队驱逐舰夏季基地始于1902年，一直持续到1941年。从1902年到1941年，美国亚洲舰队在烟台"避暑"分三个阶段。第一阶段，从1902年到1914年，每年5月底到10月亚洲舰队都

图3 1936年，美国亚洲舰队水兵登陆开平码头

图4 美舰在芝罘湾内演习

有 4 到 6 艘舰只来到烟台，每次约有 4000 名美国水兵。在此期间，1906 年 8 月 4 日，美国亚洲舰队司令特林（Charles J. Train）上将在烟台海滨旅馆因病去世。第二阶段，从 1914 年到 1920 年，由于一战期间美国战略重心在欧洲，因此美国亚洲舰队几乎没有舰只前往烟台"避暑"。第三阶段，从 1921 年到 1941 年，美国亚洲舰队每年都来烟台"避暑"，并由美国海军基督教青年会负责接待。

根据记载，1928 年夏天，亚洲舰队的轻巡洋第二分舰队（Light Cruiser Div. Two）和航空中队（Air Squadron）来烟台"避暑"。1930 年夏天，亚洲舰队至少 8 艘战舰同时来烟台"避暑"。这 8 艘战舰中最大的战舰是"黑鹰"号驱逐舰供应船，还有扫雷舰，以及 6 艘驱逐舰。

美国亚洲舰队来烟台，绝不是他们声称的"避暑"这么简单，其主要任务是进行军事训练。训练内容有实弹演习、两栖作战等。

实弹演习的靶场主要设在担子岛（美国地图有时标为古岛）。据现有资料记载，美国亚洲舰队最早在烟台实弹演习始于 1903 年。光绪二十九年（1903），美国亚洲舰队即申请在"烟台口外古岛地方操练并演放来复

图 5　1936 年美国亚洲舰队水兵在烟台博爱路行进

枪"。此后民国时期，美国亚洲舰队来烟台"避暑"时，美国驻烟台领事馆都要向外交部申请租借烟台口外古岛操练。但从美国亚洲舰队1903年绘制的《烟台海图》可以看出，亚洲舰队进行军事训练的靶场不限于担子岛，还包括崆峒岛、马岛。在《烟台海图》上，美军将担子岛称作肯塔基岛（Kentucky island），崆峒岛称作埃文斯岛（Evans island），马岛则称作威斯康星岛（Wisconsin island）。这三座岛上都设有海军步枪靶场。靶场正面宽度短则300码（274.32米），长则600码（548.64米）。实际上，亚洲舰队训练区域不限于崆峒岛诸岛，有时也在芝罘湾内进行海上多舰联合军事训练。

日 常

大量美国水兵夏季来到烟台，自然需要后勤供应和接待，这些工作主要由美国海军基督教青年会负责。早期，负责接待亚洲舰队的是烟台美国北长老会传教士、烟台基督教青年会创始人韦丰年（George Cornwell）先生和公共事务委员会（后期是华洋工部局）。一战结束后，亚洲舰队重返烟台，且舰只的数量远超以往。为接待更多的美军，1921年，烟台基督教青年会的负责人德宾先生，在一些当地中国人的帮助下在烟台成立美国海军基督教青年会，负责美国海军夏天在烟台的接待工作。"海军基督教青年会的经费来源于美国，这个机构成立之后，几乎垄断性地负责为美国海军亚洲舰队在烟台期间提供生活给养"。

美国海军基督教青年会院内设施齐全，可以提供多样化的综合服务。经过多次扩建，1932年，海军基督教青年会接待美军的机构设施基本完工。内部设有行政大楼、医疗室、餐厅、多功能厅等。体育场地有室内外篮球场、网球场、排球场、拳击台（棒球场、手球场设在东炮台附近）。并提供蛋糕、苏打饮料、冰激凌等食品。此外还提供移动电影、照片冲印等业务。根据资料记载：海军基督教青年会1921年为美水兵提供了32500人次的接待服务。到1922年，达到了87900人次。而在1928年，更是达到了183500人次。

根据当时一名亚洲舰队水兵保存的活动日程安排表，可以看出基督教青

图6　美国亚洲舰队宣传单

年会为美国水兵准备了哪些活动项目，从1933年8月11日到18日，海军基督教青年会每天都为水兵们安排有节目。节目有马拉松、足球、篮球、网球、棒球、拳击、健身、电影、舞会、音乐会，还有到崆峒岛野炊活动、参观烟台监狱、寿喜烧（Sukiyaki）集体聚餐，等等。这些活动时间大都安排在下午和晚上。

　　除了海军基督教青年会举办的活动以外，其他机构也为水兵们安排了节目。如烟台长老会、浸信会、天主教堂为水兵们安排的宗教活动，烟台基督教女子青年会举办的音乐会等。

图 7　1930 年，美国亚洲舰队水兵与白俄舞女

寻　欢

　　除由美国海军基督教青年会提供的节目之外，美国水兵在烟台的其他活动更是"丰富多彩"。20 世纪 20 年代初期，美国亚洲舰队水兵对烟台的印象就是"海滨咖啡厅（Beach cafe）、俄罗斯舞女、犹太饭店、玫瑰溪（rose creek）和 Cloob 49 俱乐部"，以及其他各种各样的乐子。但中国方面的记载给了我们一个更清晰的图景。

　　1936 年，茅盾先生主编了《中国的一日》一书，书中收录有穆林的《"五二一"在烟台》一文。该文描写了 1936 年 5 月 21 日美国水兵在烟台胡作非为的行径："海岸路，以散步的法子向美国水兵卖弄风情的白俄女人，穿着艳装和高跟鞋，对中国小脚妇女顾盼自豪。美国水兵在求四饭店里，乘着酒兴大声地哼着粗俗的西洋调子，然后醉眼蒙眬地跌出门外，在一群洋车夫争先恐后抢生意的包围中，随便坐上一辆，用皮鞋尖踢着车夫的背脊，命

图 8 烟台美国海军基督教青年会门前的黄包车

图 9 1936 年，美国亚洲舰队水兵在烟台西方人墓地

图 10　1936 年美国亚洲舰队水兵在烟台

令奔向太平街长期妓馆。"而在烟台"那一家最大的巴黎跳舞厅，门面辉煌
着霓虹灯，内面梦样的彩灯下，奏着爵士乐，美国水兵搂着舞女梦梦然旋转
着。同条街，第二十号长期妓馆，一个中国妓女，操着蹩脚的英语，强拉美
水兵。结果，她的娇嫩的脸蛋上印了一只大巴掌，那个外国水兵便掉头走了。
中国警察是在那儿站岗的，然而他假装没有看见，其实他也理不清这种平凡
小事情，他除了'也是'外，不会说句英语。"

世事难料，美国水兵在烟台醉生梦死的好日子很快就到头了。1941 年，
太平洋战争爆发，美国亚洲舰队驻扎地菲律宾被日军占领，舰队撤至澳大利
亚，1942 年编入西南太平洋部队，1943 年又改编为第七舰队。

1945 年二战结束后，美国第七舰队妄图继续来烟台"避暑"，但遭到已
先期解放并占领烟台的八路军的严词拒绝。至此，美国亚洲舰队在烟台的逍
遥日子彻底结束了。

（原载《老照片》第 121 辑，2018 年 10 月出版）

民国十九年蒙古会议留影

孙国辉

一张旧照片

前不久，赤峰市喀喇沁旗一位年高德劭的耆旧向笔者展示一张合影，上写"蒙古会议全体代表沪杭观光团灵隐飞来峰合影纪念"、署时"十九年六月十八日"。这幅拍摄于 1930 年的照片，距今已八十七年了。在征得老人家同意后，我对照片做了翻拍。

问及蒙古会议是怎么回事，老人坦言不知。又问照片是怎样得到的，说是"文革"时从抄没物品的垃圾堆中拾得。

回到家中，便在电脑屏上仔细端详起这张照片。照相师选择的拍摄地点是杭州灵隐飞来峰，其峰虽小，却为石灰岩质，遍布五代以来佛教石窟造像。小山怪石嵯峨，秀丽幽奇。照相师见这一团体的五十余位身穿罗绮毛呢、胸前缀圆徽章者派头不小，若请他们在山前平地上站成一排则过宽而拥挤，列为双排后边又无台阶可踏，既遮亵服之华，又抑各自矜持。遂将众宾安排在袖珍的层峦叠嶂间，坐立自便，皆显风致。摄影师傅又何曾知道，这些衣冠整齐的人物，虽表情平静，但各揣心腹之事，甚至相互视若寇仇，这样率性自选方位姿势，亦中其下怀。再将石雕佛像、镌字等纳入画面以凸显环境，整张合影活泼别致，不落窠臼。

片额上所题"蒙古会议"四字成为解读这张照片的最大悬疑，只有厘清这次会议的来龙去脉才能读懂这张照片。

重温历史

资料显示，南京国民政府确实在民国十九年（1930）召开过蒙古会议。那么，为什么要开这个会，都有哪些人参加，解决了什么问题，起到什么作用，都有待探明，这让笔者兴奋。既然照片发现于喀喇沁旗，庶乎该旗有人与照片有关，甚至就是照片中人，可这人是谁呢？

喀喇沁旗是明崇祯八年（1635）建制，为喀喇沁右翼旗，现称喀喇沁旗，原隶属于卓索图盟。这里民康物阜，崇尚文化教育，无数少年怀铅提椠，口诵心惟，孜孜求学。很多人受过中等、高等教育，甚至留过学。

于是再赴喀喇沁旗，在几位文史、考古挚友的帮助下，遍查该旗文史资

图1　民国十九年蒙古会议合影

料和地方史志，终于查到一位名叫吴鹤龄的人参加过蒙古会议。

图2　吴鹤龄

吴鹤龄，蒙古族，蒙古名乌尼伯英，光绪二十二年（1896）生于卓索图盟喀喇沁右翼旗，为民国十五年（1926）北京大学首位蒙古族毕业生。吴自民国七年（1918）就协助卓索图盟（清代蒙古行政区域）协理盟长（盟的最高首领），时任清廷内务部蒙藏事务局总裁的喀喇沁旗（清季将蒙古族居住区分为若干旗，归盟管辖）扎萨克（执政官意，即旗长，由该地的蒙古王、贝勒、贝子、公、台吉等贵族充任）贡桑诺尔布亲王工作，并在蒙藏学校兼教。他还曾任北京基督教青年会副总干事。在新思潮影响下，他主张用民主的方法促进蒙古民族的统一和强盛，力推蒙古自治，保存蒙古族文化。同时，主张改革封建性的盟旗制度。盟旗制度是清廷为分化蒙古民族，控制其上层而施行的政治制度。天命九年（1624）后金统治者对归附的蒙古部众按八旗组织原则在其原有社会基础上编置盟旗，以后复以此法安置归附的蒙古诸部。清朝入关后沿袭了这一制度，至乾隆三十六年（1771）土尔扈特部返回中国后，全部蒙古部众悉数纳入盟旗体制，此制从初置到完备，历时一百四十余年。

后来，吴鹤龄在北洋政府蒙藏院任秘书。当时，整个内蒙古地区（现内蒙古自治区，外蒙古已分裂出去，另组政府）的局势云谲波诡，岌岌可危。自清末至民初，毗邻各省都在觊觎内蒙古土地。到了民国，"笃信借宏怀柔远驭之略"，以达"在蒙藏尤当共体（中央）德意，悉泯畛域之见，咸趣同化之轨"，充斥了当政者的脑际。

民国十七年（1928），南京政府颁布政令，将原绥远、察哈尔、热河三个特别区和青海、西康、宁夏等少数民族边陲地区正式改设为制同内地的行省。这样，内蒙古各盟旗被分别划归黑龙江、吉林、辽宁、热河、察哈尔、绥远和宁夏七省。此令颁后，国人愕然，舆论界指出"内蒙古之名词实已不当存在"，"内蒙古及青海之名称不复存在"。

一语成谶。急不可耐的各省军队挟武而动，强行实施大规模军垦，造成蒙古族牧民赖以生存的大面积草地被强占。仅举一例：张学良诱使哲里木盟科左中旗扎萨克等上层同意放垦该旗土地，在短短两年多时间丈放土地345万余亩，被占草地的牧民生计不存，流离失所。这一状况遭到广大蒙古族民众的强烈反对，在国民政府策划改设行省时，反对之声迭起。民国十七年（1928）八月，国民党中央执行委员恩克巴图在中央全会上提出应取消将绥、察、热改行省方案，并提交《内蒙古及青海各盟自治暂行条例》草案。几乎同时，聚集在北平的各盟旗代表联名致电国民政府，要求取消改省计划并予盟旗自决自治权。九月，察哈尔盟旗代表杭锦寿、尼玛鄂特素尔等专程到南京，向国民政府提出设立"察哈尔内蒙自治委员会分会"，并且强调未经内蒙古自治委员会议决同意，不得擅自开垦蒙地的主张。

最激烈的抗争出现在哲里木盟科左中旗，梅林（蒙古部落里独有的官职，即总兵，执掌王府的全部兵马）郭尔罗斯·那达睦德（即嘎达梅林，嘎达为东北话"老疙瘩"的仿音，喻最小的兄弟）揭竿而起，武装抗垦。队伍多达七百余人，屡次击败围剿的军队。后遭张学良重兵残酷镇压。其事迹被编成民歌广为传唱，至今脍炙人口。

这时，蒙古各阶层人士关注的焦点集中到盟旗地位和与各省县的关系上。民国十七年（1928）十一月，聚集在北平的各盟旗代表推举前北洋政府蒙藏院秘书吴鹤龄等十余人组成蒙古代表团赴南京请愿，向南京政府递交了《蒙古各盟旗与中央发生密切关系又与新改各省切实合作办法》，痛切指出："方期中央依照'三民'主义免除蒙古历年所受侵略及压迫而予以生存及发达之机会，不谓中央竟将蒙众痛心疾首之改省一事首先实行，在中央方面固有种种理由。而内蒙民众则皆抱内蒙灭亡之痛，尤恐盟旗组织亦将连带消失，所以还我内蒙之声至今不绝于耳。"他们还提出在各省设蒙旗自治委员会，增加各省政府委员中的蒙古委员名额等要求。南京政府则推诿："盟旗自治由蒙藏委员会会同各省拟定办法呈核。"仅同意增加蒙古委员名额的要求。

吴鹤龄和几位代表旋即被蒙藏委员会聘留任职，吴任国民政府蒙藏委员会参事兼蒙旗驻北京办事处主任，翌年初擢蒙藏委员会蒙事处处长。

一波未平，一波又起。民国十八年（1929）二三月间，哲里木盟和锡林郭勒盟王公上层各自集会，以全盟名义向南京政府强硬提出，"应本自决自治原则，所有各盟旗固有之管理土地人民权利，自当一仍其旧"，"各盟直隶于中央政府"，"维持蒙民游牧生计，凡内蒙未垦之土地不得藉何等名义再行开垦，其已经开垦者，土地所有权仍由蒙人自主"等要求。

五月，被划入察哈尔省的锡林郭勒十旗、乌兰察布八旗各旗王公上层，在新建的察哈尔省为示怀柔笼络而召开的蒙务会议上突然发难，再次提出"请中央将前颁布之蒙古待遇条例明令颁布有效"，"声明盟旗制度、地方权利及世爵一律照旧，以取信于蒙民"，"请保留盟旗未垦之地永为牧场，俾资养畜以维持蒙民生计"。

在内蒙古各阶层不同形式的抗争声中，国民政府决定在民国十九年（1930）于首都南京召开全国性的（包括新疆、青海蒙古各部）蒙古会议。

一册"汇编"

说来有缘，经过广泛探询，居然在呼伦贝尔市友人处得到信息，有位资深收藏者有一册《蒙古会议汇编》（以下简称《汇编》）可以参阅。大喜过望的笔者遂买车票径趋海拉尔，辗转看到这册《汇编》，蒙古会议的情况渐次浮出水面。

蒙古会议的会期是民国十九年（1930）五月二十九日到六月十二日，会期十五天。规定蒙古各盟（部）分别推选代表十人，盟以外的特别旗每旗二人，官民各半。有关省府亦各派代表一人，并指派内政部部长和蒙藏委员会正副会长为中央代表。

当时，正赶上蒋介石、冯玉祥、阎锡山"中原大战"，津浦路中断，又加冯、阎对内蒙古西部及新疆蒙古部参会代表的拦截，最终只有内蒙古东部代表四十二人从海上浮泛到达南京，青海右翼盟代表一人由西南赴会。与会者还包括国民政府代表一人，蒙藏委员会代表七人和黑龙江省、吉林省、辽宁省、热河省代表各一人，共计五十五人。

图3　《蒙古会议汇编》书影

主席团由马福祥（蒙藏委员会副委员长）、恩克巴图（中央监察委员会委员）、克兴额（候补中央执行委员会委员）、孔祥熙（中央执行委员会委员、工商部部长）、蒋梦麟（教育部部长）、张我华（内政部常任次长）、袁庆恩（辽宁省政府代表）、李芳（卓索图盟代表）、吴鹤龄（卓索图盟代表）轮值担任主席，另有蒙藏委员会总务处长唐柯三任会议秘书长。在四十三位蒙古代表中，哲里木盟代表十人，昭乌达盟代表十人，卓索图盟代表十人，呼伦贝尔盟代表六人，东布特哈旗代表二人，西布特哈旗代表二人，依克明安旗代表二人，青海右翼旗代表一人。

列席会议人员有：中央秘书处、组织部、国府文官处、行政院、立法院、司法院、考试院、监察院、内政部、教育部、工商部、交通部、卫生部、农矿部、司法行政部、铁道部、海军部、铨叙部、外交部、军政部、财政部、章嘉呼图克图〔从清代起掌管内蒙古地区藏传佛教格鲁派最大的转世活佛。呼图克图为"圣者"意，当时为五世。民国后授宏济光明大国师。民国十六年（1927）任蒙藏委员会委员〕代表、建设委员会、禁烟委员会、班禅（西藏藏传佛教格鲁派中两大活佛系统之一，时为九世）代表二人及参谋本部、东北政务委员会诸代表。

会议期间，与会代表共提交民政类、财政类、教育类、卫生类、宗教类、特种事务类、司法类、交通类、实业类提案百余件。

但会议的焦点仍聚集在盟旗制度上，几乎所有的盟旗代表异口同声提出保障盟旗制度的要求，强调盟旗应与省县分治，旗隶于盟，盟直属中央。而内政部和各省政府代表认为内蒙古已改省设县，盟旗作为行政单位已无存在必要，遭盟旗代表激烈反对。

又有蒙古代表提出设"内蒙古地方政务委员会"或"蒙古行政委员会"以"完全实现蒙古之自治自决为职责",亦遭各省府代表反对。

会议上,盟旗代表与国府、省府代表成为对立的两派,方枘圆凿,舌剑唇枪,势如冰炭。不唯如此,以哲里木盟宾图王旗代表博彦满都为首的一些蒙古平民代表还提出为贯彻孙中山三民主义精神应废除蒙古王公制度,人人平等。强有力的呼声,直指世袭王公贵族的要害。一些王公代表气急败坏,命侪啸侣,恶言相詈,甚至作势拳脚,一时大哗。经会议主席马福祥和孔祥熙竭力劝解,方予散会。不仅如此,在会议期间,还有人暗唆宾图王旗辅国公假"该旗人民"名义致电蒙古会议,诬博彦满都"冒充民选代表",遭博彦满都痛斥,挫败了驱其离会的阴谋。

蒙古会议最后通过了向行政院提出的几十项决议案,其中最重要的是确定保留现有盟旗制度的《蒙古盟部旗组织法》,这一法规还是国民政府在会后延宕了一年之后,于民国二十年(1931)十月,由蒙藏委员会蒙事处处长吴鹤龄主持,几经修订后通过并公布的。其要点为:

1.确认蒙古各盟部旗对现有区域和境内蒙古人的管辖治理权,各盟部和特别旗均直隶于中央行政院,与省县不相统属。

2.各盟部特别旗遇有涉省事件,盟所属旗遇有涉县事件,应分别与省政府或县政府会商办理。

3.盟旗的盟长、扎萨克、协理等职官设置一仍其旧。

4.改良旗政,各旗均设旗务会议和旗政代表会议,等等。

《蒙古盟部旗组织法》是国民政府时期颁布的关于蒙古地方政治制度的重要法令,从法律上保留、延续了蒙古盟旗制度,并使盟旗获得与省县同等地位。

谁带回了照片

这张照片是吴鹤龄带回喀喇沁旗的吗?也不尽然。《汇编》中"蒙古委员会会员一览表"虽列有每个参会者的姓名、别号、籍贯、出席资格、履历,但十分简单,如卓索图盟的十名代表,都只填卓索图盟,而卓索图盟辖有喀喇沁左、中、右旗和土默特左、右旗，现在的喀喇沁旗即原喀喇沁右旗。据笔者在该旗寻访得知，当年参加会议的，有一个名叫陈子善的人，他光绪十八年（1892）生于喀喇沁旗，毕业于王府崇正学堂，后任热河省经界委员会委员、喀喇沁右旗旗务委员兼财务委员长等职，继到喀喇沁中旗任职，又任喀喇沁旗警察分所长，后代表喀喇沁旗参加蒙古会议并任蒙藏委员会设计委员。在《汇编》里明确写有卓盟参会代表陈效良别号子善，则陈效良参会无疑。另据喀喇沁旗文史专家掌握，其胞兄陈效蕃也参加了蒙古会议，而《汇编》中虽有陈效蕃之名，但他未在该旗任过职，详细情况亦不甚了了，只在网上查到陈效蕃时任国防部少将部员，服刑特赦后，任呼和浩特政协委员等信息。鉴于此，初步认定带回这张照片的人为吴鹤龄、陈效蕃、陈效良三人之一。

捎带传递的信息

照片上的说明显示，蒙古会议于六月十二日闭幕后组织了观光团赴上海和杭州旅游，逛了大上海以后又游杭州，于六月十八日拍了此照，个中之意不外安抚怀柔。

查合影人数为55人，与参会人数相符，且照片上的说明写着"全体代表"，则国府代表、蒙藏委员会代表本该在观光团之列。笔者找到孔祥熙、谭延闿、恩克巴图、马福祥等人的照片与照片中人逐个比对，以笔者督目，终无相似者。而吴鹤龄的形象却一对即中，是坐在最前排右边石上那位。

从照片可以看出，当时飞来峰的环境不错，估计游人不多，没有现在熙熙攘攘的人群围观挡镜，也没有护栏遮挡。从照片的尺寸和在底版上熟练题写掺了行体的楷书分析，照相者似为当地照相馆派出的师傅使用八英寸玻璃版（湿版干版待考）的笨重外拍机支三脚架所拍。在红黑帘布遮挡下用毛玻璃观察并调焦，取景范围得体，影像调适清晰，曝光准确。显然是在该处定点拍摄多次乃至多年的高手所为。再揣测便是将版匣（装底版的暗盒）急送暗房冲洗晾干，刮去局部感光剂题字后按数接触印相，再烘干（不知那时是否有电镀版上光机，若没有，通常用牛胆汁涂在极洁玻璃板上，再贴照片晒

图 4　蒙古会议会场

干），裁切后粘在写有照相馆字号的精美卡纸上送交顾客。这一过程也说明此照绝非随行记者用便携镜箱所摄。

在照片上，人们的着装也和现在大不相同：有着长衫的，有长衫加马褂足踏礼服呢尖口鞋的，有穿中山装脚蹬革履的，有穿西装系领带的。这些来自塞外草原的代表抵金陵时已是仲夏，到杭州时逢伏月近望之时，气温较高，这样披挂整齐，恐有些热了，不少人似乎应时购置了南方人常用的浅色巴拿马草帽和折扇用以御暑，但也有个别人士用着的可能是从家乡带来的黑呢礼帽（立于右侧山坡穿深色马褂左手持帽者）。

一点点体会

因了自己的孤陋，费了很大劲才对区区一张照片有了略为清晰的认识。笔者拙见，这张照片还算珍贵。虽然不是会议的正式合影（《汇编》中有全体合影，以三排拍摄，局促而呆板），但从另一角度反映会议、人员和行踪，让人重温历史，可谓剑走偏锋。通过一张照片而近乎偏执地求个水落石出的过程，也是一种享受的过程。本人拙于表达，裒辑冗杂，鲁亥难免。窃思淘一帧老照片不易，便不揆梼昧、不惮絮聒地冗涂一通。冯克力先生《当历史可以观看》一书中说："有时候一幅照片就像是社会肌体的一个切片，所承载的信息远远超出了人们的想象。"惶然之心，始稍熨帖。细忖"切片"之喻甚好，可以想见眼睛靠近显微镜目镜观察载物台上切片的微观情状而剖析辩白之，心大明，实佳境也。

通过对这帧照片的研究，自己也学到了很多知识，颇感欣慰。

（原载《老照片》第 115 辑，2017 年 10 月出版）

20世纪20年代胶济铁路大修合影初考

周 车

2010年2月出版的《老照片》第六十九辑中，刊登了纪元撰写的《胶济铁路大修摄影集》一文，称这部摄影集"是中国铁路早期整修史上极为珍罕的史料"，并配发了十五张摄影集中的老照片，在胶济铁路文史研究领域引起了不小的反响。十多年过去了，笔者终于有幸一睹这本摄影集全貌。通过查找多方资料印证，对当年登上《老照片》封面那张"竣工"合影（图1）拍摄的时间、地点和部分人物进行了初步考证。

一张被误读的胶济大修合影

这张胶济铁路大修"竣工"合影（26cm×21cm，图1）是整本摄影集中人数最多的单幅照片，也是四十余张清晰度极高的十英寸大尺幅原版照片之一，给观者留下了极其深刻的印象，但一直被误读或者模糊处理。

这张照片发表在《老照片》之前，并不是第一次出现在公众视野中，曾经在多种书刊甚至博物馆中被介绍。最初的照片说明一般表述为"1904年胶济铁路开通仪式合影"，但稍加分析就会看出这种表述的错误。胶济铁路修筑于1899年至1904年，首段即青岛至胶州段于1901年4月通车，1904年6月修至济南全线贯通。胶济铁路建成在清朝末期，但照片中的人物或西装革履，或长衫马褂，没有一个留着辫子，甚至还有几名身着制服的铁路警察，明显已经是民国时期的着装。

这个错误澄清之后，照片说明的表述一般更改为"20世纪二三十年代，

图1 胶济铁路大修"竣工"合影

胶济铁路大修竣工后的合影",但对应的胶济铁路大修文章大多从大修背景、铁路桥梁技术、个别参与人的生平等方面阐述,对这组照片始终没有清晰明确的介绍和分析。比如,胶济铁路大修主要从1924年至1931年,甚至还要长,用了近十年的时间,如何定义胶济铁路大修"竣工"?拍摄这张照片具体在哪一年?拍摄地点是胶济铁路哪一座铁路桥?照片中都是什么人?因何会集中在这座桥前拍摄合影?种种疑问不仅没有迎刃而解,反而更加扑朔迷离。就连介绍这本摄影集的纪元老师,虽然在文章里更加严谨,但仍语焉不详地为照片写了"竣工典礼后的合影""大修前,胶济铁路桥梁毁坏的状况""一座修复中的桥梁""工程技术人员在实地考察""施工现场的大型吊装机械"等说明。直到笔者看到这本摄影集,才体会到纪元老师当年下笔的难处。

　　这本摄影集虽然用一百五十余幅照片(去掉非胶济铁路和重复的照片),

比较全面地记录了胶济铁路大修的不同时间和地点的真实情形，但十分遗憾的是除了一小段介绍影集的前言外，大多数照片（有三组三十张左右把拍摄的时间或地点，或中文或英文冲洗在照片上）都没有同时记录下照片拍摄的时间和地点，其中就包含这张胶济铁路大修"竣工"合影。这部摄影集前言一百六十个字，全文如下（标点符号和括号内容为笔者加）：

> 胶济铁路创自德人，建筑悉从简略，沿路桥梁多系开顶华伦桁架及工字钢梁，能力薄弱。民国十二年（1923）一月，我国接收后，初拟设法加固，嗣因客货运输日渐发展，机车量度亦须增重，仅行加固，难期久远。爰于是年秋，呈交通部批准，将本路干线各桥一律更换，均照古柏氏五十级载重设计，预估约四百万元，期以五年藏事。此集摄影乃十四年（1925）至十五年（1926）更换桥梁施工情形之一部分也。
>
> 民国十五年（1926）九月谨记

笔者对这张胶济铁路大修"竣工"合影的考证也只能从这段文字开始。

胶济铁路大修的缘起

20 世纪 20 年代胶济铁路开展大修的直接原因，源于 1923 年初的一次重大行车事故。

一战后，经中国代表在巴黎和会和华盛顿会议上的顽强斗争，以及在此期间全国民众不屈不挠的抗争，胶济铁路路权终于在 1923 年 1 月 1 日，由中国政府从日本手中以 4000 万日元的代价赎回。可是，2 月 16 日凌晨 3 时 30 分，随着潍县云河铁路桥的一声巨响，胶济铁路全线中断（图 2）。

15 日，本该晚上才从青岛开出的第 37 次货运列车，提前编组发车。司机、司炉急着回家过年，一路"抢点"行车，沿线车站也都想着能提前下班，非但没有控制压点，反而一路放行。行至高密，站长竟然慷慨应允与另一台美制机车连挂运行。凌晨行至潍县云河铁路桥，致使大桥第三、第四孔钢梁重压断裂，两台机车及六辆货车坠于桥下，一名司机死亡，五名司乘人员受

图2　1923年2月，胶济铁路云河铁路桥事故现场

伤。后调查原因，司机超速、机车连挂、车站违规放行、钢桥负载等级严重不足，且年久失修难以负荷，是这起事故的主要原因。

　　随后的一年，无论哪个岗位上的铁路职员都不敢懈怠，但还不满一年，更严重的事故不幸再次发生。1924年1月18日晨5时30分，从济南开往青岛的第2次旅客列车行至周村附近，一旅客携带的未封口大瓶油漆被挤倒流淌，另有旅客觉得脚下发黏，擦着火柴细看，误将火柴遗落漆上，起火蔓燃。因为没有联络，随车警员和守车的列车长都无法通知车头停车，司机浑然不知，依旧疾驰，风助火力，越来越大。其间多数旅客纷纷打开门窗，相继跳车，门开之后，风从门入，火借风威，蔓延迅速，火势不断扩大。幸而此次列车上的机车视察员指挥摘车，保全了其他车辆，不致更多车辆被大火波及。最终烧毁三等客车两辆，小三等及守车各一辆，钢轨数段。旅客当场烧死五人，跳车跌死两人，重伤致死三人，重伤二十七人，轻伤九人。事后管理局吸取教训，在各列车头车尾均设置了联络拉铃，必要时列车长可以随时命令车头停车。

接二连三发生的事故，暴露出胶济铁路线路设备老化失修，接收后管理能力欠缺和专业人才不足等诸多问题。桥梁加固、线路修整，成为中国接收胶济铁路后迫在眉睫需要解决的问题。

据1926年底出版的《胶济铁路接收四周（年）纪要》记载："胶济铁路大小桥梁共约一千八百座。钢制桥梁之在干线上者，约有一千座之多。当德人建筑之时，为求简省便捷起见，所有全路钢桥设计，其规制均采自 Colonial Linc 成案办理。以故各桥荷重量定为轴重十三公吨（吨）。跨度十五公尺（米）以上之桥梁，几完全为开顶华伦轻巧式，仅合行驶德式轻快机车之用。日管时代，因谋改进运输，采用美式笨重机车，致机车活动荷重，竟激增至古柏氏 E 三十五级左右。且美式机车，其主动轮之冲撞力，远甚于德式轻快机车。以此种重机车，驰骤于二十年以前之旧式轻巧钢桥之上，其各部分竭蹶情形，自可想见。迨接收以后，即经详细调查，所有全线各钢桥，其薄弱部分之应力，殆无不超出钢料弹性以外，危险情形殆难言喻。于是为维持现状计，筹备临时缀补费四十万元，兼程赶工，分头缀补。"此外，"胶济铁路现用之六十磅钢轨，重量太轻，所垫钢枕，亦属过稀。统计自民国十二年（1923）起，至十五年（1926）十二月止，钢轨之损坏断折者，已达四百四十余次之多。轨道薄弱，无可讳言。"

胶济铁路大修的成效

随后的几年，胶济铁路管理局在全线开始了大规模大修改造。由路局按月储款，将全路干线桥梁分批更换，并定新桥的荷重量为古柏氏 E 五十级，以钣梁桥为主桥，以期坚实耐久。同时，采取禁止双机牵引、限制行车速度、抽换帽钉、加固桥梁薄弱处及添设木架等临时措施，暂时保证行车安全。所有新建桥梁，皆由工务处依照部颁钢桥规范设计，跨度在十米以下的用工字梁或钢筋混凝土桥，跨度在十米以上至三十米的用钣梁桥，三十米以上的用花梁桥，遇有适当地点则改建钢筋混凝土桥或增筑桥墩将跨度改小。

据1933年4月出版的《交通杂志》第一卷第六七期合刊中《胶济铁

图3　1930年，胶济铁路白沙河新桥落成通车

图4　1931年，胶济铁路大丹河桁梁桥通车

图5　1936年，胶济铁路洱河大桥新桥落成通车

路整理路务之过去与将来》记载："于十三年（1924）开始更换。计十三年（1924）更换大小桥梁十五座，十四年（1925）更换大小桥梁三十二座，十五年（1926）更换大小桥梁十五座，十六年（1927）更换大小桥梁三百三十一座，十七年（1928）更换大小桥梁三十余座，管理委员会接管以后，仍照前项计划，赓续进行……"十八年（1929）更换潍河大桥、云河大桥、南泉济南间及其他小型桥梁七十八座，又增筑青岛四方间桥梁四座；十九年（1930）更换大港潍县间白沙河桥、白狼河桥、海泊河桥三座，及其他区间桥梁五十三孔，改建桥梁九孔；二十年（1931）更换大小桥梁七十九孔。

　　为彻底改变钢轨磨损严重的问题，自1926年至1936年的十年间，青岛至张店区间的线路除日占时已换钢轨外，其他全部更换为部定标准四十三公斤C型钢轨，并换成木枕。1927年起先后在大港—四方、青岛—大港铺设重轨，增筑路基。为防水患，抬高了城阳—蓝村部分地势过低处的路基。随

图6　1936年，胶济铁路淄河大桥落成，双机车试运行

着青岛—埠头—四方区间货运量的加大，1927年至1928年，修建了一条从
埠头到四方的货运线，1929年又续建了从青岛到埠头的货运线。自此，青
岛—四方来往的客货车实现了分途行驶。

　　又据《胶济铁路整理路务之过去与将来》记载："拟先将青岛高密间干
线尽数更换八十五磅重轨及新式钢轨，自十五年（1926）起开始更换，至
十七年（1928）止，先后将青岛大港站西四方、沧口间及女姑口、城阳间
各段更换。管理委员会接管以后，仍照旧继续进行，计十八年（1929）更
换青岛、大港间，大港、四方间重轨一.一三公里，潍河、云河两新桥附近
重轨四.七八三公里，十九年（1930）更换大港、潍县间桥上重轨六百〇八
公尺（米），大港、女姑口间重轨八公里又二百六十四公尺（米），十九年
（1930）以限于预算，仅于大圩河、桂河、小丹河、大丹河、状元河、白杨
河六处新桥梁上，及大丹河、状元河、白杨河三桥之两端，换铺重轨一公
里一百八十八公尺（米），现又在拨借本路英庚款项下购买钢轨及配件约价

十万磅，业经运送到青，当积极进行更换，以利路务。"随后的 1934 年，
胶济铁路更换钢轨 370 根，枕木 20765 根，保养工程耗费 26076 元，增建工
程耗资 1033467 元。1935 年，陆续将青岛、大圩河间 140 余公里 30 公斤钢轨，
改铺成 43 公斤钢轨。随后大圩河、尧沟间 16.5 公里 30 公斤钢轨，也换铺成
43 公斤式。其他没有更换重轨的区段，在每段钢轨原有轨枕 12 根外，增加
11 根，合成 23 根，共计增铺钢轨 22000 根。车站轨道内，只增添 5 根。至
1935 年，青岛、大港、高密、坊子、潍县等站均按照以上标准添设完竣。

除了对桥梁和线路的大修，胶济铁路管理局还对沿线站场进行了改造、
增设延长轨道、修筑专用线、增筑上煤台、增建调车场、站舍、地下通道、
增购机车车辆、更新电务设备、增建四方机厂厂房和机器设备。经过十多年
的逐步修整，胶济铁路技术装备和运输效率的整体水平得到很大提升。

从胶济大修照片抽丝剥茧

回头看图 1，一群人分三层站在一座铁路钢桥上的蒸汽机车尾部，除了
能确定是下承钣梁钢桥外，铁路桥本身的信息极少。而据记载，当年胶济铁
路大修为了坚实耐久，以钣梁桥为主桥，也就是说相当数量的桥梁都是这种
样式。如果在当年胶济铁路大修更换的几百座桥梁的记载中找到这座桥，可
谓大海捞针或盲人摸象。

再看这部摄影集的前言，"此集摄影乃十四年（1925）至十五年（1926）
更换桥梁施工情形之一部分也"，而且前言落款时间是"民国十五年（1926）
九月谨记"。也就是说，只需要找到民国十四年（1925）至十五年（1926）
九月之间胶济铁路大修更换的桥梁，就可以大大缩小寻找范围。幸运的是，
这张表笔者在《胶济铁路接收四周（年）纪要》中找到了，名为"胶济铁路
全线已换桥梁新旧对照表（民国十五年十二月三十一日止）"。表中分别列出
了 1924 年至 1926 年三年间，胶济铁路更换桥梁的位置、更换年月，以及新
桥旧桥各自的孔数、跨度、桥别（桥梁样式）。其中民国十三年（1924）更
换的新桥样式均为混凝土板桥或拱桥，民国十五年（1926）更换的新桥样式
大多也为混凝土板桥，只在六月完成一座上承钣梁钢桥，十二月还有一座下

承钣梁钢桥"装置完竣"。更换竣工的五座下承钣梁钢桥均集中在民国十四年（1925年）六月，分别是：

6+480 公里处 15 公尺跨度两孔桥；

59+196 公里处 30 公尺跨度六孔大沽河桥；

60+997 公里处 20 公尺、30 公尺跨度各一孔桥（此桥共三孔，另外一孔为 4 公尺半工字梁钢桥）；

84+595 公里处 30 公尺跨度两孔密水川桥；

92+366 公里处 20 公尺跨度四孔、30 公尺跨度两孔大沽河上流桥。

遗憾的是，从图1中，看不出桥梁的长度和孔数，无法进一步确定地点，似乎只能初步推测出拍摄时间是 1925 年 6 月的某一天。以上五座桥所在的青岛地区 6 月份气温在 20 摄氏度左右，如果考虑全球变暖的因素，一百年

图7　胶济铁路大修"关联"合影

前的气温应该更低一些，与照片中人物的衣着也是符合的。

笔者认为，既然图1是胶济铁路大修摄影集中的一张，那就不能孤立地看。经过多次辨识，笔者在这本摄影集中又发现了一张合影，应该和图1有着某种密切的联系。

这张"关联"合影（图7）也是在一座铁路下承钣梁钢桥头，虽然这张合影能看出桥梁的样式和长度，但通过细节对比，还是和图1中的那座铁路桥不同，至少不能判定两张照片中的是同一座桥。笔者认为，两张照片的密

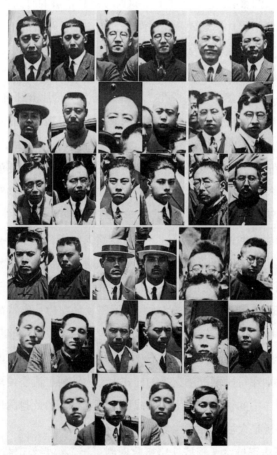

图8　同时出现在图1（左）和图7（右）两张胶济铁路大修合影中的十七人对比图

切关联之处恰恰不是铁路桥本身，而是照片中出现的人。

图1中一共出现了五十四个人，图7中一共出现了二十个人。笔者通过反复对比分辨，图7二十个人中，至少有十七个人也同时出现在图1中，而且同一个人的衣着服饰前后几乎一样。笔者由此推测，出现在同一本摄影集中的这两张照片不可能如此巧合，一定存在着必然的联系，其中也许就隐藏着解开图1之谜的密码。

再看同时出现在两张合影中的那十七个人（图8）。之所以说同一个人的衣着服饰前后几乎一样，是因为只有一个人换过衣服，而解谜的"密码"恰恰就在这个人的服装上。由此看出，这两张照片拍摄的时间不会是前后脚，也再次印证了两张照片不是同一座铁路桥。图7中铁路桥的信息还是比较多的，可以尝试着用排除法，从那五座桥中排除掉不相关的桥，先确定图7到底是在哪一座铁路桥。

图7的铁路桥虽然看不到桥孔，但桥的长度从照片上却可以一眼看穿。笔者仔细数了数，该桥两侧各用了六段钢钣梁，每段钢钣梁有八个弧线形支撑，每两个弧形支撑间按标准有三块长方形护桥钢板。以此推算，这座桥的长度绝不可能低于五孔，对照竣工范围内的五座桥，只有六孔的大沽河桥和大沽河上流桥符合这个标准。更幸运的是，二选一的这两座铁路桥都留下了明确的线索或清晰的照片可以对照。

继续用排除法倒推。前文说过，胶济铁路大修摄影集中，有三组三十张左右的照片有拍摄的时间或地点，其中一张就标注了大沽河上流桥（图9）。这张照片上明确写着："大沽河上流桥改筑桥台桥墩将完竣，三月二十七日摄影"。虽然照片上还看不到铁路桥身，但照片最左边一座特征明显的铁路用房，令笔者眼前一亮。笔者按房索骥，确定了一组没有文字只有房子的大沽河上流桥合影（图10）。虽然也是一座下承钣梁钢桥，但与图7中的铁路桥最明显的区别在每段钢钣梁支撑的样式上，大沽河上流桥使用了直线形钢钣支撑，而图7中的铁路桥使用了弧线形钢钣支撑。由此排除后，基本确定图7中的铁路桥是大沽河桥。

再用印证法正推。《胶济铁路接收四周（年）纪要》记载："至十三年（1924）春，即将第一第二两批钢桥，招标承办。其时得标者系德商博克威，

图 9　标注了大沽河上流桥的胶济铁路大修照片，铁路用房在照片左侧

图 10　胶济铁路大修大沽河上流桥合影。铁路用房在照片中偏右位置

于十四年（1925）二月交货，即于是月起，将大沽河、密水川及大沽河上流等处桥梁十七架，分别开始更换，凡四阅月而竣事。计此项新桥梁，共重一千四百五十吨，工料总值约三十六万元。第三批钢桥，则因时局关系，未能如期招标，蹉跎年余，始由德商礼和洋行承办，十五年（1926）年底以前交货，共重一千六百余吨，预估工料总值约六十万元左右。"由此段文字可以看出，胶济铁路第一二批更换的钢桥开工于1925年2月，竣工于1925年6月，其中就包含大沽河桥和大沽河上流桥。

《胶济铁路接收四周（年）纪要》中还有一张大沽河桥的照片（图11），与胶济铁路大修摄影集中的一张大幅照片为同一底版。照片拍摄于1925年3月28日，大桥还未全部完成，两侧钢钣梁只安装了四组。线索没有就此中断，摄影集中还有一张大幅照片，拍摄了大沽河桥全部竣工并通车的照片（图12），拍摄角度和3月28日那张照片相同，桥墩和周围的场景也一样。笔者

图11　大沽河桥的大幅照片，与《胶济铁路接收四周（年）纪要》中的照片为同一底版

图 12　1925 年 6 月，胶济铁路大沽河桥竣工通车

认真数了一下大沽河桥全部竣工照片中，外侧长方形护桥钢板的数量，每个桥孔 21 个，六个桥孔共计 126 个。与图 7 中的铁路桥内侧计算出来的长方形护桥钢板数量相同。

对图 7 从正反两方面印证推断后，笔者还从照片中的细节找到了佐证。一个是照片最右边一小段临时搭建的铁路木桥样式，与摄影集中其他大沽河桥照片中的临时桥样式相同。另一个是桥尽头明显不对称的两排树冠，与摄影集中其他大沽河桥照片中的不对称树冠相仿。经过三个方面考证，笔者确定图 7 中的铁路桥就是胶济铁路 59+196 公里处 30 公尺（米）跨度六孔大沽河桥。

考证出了五座桥中的两座六孔桥，图 1 中的铁路桥是另外三座两孔桥中的哪一座呢？笔者分析认为，这还要从合影中参与胶济大修的人入手。

寻找参与胶济大修的铁路人

前文笔者分析了图 1 和图 7 两张照片中都出现过的十七个人，其中只有一个人换过衣服，推测两张照片拍摄的时间不会是前后脚，印证了两张照片不是同一座铁路桥。那按照常理两张合影中的两座铁路桥应该有一定距离，致使拍摄人在短时间内或者说当天无法到达，所以相隔至少一天拍下了两张合影。

再看那三座两孔铁路桥的位置，分别是 6+480 公里桥、60+997 公里桥、84+595 公里桥。60+997 公里桥和 59+196 公里大沽河桥相距仅仅两公里远，可以排除，剩下东部的 6+480 公里桥和西部的 84+595 公里桥二选一。

笔者认为进一步分析的参考依据将是两张合影中的总人数。总人数之所以成为分析依据，是因为中国政府 1923 年 1 月 1 日收回路权后成立的胶济铁路管理局总部设在青岛。参与胶济铁路大修涉及的部门和人员繁多，分布在以青岛为起点，逐步向西的铁路沿线上。按照常理，越靠近胶济铁路管理局总部青岛，越容易集中与胶济大修相关的部门和人员；越分散到向西的铁路沿线上，能同一时间集中的部门和人员就越少，这也是图 1 和图 7 两张合影中分别出现五十四个人和二十个人，人数相差一倍还多的原因。笔者由此初步认定，图 1 中的胶济铁路桥是 6+480 公里处 15 公尺（米）跨度两孔桥。

排除法倒推至此，用印证法正推的结果又会如何呢？胶济铁路东起青岛，西至济南，大体方向是东西走向。但笔者查看胶济铁路线路图发现，6+480 公里处的这座铁路两孔桥，位于胶济铁路大港站和四方站之间，这段铁路沿胶州湾海岸线确是南北走向。从照片中人物面部的影子可以看出，阳光从照片右上方约 40 度的位置照射下来，对应线路图推测，图 1 拍摄于 1925 年 6 月某日，上午 9 点半左右，位置在 6+480 公里桥南头，面向大港站方向。

那这座 6+480 公里桥具体在哪里呢？6+480 公里表示这座桥位于从胶济铁路零公里青岛站出发，经过 6 公里又 480 米，但这个数据是 1925 年的铁路公里数，此后经过多次线路改造，已经无法用现在的数据定位这座桥的位置了，只能依靠当年的资料。笔者从《胶济铁路接收四周（年）纪要》中

图13 1945年航拍青岛大康纱厂。照片左下角为胶济铁路海泊河桥，沿着铁路线到照片中偏右，为原胶济铁路6+480公里桥

的一张桥梁统计表中查到，胶济铁路海泊河桥当年位于5+849公里处，处于河流的入海口，与现在相比位置基本固定。再对照1920年左右的青岛地图，从海泊河桥顺着胶济铁路往北继续寻找，果然在600多米处看到了这座6+480公里铁路桥（图13）。再找出现在的青岛地图，从胶济铁路与海泊河入海口的交叉点，沿着原胶济铁路线往北，此桥仍在。虽然桥的样式经过百年已经变了模样，但过了桥就是胶济铁路正线与四方机车车辆老厂区专用线的道岔，与当年别无二致。

同理，图7中的59+196公里大沽河桥，位于胶济铁路李哥庄站和胶东站之间的大沽河上，这段铁路呈东北到西南走向。从照片中人物面部的影子可以看出，阳光从照片左上方约60度的位置照射下来，对应线路图推测，图7拍摄于1925年6月某日的次日，上午10点左右，位置在59+196公里大沽河桥东头，面向李哥庄站方向。此外，根据1929年日文版《胶济铁道沿线调查（桥梁）》大沽河桥附图，对照胶济铁路大修摄影集大沽河桥照片，

可以确定照片最右边那座临时搭建的铁路木桥在大沽河桥北面，也与照片拍摄位置的推测相符。

对图1的考证并没有结束，笔者从中找到了萨福均（煤水车上下蹲者左六），时任胶济铁路管理局工务处处长。据1925年编《全国铁路职员录（胶济线）》记载：萨福均，字少铭，福建闽侯人，美国普渡大学土木工程工学学士，曾获四等嘉禾章，曾任广东粤汉、川汉、沧石、京汉等路工程司，云南临个铁路总工程司，交通部路政司产业科副科长代理视察技正，京汉、汉灄地务处副处长，鲁案铁路

图14　萨福均，时任胶济铁路管理局工务处处长。摄于20世纪20年代末

评价委员会委员，接收委员会委员等职，1923年1月到胶济铁路任职，时年四十一岁。

其实，萨福均的经历远比这段文字丰富。他出身名门，父亲萨镇冰晚清在北洋水师亲历过甲午海战，民国后官至海军总长、福建省省长、代理国务总理等要职，是政坛的风云人物之一。萨福均十七岁赴美国就读圣路易中学，1905年转至日本横滨学习日文，1906年入美国普渡大学，1910年毕业，获土木工程学士学位。归国后，受詹天佑器重，并继承其衣钵，先后督造粤汉铁路曲江大桥和高廉村隧道两处高难度的桥隧项目，并采用1000毫米轨距修建云南鸡街至建水的铁路，为国人大长了志气。随后，担任京汉铁路工程师，成为国内铁路系统顶尖人才之一。在胶济铁路任职八年，几乎主持完成了胶济铁路大修全部工作，以出色业绩给本想看笑话的日本人有力回击。1929年，萨福均出任南京国民政府铁道部管理司司长兼参事。1930年5月，被南京国民政府铁道部正式任命为胶济铁路管理委员会委员长，同时兼任铁路技术标准审定委员会副主任。10月，担任铁道部工务司司长兼胶济铁路管理委员会委员长。12月，回铁道部供职，胶济铁路管理委员会委员长由葛光

庭接任。

笔者又从萨福均的旁边发现了邓益光
（煤水车上下蹲者左五），时任胶济铁路
管理局工务第一总段正工程司。据1925
年胶济职员录载：邓益光，字述之，广东
顺德人，美国北俄亥俄大学土木工程科毕
业，曾任南浔铁路分段工程司，汉粤川铁
路宜夔段帮工程司，株钦铁路副工程司、
优级副工程司，测勘路线队长，交通部铁
路技术委员会工程股专任员，漳厦铁路副
总工程司，鲁案督办公署工程股助理员，
交通部技士等职，1923年1月到胶济铁路
任职，时年四十岁。后接替萨福均担任胶
济铁路管理局工务处处长。1936年6月，
成渝铁路工程局成立，邓益光任局长兼总工程师。

图15　邓益光，时任胶济铁路管理
局工务第一总段正工程司。摄于20
世纪30年代中期

图1中有崔肇光（煤水车前最后排光头站立者），时任工务处产业课课
长。据1925年胶济职员录载：崔肇光，字文卿，山东平度人，青岛特别高
等专门学校工艺建筑科毕业，曾获六等嘉禾章。曾任汉粤川铁路汉宜段工务
员，云南临个铁路工程司、烟潍路测勘队领队工程司，兼一二七八分段建筑
工程司，胶济路工务第十分段工程司等职，1923年1月到胶济铁路任职，时
年四十岁。

还有郭鸿文（煤水车上站立左八戴礼帽者），时任胶济铁路管理局工务
第一总段工务员，代理帮工程司。据1925年胶济职员录载：郭鸿文，字质民，
山东胶县人，青岛特别高等专门学校土木工科毕业，曾任川汉铁路汉宜段练
习工程司，山东省会市政厅工程科技术员，兼济南市政公所科员，云南临个
铁路第三分段工程司等职，1923年3月到胶济铁路，时年三十九岁。后任工
务第一段帮工程司。

合影中还有程孝刚（煤水车上站立者左九），时任机务处车辆课课长。
据1925年胶济职员录载：程孝刚，字叔时，江西宜黄人，江西高等学堂毕业，

图 16　1935 年胶济铁路管理局课长、厂长、段长、工程司合影。前排右一为郭鸿文，右三为崔肇光，左一为柴田一美

美国白度（普渡）大学机械工学士，曾获六等嘉禾章。曾任广东兵工厂机械工程司，中东铁路机务监督员，津浦路济南机厂机器司等职，1923 年 1 月到胶济铁路任职，时年三十四岁。另据《中国科学技术专家传略（工程技术编交通卷）》记载：程孝刚 1926 年调离胶济铁路，任云南个碧铁路机械总工程司，1926 年编《全国铁路职员录（胶济线）》机务处车辆课课长显示为唐瑞华，这也证明了照片拍摄于 1925 年的考证推论。

程孝刚此后的经历和成就极不平凡。1927 年至 1935 年，先后任津浦、北宁铁路管理局机务处处长，铁道部技术标准委员会委员，参与中国第一部自己编订的《机车制造规范》和《车辆材料标准》，这期间率团赴日本考察铁路机车工厂，积极参与南京火车轮渡工程和渡轮设计。1936 年任筹备处长，主持株洲机厂新建工程。抗日战争期间，为了打通西南国际通道，1940 年参与了滇缅铁路筹建，担任机械总工程司兼机务处长。1928 年、1947 年和1952 年，三次到上海交通大学任教，曾任秘书长、教授、起重运输机械系主任、副校长、校长等职，为中国铁道建设事业培养了大批高级技术人才，1955 年被选为中国科学院学部委员。

合影中还有一名日本籍职员柴田一美（煤水车上下蹲者左二），时任胶济铁路管理局机务处车辆课帮工程司。据 1925 年胶济职员录载：柴田一美，日本福冈人，旅顺工科大学卒业，日本侵占青岛期间，曾任日本陆军省委任官，青岛守备军铁道部车辆事务所所长，中国收回胶济路权后留任，时年三十三岁。后任机务处技术课工程司。

图 17　程孝刚，时任胶济铁路管理局机务处车辆课课长。摄于 20 世纪 40 年代中期

合影中的其他人，笔者目前虽然还无法全部一一对应，但在 1925 年编的《全国铁路职员录（胶济线）》中，记载着当年参与胶济铁路大修的那一代中国铁路工程技术人员。

有时任胶济铁路管理局工务第一总段帮工程司，兼代第一分段工程司侯家源。据 1925 年胶济职员录载：侯家源，字苏民，江苏吴县人，唐山路矿学校毕业，美国康奈尔大学土木科硕士，曾在美国桥梁公司设计建筑实习，曾任唐山大学桥梁及建筑教习，1923 年 1 月到胶济铁路任职，时年三十岁。1926 年回到母校唐山交通大学，任土木工程教授。1929 年至 1939 年相继任浙江省杭江铁路工程局副总工程师、工务局局长，浙赣铁路工程局副局长兼副总工程师，湘黔铁路工程局局长兼总工程师。其间，全力支持唐山校友茅以升的钱塘江大桥工程。

有时任胶济铁路管理局工务第六分段工程司万承珪。据 1925 年胶济职员录载：万承珪，字愚山，湖北沔阳人，国立北京大学毕业，曾任川汉铁路汉宜段练习工程司，宜昌、安隆、樊城等处测量，暨长江埠、杨家泽各段建筑工程皂市正段制图室主任，河南汤阴矿山铁路工程司等职，曾获交通部二等二级奖章，1923 年 1 月到胶济铁路任职，时年四十岁。后担任胶济铁路管理局工务第五分段长、第二分段代理段长。万承珪的幼子万哲先，1948年清华大学毕业后留校任教，新中国成立后跟随华罗庚参与创建中国科学院数学所，1991年成为中国科学院院士。

另据李福安著《人生几何情系代数——万哲先学术传记》一书载："父亲万承珪是一位土木工程师，他出身于一个没落的封建家庭，小时家境并不好，在亲戚家住了很多年，靠亲戚资助才接受了学校教育，进了清末民初所谓的'洋学堂'。万承珪1913年毕业于北京大学土木科（系），终生在铁路工作，维持家庭生计。他曾在川汉、胶济、滇缅等铁路及其他交通机关担任练习工程师、工程师、工务分段长、工务总段长、工务课长及工务处副处长等职，青岛解放后主持胶济铁路东段抢修工程，1950年1月在青岛病故（当时在铁道部济南铁道管理局青岛分局工作）。"

此外，1928年5月，一位叫张声亚的大学毕业生也来到胶济铁路担任练习生。据胶济职员录载：张声亚，字树东，直隶丰润人，交通部唐山大学土木科毕业工学士。虽然从任职时间上看，张声亚不会出现在这张胶济大修合影中，但他后来成了万承珪的女婿，担任胶济铁路工务第二分段工务员。另据山东科学技术出版社1989年出版的《齐鲁科技精英》一书载：张声亚，1905年生，河北省丰润县人。1927年毕业于唐山大学（唐山交通大学前身）土木工程系，获学士学位。毕业后到胶济铁路工作，先后参加了大丹河、淄河、孝妇河等桥梁改造，博山八陡山区新线勘测等工程。全面抗战爆发后，他辗转到西南，在浙赣线、滇缅线从事铁路勘察设计和施工，以后又到津浦区铁路局工作，任正工程司、工务处设计课长等职。1949年4月参加革命工作，随军参加了津浦线浦埠段桥梁线路的抢修和复旧工作。历任蚌埠铁路分局工务科长，济南铁路局设计科副科长，设计事务所副主任、主任，基建工程处总工程师、高级工程师。1978年离职休养。曾当选为第二届山东省人大代表，第三届全国人大代表，山东省政协第四届常务委员，山东土木工程学会理事，山东铁道学会第一、二届理事。

此外，1925年胶济职员录中还有毕业于美国哈佛大学，时任工程课帮工程司的孙宝樨，时年三十岁；毕业于美国普渡大学，时任第五分段工程司的胡佐熙，时年三十九岁；毕业于英国格拉斯哥大学，时任工程课副课长的王怀曾，时年四十二岁；毕业于英国阿木司庄大学，时任工务第二总段正工程司的沈瓒，时年四十三岁；毕业于日本东京帝国大学，时任工程课工程司的陈琯，时年三十二岁；毕业于北洋大学，时任工务员的陈其信，时年四十岁；毕业于上海同济大学，时任工务员的郭则溉，时年三十二岁……

尾声：1925 年 6 月的那一天

让我们再回到 1925 年 6 月的那一天。随着胶州湾畔气温的逐渐提升，胶济铁路大修中第一批钢梁桥更换工程也接近尾声。

这一天，从上午 9 点开始，接到胶济铁路管理局通知的各处人员，以及厂家代表，陆陆续续地来到了 6+480 公里铁路桥，这座桥是胶济铁路首批修竣钢桥中距离管理局最近的一座，紧挨着当年与胶济铁路配套建设投产的四方机厂。机务处特意从四方机厂调来一辆蒸汽机车停在桥头。作为胶济大修和更换桥梁主导技术力量的工务处派出了超强阵容，包括处长萨福均、第一总段正工程司邓益光、产业课课长崔肇光等十多名技术骨干。

这座并不宽敞的铁桥上一下子涌来五十多人，热闹异常。摄影师看了看周围的环境和光线，组织大家集中在桥南头。工务处处长萨福均率先爬上了蒸汽机车尾部的煤水车厢，第一总段正工程司邓益光、工务员郭鸿文等紧随其后，车厢上很快就站满了人，其他员司交错站在车厢前面。随着镜头的开闭，一张胶济铁路大修第一批钢梁桥竣工合影由此定格。

随后，工务处处长萨福均带着十六名工务技术人员，乘车沿胶济铁路继续勘验竣工的大沽河、密水川和大沽河上游等处桥梁，胶济铁路长达十年的桥梁和线路大修工程由此全面展开。

（原载《老照片》第 148 辑，2023 年 4 月出版）

九十五年前的"济南惨案"影集

李 洁

云志艺术馆收藏有一册日本人拍摄的"济南惨案"影集。

日本出兵他国作战时,军部都要派"写真班"全程随军拍摄。这本记录"济南惨案"的相册,应是当年写真班留下的。

对照历史档案,解读里面的一帧帧图片,自可对那场惨案有更直观的了解。

民国史上的"济南惨案",又称"五三惨案"。

1979 年版的《辞海》缩印本的相关条目是这样写的:

> 济南惨案 也叫"五三惨案"。1928 年,蒋介石在英美帝国主义支持下,北上攻打奉系军阀张作霖。日本帝国主义为阻止英美势力向北方发展,借口保护侨民,出兵侵占济南。5 月 1 日,蒋军开进济南,日军即寻衅开枪,打死中国军民多人。3 日,日军又大举进攻,蒋下令不准抵抗,并撤出济南。日军在济南奸淫掳掠,屠杀中国军民五千余人,造成惨案。国民党政府山东特派交涉员蔡公时被日军割去耳、鼻,最后与十七名外交人员同遭杀害。由于中国人民的强烈反对和帝国主义国家之间存在矛盾,1929 年日军撤出济南。

1991 年出版的《中国共产党大辞典》的"五三事件"词条,表述如下:

五三事件　又称"济南惨案"。日本侵略军屠杀中国军民的惨案。1928 年 4 月 5 日，蒋介石联合李宗仁、冯玉祥、阎锡山的军队，北伐孙传芳、张宗昌、张作霖等北洋军阀。为阻止英、美势力向北发展，当北洋军阀部队节节败退之际，日本帝国主义借口"就地"保护侨民，出兵山东，于 4 月 25 日开进济南。5 月 3 日，日军向中国军队驻地发动进攻。蒋介石严令中国军队不准还击，命令部队撤出济南，绕道北上京津。日军侵略者乘机在济南进行血腥屠杀，中国军民死伤达万人。国民党政府山东特派员蔡公时被割掉耳、鼻，其他 16 名外交人员亦同遭杀害。该事件反映了蒋介石的媚日政策。

关于惨案发生的时代背景，我们有必要依据历史档案重新做一梳理。

1926 年夏，在苏联的鼎力支持下，割据广东的国民党政权即国民政府（简称"国府"）与中国共产党合作，发动了旨在推翻北京中央政府的"北伐战争"。"北伐"至第二年，国共决裂，国民党放弃"联俄容共"政策，前方继续"北伐"而后方大力"剿共"。至 1928 年开春，国民革命军（曾称"党军"，时称"北伐军"）前锋已经进逼山东。蒋介石从南京赶赴徐州设行营，抵近指挥。

在当年 2 月召开的国民党二届四中全会上，下野数月的蒋介石复任国民党中央执行委员会常委、中央组织部部长、国府军事委员会主席、国民革命军军总司令，稍后又被国民党中央指定为以党治国体制的最高权力机构——中央政治会议主席，复兼中央军官学校校长，妥妥地成为南京政府第一实权人物。在收买了国民军首领冯玉祥和晋军首领阎锡山之后，国民革命军实力大增，扩充为三个集团军，蒋亲兼第一集团军司令，冯、阎分任第二、第三集团军司令，三路大军共六七十万人合力向北京政府军发起猛攻。至 4 月中旬，国民革命军第一集团军，即蒋氏亲自指挥的所谓"中央军"，已攻入鲁省境内，相继夺取了台儿庄、临城、滕县、日照等地，与当面之敌张宗昌所部展开激战。

北京政府时为奉系军政集团所把持，奉系首脑张作霖以安国军政府大元帅的名义代行国家元首职权，张氏将北京政府所辖的各派系武装合编为"安国军"。张宗昌有一堆头衔——安国军副总司令兼第二方面军军团长、直鲁联军总司令、山东省督办并"节制直隶军务"。这个高大威猛的山东掖县（今莱州市）大汉曾亲赴鲁南前线指挥作战，但终不敌北伐军，不得不下令后撤至泰安，指望以泰山天险阻遏敌军对省城济南的进攻。

对中国南北内战，各国均持中立态度。对两方军队的称呼，他们既不随北京政府称国民革命军为"党军"，也不随南京政府称北京政府军为"北洋军"，而是以"南军""北军"称呼两方的军队。

眼见得"南军"就要攻打省城，"北军"随时可能撤防，各国对一路上高喊着"打倒帝国主义"口号，并表现出强烈的民族主义情绪的"南军"自然高度关注起来。

就在上一年的3月24日，"北军"撤离南京后，发生过士兵洗劫外国使馆、教堂及住宅，杀害殴伤外国公民的恶性排外事件，被杀者包括英国驻宁领事馆官员二人、卫兵一人，金陵大学美籍副校长、三名法国传教士、一名意大利传教士和一名日本领事馆卫兵等九人，另有美国领事馆官员等多人被殴伤，遭洗劫处更是多达一百五十一所。尽管蒋介石矢口否认打劫者为本军士兵，但是，停泊在长江上的英、美炮艇，还是依美国领事所请，向南京下关的北伐军驻地发炮百余发，毙伤中国军民近百人。此即震惊一时的"南京惨案"。事件发生一年以后，即1928年3月，该案以南京政府向受损各国赔礼道歉并赔偿外侨的损失，并依外国关于惩凶的要求"通缉"了第六军政治部主任林祖涵（共产党人）；英、美则分别对"不得已的炮击事件"表示"遗憾"而终结。

"南京惨案"尘埃落定仅一个月，眼见得"南军"攻打山东省城在即，而"北军"随时可能撤走，日本人异常惊悚。

因日德战争后日本曾强行接收青岛暨胶济铁路及沿线的经营特权长达八年之久（1914—1922），所以，当时，青岛已有超过两万日侨居住，济南也有约两千名日侨集中居住在商埠、胶济铁路沿线和博山煤矿等地。

4月16日，日本驻青岛总领事藤田荣介和代理济南总领事西田畊一遂向本国外务省告急，吁请派兵山东，保护侨民。驻济南武官酒井隆少佐亦于本日致电日本参谋总长铃木庄六，向军部发出同样的请求。

未经对方国家政府的邀请，即筹划派军队强行进入他国"护侨"，这种霸权主义的思维，是自中日甲午战争后在日本朝野形成的习惯性思维。果然，得到奏报后，4月19日，日本内阁总理大臣田中义一与铃木庄六联袂觐见了昭和天皇，奏请出兵山东"护侨"。内阁与军部的奏请得到了天皇的批准。随即，田中召集内阁临时会议，通过了日军出兵的决议。铃木则向驻熊本的第六师团（亦称熊本师团）司令官福田彦助中将发布出兵令，令其亲率所部五千人立即从门司港出发，强行登陆青岛；另令驻天津的"支那驻屯军"司令官新井龟太郎立即派遣三个中队向济南开拔。

当日，获悉此讯的中国驻日公使汪荣宝急电北京外交部，请求外交部长罗文干对日军出兵山东一事提出严重抗议。

4月20日，以小泉慕次中佐为指挥官的四百六十名日军自天津乘列车抵达济南。尽管城里有张大帅（张宗昌）的督办公署和山东省政府公署，有为数众多的直鲁联军营房，但众目睽睽，无人出面阻止日军的横行。驻扎伊始，小泉即通报中方：日军抵达济南，只为保护本国侨民，对于南北两军，本军将"严守中立"。

本日，在东京，中国驻日公使汪荣宝奉命转告日本政府：务望从速取消派兵，以敦邦交。

还是这一天，不敢阻挡日军进驻的张宗昌和山东省省长林宪祖联名致电北京国务院与外交部，"请就近向驻京日使提出抗议"。

相比于被讨伐的"帝国主义的走狗"的北京政府，高举"反帝"大旗的国民党方面的反应更为强烈——当天，南京政府外交部就将"严重抗议书"送达日本驻宁领事馆，要求日方"迅将所拟派赴山东之军队一律停止出发"。

但是，对中国南北政府异口同声的抗议，东京只是授意驻北京和南京的军事武官前往两个政府说明出兵护侨的理由，却并未中止既定的计划。

几个小时以后，即4月21日上午，日本海军先遣舰"球磨丸""古鹰丸""对马丸"相继驶入青岛港。

因未得到北京政府的事先通知，驻青岛的中华民国海军副司令兼海军第一舰队（渤海舰队）司令沈鸿烈和青岛市政府官员只能眼巴巴地看着"友邦"的六百六十名海军陆战队官兵轻车熟路地进驻了日本居留团为他们提供的房

图1　1928年4月21日，第一批入侵中国山东的日本海军陆战队六百六十余名官兵抵达青岛港

舍里。沈氏早年留学日本，可与日人直接语言交流。

日德战争后，日军曾强占青岛八年，招引大批日本国民来青岛创业与谋生，并建起了日本中学和女子中学等公共建筑。所以，撤走六年之后重返青岛，日本军部对青岛之市情，颇为了解。

见日军悍然入侵山东已成事实，4月23日，蒋介石委任早年留学日本的战地政务委员蔡公时兼战地外交处主任。当日，蔡氏即致函各国领事，声明：国民革命军对战地各友邦侨民将尽力保护。随后，蔡氏即启程前往济南，准备与日方进行外交斡旋。

同一天，南京党、政、军各机关与各民众团体代表举行了反日出兵山东大会，通过了《警告日本民众书》《告日田中内阁书》《告世界民众书》，并组成"首都各界民众团体反日出兵山东委员会"。

随后，广东、湖南、湖北、浙江、江苏、河南等国府控制地区，竞相组织了"反日出兵山东委员会"，吁请国府与民众"向着山东目标勇猛做去"（河南省会开封"山东革命同志救鲁期成会"通电语）。

图2　日军第六师团先头部队在青岛大港登陆。立于队列之前的军旗小队，护卫的是其联队（约等于中国军队的团）的军旗。日军视军旗为灵魂，不进入行军与作战状态，军旗是不展开的

图3　青岛的日本侨民被组织起来到码头欢迎"皇军"的到来。图中穿长袍者和乱跑的孩子应为附近前来围观的中国百姓

161

图4　日本侨民在车站为日军送行。拉扯长纸条是日本人送别的仪式，以示对登舟车而远行者的依依不舍之情

4月24日，国民党中央执行委员会常委会在宁召开，会议通过了《告世界民众书》和《告日本国民书》，呼吁国际社会给中国以正义之援助、日本国民遏止田中内阁之行动。蒋介石于本日向进入山东之第一集团军各军团及军政治部主任下令："我军到达胶济路后，须切实保护外侨，并对日本始终忍耐，勿出恶声。"早年曾在东京振武学校留学的蒋氏，比他在南京的同事和麾下的部将更清楚日军的实力。

4月25日自清晨7时起，日本第六师团第十一旅团一千六百余人在福田师团长和斋藤旅团长的统率下，分乘三舰抵达青岛港。

在码头上，每艘入侵中国的军舰都受到了日本侨民的狂热欢迎。

当天下午1时，第十一旅团旅团长斋藤浏少将即率步兵第十三联队六百余人由青岛大港站登车前往济南。

作为入侵山东的最高指挥官，师团长福田中将则率千余日军暂留青岛，

图5 日军抵达济南站

并张贴了措辞严厉的布告：

> "支那"时局急变，战祸将及山东，本军警备济南、青岛及胶济铁路，负责保护日侨生命财产，若有累及日侨情事，立即严办，决不宽贷！

对日军的一意孤行，南京政府于 26 日向日本政府发出第二次严重抗议。

然而，一如前次，东京依旧未作回应。

就在这一天，斋藤统辖的六百多名日军已经抵达济南。

形势愈发险恶。

然而，相当一部分国府统辖地区的人们高估了国民革命军的实力。他们看到的只是"北伐军"对"北洋军"的频频告捷的战报，而对"东洋鬼子"的军国主义体制和实战能力毫无所知。

　　南京特别市政府于 27 日通电国民党中央党部、国民政府和各省党部、省政府及全国各机关、团体、报馆，声言："我们要用我们的全力，来对付他们（日本）。我们相信在现有强权而无公理的时代，只有用实力去制裁他们的暴行。我们更相信军阀与帝国主义在最近的将来，要同时宣告覆灭。"

　　同日，在国民党驻东京分部的指使下，留学日本士官学校的学子组织了"中国国民党留日士官学校反日出兵归国团"，首批五十余人当天离开东京启程返国。第二天，在东京的中国人举行集会，反对日本出兵中国，并于会后举行了游行示威。结果，七十多人遭日本警方逮捕。其中一位被捕者是千叶步兵学校的留学生，叫宋希濂，后来成为抗日名将和国共内战时的"华中剿共总司令部"的副总司令兼兵团司令，最终于 1949 年深秋在四川大渡河被解放军所俘，1959 年获特赦，成为全国政治协商委员会的文史专员。此题外话。

　　4 月 28 日，约一千五百名日军陆续从青岛到达济南，随即自定防界，将日本领事馆、日本人开设的正金银行和济南医院三处定为警备区域，禁止华人通行，其中正金银行成为日军司令部的驻地。

　　斋藤以"大日本国驻济南警备司令部司令官"的名义发出布告，宣称：本军负责保护胶济路及其沿线，南北两军任何一方闯入其界限内者，一律解除武装。

　　同日，被国民革命军收编的鲁南土匪刘桂棠（绰号"刘黑七"）炸毁了胶济铁路明水站附近的权庄段，致使胶济铁路中断。

　　福田闻报，急派日军第四十七联队从青岛急赴鲁中的张店，以"护矿"之名，驻扎下来。

　　至此，日军已经控制了胶济铁路全线。

　　4 月 30 日，蒋介石驻节兖州。对于日军擅自侵占济南并设防一事，这位下野期间访问过日本，并与田中义一首相会谈过的总司令乐观地对报馆记者表示："据日人所称，出兵目的在于保护日侨，决不妨碍国民革命军之军事行动。不但山东如此，将来东三省方面亦如此。如日兵不干涉我军行动最佳；万一干涉我军行动，引起我全国人民之愤恨，则我军亦不得不取相当之对付。"

　　不过，为防事态恶化，蒋介石还是派出了其密友张群，秘密出使东京，以求与日本首相田中义一会晤。

图6 一条被日军强行设置路障的街巷

图7 日军在济南擅自设立了三个禁区，禁止中国南北双方的军人通行，并严查每个经过禁区的平民，以防有化装成平民的军队密探混入其中

5月1日，蒋氏进驻刚被国民革命军攻陷的泰安城。随后，即得到前方报告：张宗昌率鲁省军政要员及麾下数万官兵经黄河铁桥撤往北方。于是，他踌躇满志地电告国府主席谭延闿：本日完全克复济南。

当日，国民革命军第一集团军分左、中、右三路进入济南。

5月2日上午9时，蒋氏如愿进入济南的山东督办公署。此时，大楼门前的大牌子已经被国民革命军士兵们换成了"国民革命军总司令部"。

自此，济南有了两个新的司令部，一个是中国人的国民革命军总司令部，一个是日本人擅设的"济南警备司令部"。

在张宗昌的偌大办公室里，蒋介石召集军以上军官会议，委任第一集团军第四军团总指挥方振武为济南卫戍司令，总司令部高级参谋马登瀛为济南市公安局局长。

方振武就任后，立即约见日军司令官斋藤，声明本人负责保护外侨生命财产，请日军即日撤除警戒。斋藤允诺。

图8　国民革命军先头部队手持青天白日旗进入济南。路过的村庄，有几个农民蹲在路边平静地旁观。对当地人而言，这支南方来的"革命军队"和刚刚撤走的"反动军队"无甚区别。但对日本人而言，这支"南军"的装备与军容，与日军相差得实在太远

图 9　千余名国民革命军官兵未进入战斗状态，即被日军解除了武装并遭羁押

同日，南京政府外交部长黄郛也赶到济南。黄郛与张群都是蒋介石留日时的好友，他俩也因熟知日本国情并与日本某些军政人员有交情而被国民党内的政敌斥为"亲日派"。

5月3日，即惨案发生的当日清早，日本驻济南代理总领事西田畊一带领日军宪兵司令拜会了蒋介石，表示日军今晚将撤离济南，他们代表福田彦助中将特来向贵军总司令辞行。

不料，仅过了约一小时，在日军擅设的禁区内，确切地说，在济南基督医院门外，中日两军突起冲突，枪声顿时响成一片！顷刻间，血肉横飞，尸体满街！

过后按中方的表述，有第四十军（贺耀祖兼军长）一伤兵被送往医院治疗时被日兵所阻，因语言不通，日军突然开枪，当场打死中国士兵及夫役各一人。日方的表述则是中国"南军"士兵强闯日本警戒区并率先开枪打死日本士兵，日军随即开枪还击，并将医院包围，搜捕逃入其中的中国军人。

随后，驻扎在附近的国民革命军与日军开枪互射。一时枪林弹雨，双方均有伤亡。据贺耀祖晚年回忆文章，福田曾派参谋佐佐木到国民革命军总司

图 10　为了增援入侵济南的日本陆军，日本军部将隶属朝鲜军的航空队调到济南参战。朝鲜军是日本驻朝鲜半岛的派遣军，彼时朝鲜已被迫与日本"合邦"

令部交涉，称遭"南军"挑衅进攻，要求停火。蒋介石闻报，一方面下令城外国民革命军于下午 5 时前离开济南，绕道北上；一方面派员通知日军司令官福田彦助，请其约束部下。

但是，事态已不可控！福田非但没有约束部下，反倒令日军将开火的"南军"部队全部缴械。

随后，还没来得及与日军摆开阵式激战的国民革命军第四十军第三师第七团千余人，就成了对方的第一批战俘，被日军全部捆缚并关押起来。

国府外长黄郛急赴日军司令部交涉。日本人迫令其在承认冲突由中国士兵挑起的文件上签字，被黄所拒。按中方的记载，日军竟将其扣押长达十八小时之久！

就在黄郛陷入苦境之时，日军于当天下午占领了济南邮政局、电报局，炸毁了军用电台，守台的官兵全部阵亡。

当晚，有日兵经过交涉署前时倒毙。中方过后称此人为流弹所击中，非故意射杀。但 23 时许，小队日军强行进入交涉署，将战地政务委员会外交处主任蔡公时及署内外交人员、勤务员、杂役全部捆缚。在蔡氏愤然以日语抗议时，日军竟将蔡等十七人全部杀害！

此即震惊一时的"济南（五三）惨案"。

再说东京方面。

闻福田彦助所报，参谋本部当天即回复命令：

> 决由内地（日本本土）尽量增兵。此时须采取断然措施。

参谋本部决定由国内派遣第三师团（名古屋师团）及一个铁道兵部队，驻中国东北的关东军拨出一个混成旅团，驻朝鲜半岛的朝鲜军派出一个航空中队，增援济南日军。

当日，日军第六师团第二十一旅团司令部、第十五联队及炮兵中队自青岛开赴济南增援。

尚在国内的第六师团第三十六旅团第二十三联队立即启程，借道青岛，前往济南。

东京方面的过激反应源自对"南军"兵力的估量。当时，进入济南城的国民革命军第一集团军三路部队已有四个师约六万人，而城外尚有更多的部队在集结；而济南城里的日军只有一千余人。一旦蒋氏决意不惜牺牲与日军死磕，陷入重围的福田部队绝难幸存！

然而，日本人显然高估了蒋介石的抗日决心。对蒋氏而言，打下山东后，一鼓作气攻入北京，推翻奉系军政府，才是"党国"当下最紧要的目标。他不会被日军在济南的暴行缠住前进的步伐。用他事后给各军的电令语，即"勿以一朝之愤而乱大谋"。

5月4日，天尚未亮，蒋介石即派高级参谋熊式辉前往与日军约定的交涉地点津浦铁路济南站与日本参谋长黑田周一会晤。

自不待言，得军部授权后，福田愈发骄横起来。黑田传达的福田提出的条件非常苛刻：一、济南商埠不许中国军人通过；二、胶济与津浦铁路不许运兵；三、中国军队一律撤离济南二十里之外。

熊式辉以事关重大，须请示总司令为辞，于清晨5时返回总司令部。

就在蒋介石犹豫如何回复时，济南城区又响起了枪炮声。这一天的第一枪是何方射出的？笔者未见中方史料记载，白纸黑字的只有中方"死伤军民十九人"。

蒋介石向国府电报了日军在济南的暴行经过。想不到的是，日军飞机竟飞抵总司令部上空投掷了几颗炸弹，炸死警卫数人，炸伤军官数人。万幸的是，正在大楼里的蒋介石安然无恙。

福田派一名高级参谋前来拜会蒋介石，称"昨日之事，乃部下冲突，发生了误会"，希望事态"不再扩大"。蒋氏立即表示赞同"勿使冲突扩大"，还希望日军不再乱放枪炮。

身心交瘁的黄郛急电日本首相田中义一，向对方提出严重抗议，要求日本政府立即电令在济日军先行停火，以正当手续解决问题。

北京政府外交部也于本日向日本驻华使馆提交了抗议书。

这一天，英、美驻济南领事相携而行，前往日军与国军司令部斡旋双方停火。

图11　日本记者拍下的本国侨民仓皇避难的写真。但是，对更多的中国平民的逃难惨状，他们视而不见

还是这一天，济南各界组织了"五三惨案外交后援会"，负责调查惨案真相。

经各方的努力，至当天黄昏，城内的枪炮声总算稀落下来，但在城外，从西关到北关，日军仍在鸣枪与投掷炸弹。

当晚，蒋介石与第一集团军前敌总指挥朱培德、总参谋长杨杰、高级参谋熊式辉商议后，决定总司令部和国民革命军主力退出济南，留两个团共三千余人在济南城内维持治安，并防范日军寻衅；城内外大军分五路渡黄河继续"北伐"。当晚，蒋氏即密令城外各部队渡河北进。

5月5日上午，蒋介石与黄郛等人退至济南郊外的党家庄，并函告福田彦助，盼其下令"停止特殊行动，维持两国睦谊"。同时，蒋派战地政务委员罗家伦分别致函英、美两国驻济南总领事，通告本军已退出济南，仅留少数部队维持治安，此后一切外侨生命财产之安全如因战事受到损害，应由日本负完全责任。

本日，国民党中央执委会通知国府向日本严重交涉济案，并下令：一周内，国府、中央政治会议、各省市党务指导委员会的一切集会，均静默三分钟，为蔡公时等殉国者志哀。

因济南"光复"，国府所辖各地均举行了庆祝大会，"首都民众反对日本暴行大同盟"的通电说得很解气：对日经济绝交；电请蒋介石驱逐日兵出境。安徽芜湖各界联席会议的决议最严厉：与日本断绝国交，宣布开战！

国民党中央执委会当然知道中日之间的国情与军情的巨大差距，所以，他们只能以一纸《告友邦民众书》向包括日本国民在内的各国舆论通报济南惨案的经过，吁请各国人民作出公道的评判。如此而已。

5月7日下午，日军侵华最高长官福田彦助派员给蒋介石送达最后通牒，要求在12小时内，一、严厉惩罚相关的高级将领；二、解除与日军对抗过的部队武装；三、严禁一切反日宣传；四、撤离济南及胶济铁路两侧沿线二十里；五、开放张辛庄兵营。

此时，蒋介石已经把他的总司令部撤至泰安火车站。收到福田的最后通牒后，当晚8时，蒋拟定了六项对案，派熊式辉与罗家伦星夜返回济南与福田交涉。为表示诚意，蒋还以"贺耀祖未遵军令回避日军"为由，下令免除

图 12　日本人倒也拍下了战乱中的中国平民的镜头，但那是在日军擅自设立的禁区之外的中国难民，人们不得不接受侵略者施舍的粥食。从铁丝网外人们的破衣烂衫上可窥知日军的暴行给中国民众带来的苦难

贺氏第三军团长兼第四十军军长本兼各职。5 月 3 日与日军发生冲突的部队，正是第四十军的士兵。

同时，蒋氏急电已抵东京的张群，迅与日本首相田中会晤，表明"如经查明其曲在我，愿向日本道歉；中日间一切问题都可通过外交方式和平解决"的意愿。

5 月 8 日上午，熊式辉、罗家伦与福田谈判。福田以通牒时间已逾 12 小时为由，拒不接受蒋氏的对案，悍然表示："本司令官认定贵总司令并无解决事件之诚意，为军事之威信计，不得不采取断然之处置，以贯彻（本军）要求。"

随后，罗家伦即向留守济南的第四十一军旅长苏宗辙和第一军团长李延年转达蒋总司令的命令：尽卫戍之责任，不得向日军进攻；如日本军来攻，必须死守，并予以重大打击；未奉退却命令，不得撤出济南。

后来的战局证明，国民革命军留守的三千余人，不敌只有半数左右的日军。

一个月后的 6 月 7 日，"济案后援会"在南京报告了死伤人数：死亡

3625 人，受伤 1455 人，财产损失约 2600 万元。死亡者，主要是军人。也就是说，当时留守济南的大多数国民革命军官兵，都死在了日军的枪弹之下。

这一天，张群自东京发回了与田中首相的会晤结果：日方不袒奉（奉系），如国民党"北伐"成功，日本将助中国统一；为保护胶济路和济南侨民不得已出兵，求谅解；军事由福田负责，外交由两国外交当局办理；双方万勿扩大事态，增加纷争。

显然，日本政府无力约束军部的意志，更无能管束前方军事长官的行动。

翌日，张群启航返国。

事态已经无可挽回！

福田得到军部的授命：为保护本国侨民及维持"皇军"之威严，现地派遣军可自行采取独断行动。所以，在送走蒋介石的两位使者后，他下令对"南军"发动总攻击，令当面之敌一小时内缴械离城。

已得蒋总司令密令的国民革命军的两个团，自然不会听从日寇的指令，

图 13　5 月 9 日，日军发起对留守济南的两支部队的猛攻。照片上注有"济南城攻击　百发百中　六师团野炮队奋战"的文字

173

图 14　昔日的古老城门，转瞬被日军的炮火摧毁

图 15　5 月 11 日，日军举行了占领济南的入城式

174

于是，战火骤起。装备精良的日军开炮轰击济南驻军营地，致各城门因落弹而起火，城门周边千余人家惨遭火灾。

得到增援的日军兵分两路，一路围攻城里的国民革命军，一路出城占领了新城兵工厂，炸毁了黄河铁桥。

下午，日军迫近党家庄，袭击了在此休整的国民革命军第三军第八师。

已探知日本政府底牌的蒋介石下令国民革命军撤离党家庄，避免了与日军在城外的更大规模的交战。

5月9日，日军旅团长斋藤亲率所部以重炮猛攻济南西城门，与国民革命军李延年团展开激战。那一天，中方军民伤亡惨重，海右古城大遭毁坏。

5月9日，济南红十字会、济南总商会的代表向双方请求停战，但未得应允。

至当天晚间，团长李延年终于等来了总司令部的来电：暂行让步，退出济南，不留一兵一卒。

岂料，李团退出济南城后，又遭日军机枪扫射，数百人在撤退途中伤亡，而未及撤出者及众多伤员则多在日后惨遭日军屠杀。

5月10日，日军继续炮轰已经没有国民革命军的济南城。

是日，蒋介石的全权代表、徐州行营主任何成濬几经跋涉，终于进城见到了日军司令官福田和日本领事吉田，表示福田所提五个条件均已兑现，请求停火。但骄横的福田却又提出极为苛刻的条件：在日军撤退前，须将与日军对抗的三个军团的官兵全体解除武装；对肇事军官处以极刑，如不接受他的要求，此后将不再接受蒋总司令的代表。何氏以条件过于苛刻而未敢接受，遂返回兖州向蒋介石复命。

本日，日本外务省宣布向中国济南增派第三师团，原因是"济南事态恶化，以现有兵力而期保护侨民于万全，不但为不可得，且连终青岛与济南之胶济铁路随所被毁，有难期确保交通之现状"。同时，日本将向长江及华南方面增派巡洋舰、驱逐舰若干，以防万一。

5月11日，侵占济南的日军举行了入城仪式。同日，斋藤以日本警备司令官的名义发布了"安民告示"。

本日，五百余日军由青岛分别驻守胶济铁路各站，其中胶济铁路中部的

图16 日军占领济南全城后，四处追捕被怀疑更换了平民衣装的国民革命军官兵，这些人后来均遭杀害

张店、周村各驻军一营。驻守博山的日军司令岩仓正雄发布告称：南北两军不得"侵入"博山及周边二十里以内地区，违者一律解除武装。

日军在济南的暴行，不光惹怒了国民政府所辖地区的民众，也激怒了北京军政府的统治者和要人们。

5月9日，即"五三惨案"发生后的第六天，张作霖即电召他最信任的安国军总参议兼第四方面军军团长杨宇霆和其长子、第三方面军军团长张学良到京，讨论停战息争事。当晚，张作霖即发出停战通电。随后，张氏开始筹备撤回关外。

还是在这一天，山东泰安籍的安国军副总司令兼第一方面军军团长孙传芳，在鲁西战役失利后，擅离职守，回到天津，致电山东济宁籍的国务总理潘复，主动提出辞职弃战。其电报曰："南（方）曰讨共，北（方）曰讨赤，宗旨既同，争于何有？现在济南事变，日人侮我太甚，本人受良心之督责，不愿再事内争。……兹已到津，前线军事，不能负责。"

图 17　国民革命军避开济南后，日军继续占领济南，直至翌年春天才奉令撤离回国。图为在济南城内横行的日军装甲车

人心所向，可窥一斑。

5 月 14 日，日本内阁正式通过了陆军省、海军省和外务省的联合提案，决定蒋介石正式谢罪、严惩贺耀祖、赔偿日本军民损失等五项条件。

同日，日本参谋总长铃木电令福田：若"南军"承认五项条件，则准许其通过济南。

至此，日军在济南的暴行终于消停。

5 月 18 日，日军第三师团两千多人撤离济南，开赴天津。

5 月 23 日，国府通令全国（实为国府统辖区），6 月 8 日一律下半旗为"济南惨案"死难者志哀。

5 月 24 日，日军第三师团安满钦一师团长在青岛发表宣言，宣称：中国南北两军不得在青岛、烟台、龙口、大沽、秦皇岛领海各二十里内交战；南北两军应退出青岛及胶济铁路两侧二十里以外地区，前项地区内不得有排日及宣传有关之一切举动，以"保护日侨"。

图 18　日军士兵捧着阵亡者的骨灰盒返回青岛。据日文史料，日军在济南死亡二十六人，负伤一百五十七人

图 19　胶济铁路济南站被日军强占作野战医院

随后，驻守潍县的直鲁联军只得退出，任由日军进占。

5月28日，走出"济南惨案"困境之后的蒋介石，下令对安国军全线总攻击。

6月3日凌晨，张作霖率安国军军政高官乘专列离京返奉。众所周知，翌日凌晨5时许，日本关东军参谋河本大佐擅自安排工兵在沈阳城外皇姑屯铁桥处炸毁张的专列，张氏不久即毙命于宅中。北京政府覆亡矣。

"皇姑屯事件"四天之后，即6月8日，国民革命军第三集团军率先进入北京。国民革命军"北伐"大功告成，国民党终于夺取了全国政权。

但是，中日之间关于"济南惨案"（日称"济南事件"）的谈判却迟迟未有结果。直到进入1929年，因国民党已经底定大陆，日本政府才决定妥协。

1月23日，日本首相田中义一向回国述职的驻华公使芳泽谦吉面授机宜，令其作为全权谈判代表抵达南京，与国府新任外交部部长王正廷谈判。经多次谈判，3月28日上午，双方签订声明，曰"济案不快之感情悉成过去，以

图20　撤离中国前，日军在青岛神社前举行了列队式

图 21　在青岛大港，众多日侨和部分青岛市民（后排穿深色衣服者）欢送日军回国

期国交益臻敦厚"。当天下午，南京和东京同时发表声明，两国决定：一、日军两个月内无条件从山东撤军；二、"济案"的责任及赔偿问题，由双方组织调查委员会，赴济南调查后再定处理办法。

尘埃落定。

从 1928 年 4 月末，至 1929 年 5 月上旬，日军占据济南整整一年。

青岛神社，青岛人称"日本大庙"，是日本第一次占领青岛后（1914—1922），在日侨集中居住的小鲍岛（地名）山上修建的日式寺庙，1945 年抗战胜利后被青岛民众捣毁，此地只余"大庙山"的地名为老青岛人所称呼。

日军撤离后，国府曾在泰安城立"济南五三惨案纪念碑"，国府任命的山东省政府曾令本省各县公学设立"济南惨案纪念碑"。

至今，每逢 5 月 3 日，济南市都要鸣响警报，以提醒人们，以史为鉴，勿忘国耻。

（图片由云志艺术馆提供，原载《老照片》第 146 辑，2023 年 1 月出版）

1931 年：武汉水灾掠影

许大昕

　　1931 年，民国二十年，中国又一次陷入水患之中——从 5 月开始下雨，到 6 月，到 7 月，从春雨到夏雨，下个不停，有时似停又下，有时雨水如注，大灾来临前的不祥预兆让人恐惧莫名。在人们一次次看天叹息中，渐渐地，长江、黄河、淮河乃至它们的支流都灌满了水，还没反应过来，洪水，已猛虎下山般越过乡村，冲垮堤坝，涌入城市，扫平低矮的房屋，掠过哭喊的人群，所过之处，一片汪洋……灾难蓄谋已久，泼向中国的大地，后据《中国近代十大灾荒》统计，水灾波及中国二十多个省份，"堪称民族大灾难"。当时的武汉，受灾极其严重，"武汉全镇，竟至覆灭""鄂渚之三镇，昔日繁华，顿成泽国"的"空前未闻之大浩劫"，受灾时间之长，损失之惨重，超乎想象。

　　据史料记载，1931 年 7 月以来，武汉已经连续强降雨十多天。天灾无情，又加之连年内战，国库亏空，防范不当，国民政府官员抗灾不力，到了 8 月，各地堤防告急，汉口、武昌、汉阳都被洪水淹没，武汉三镇被泡在水中，有些地方长达百天。洪水肆虐不休，一直到 9 月，这期间："8 月 14 日，有报道说，在武汉三镇已经有七十万难民……据说政府正在考虑要疏散人口的问题，并且派了几条轮船，专门疏散人口和运送难民。""当时有报道说，光是在湖北省就有四百万座房屋被毁尽，在汉口城内就有八千人被淹死，后来的报道宣称，汉口的状况非常糟糕，主要是安葬尸体和安置难民这两件事非常困难，所有的街道运输都不得不用舢板和其他船只来代替，然而，幸运的是，洪水的水位已经开始下降。"（见《遗失在西方的中国史——〈伦敦新闻画报〉记录的民国 1926—1949》，北京时代华文书局 2016 年版）。

图1　一条黑狗被洪水逼在了济生马路的一片民房的屋顶，无助地张望着。洪水来时，它拼命逃窜，它也许是被水追着从屋顶主人砸开的那个洞爬到了上边。它也许会被划来的小船救走，也许拍过照之后，它在另一片绝望笼罩的黑暗中死去……

图2　济生马路上倒塌的民房。高高的电线杆，现在矗立在照片中央，显得很短很矮。杂乱与破败，在洪水渐渐退去时狼狈仓皇地显露出来。有位妇人，正在收拾衣物，她陷入这片凌乱不堪中，衣衫褴褛

灾情之后，政府部门和各界人士对抗灾救援做了一些努力——以当时的国力，相较于灾情的严重损失，也只能说是一点绵薄之力。1931年8月28日，蒋介石乘坐军舰视察武汉各个溃口，30日，发表《告鄂水灾被难同胞书》。政府颁布政令，将此次水灾定为"国难"，并命令各党部机关积极支持救灾，如节约、捐薪、严惩救灾不力的官员等。

　　面对巨大的灾情，国民政府紧急成立了救济水灾委员会，总会设在上海，为便于受灾严重的武汉的赈灾事宜，又专门在武汉设立了分会。宋子文出任委员长，由中央统一部署赈灾事宜，广为募捐，群策群力，社会各界及国际友好人士都给予了各项人道主义援助。据统计，救济水灾委员会从国内、国外总共筹集到救灾物资七千万元左右，并由中央政府统筹安排，将救济款运用于办粥厂、办收容所，为灾民提供免费食物及医疗物资等。维持灾民正常生活的物资如衣物、被褥、帐篷等，也源源不断运到灾区。公职人员也响应政府号召，"捐薪助赈"，救助灾区。"大灾之后，必有大疫"，对此，卫生署署长刘瑞恒担任救济水灾委员会下属的卫生防疫组主任，一方面筹集防疫药物，另一方面积

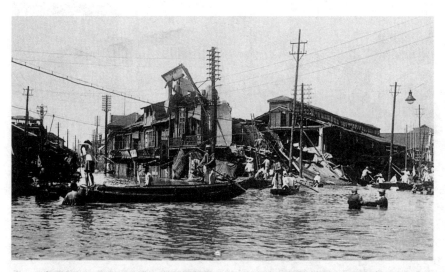

图3　武汉大智门附近坍塌的旅馆。电线横割了天空，苍天垂泪。曾经，这家旅店前人来人往，熙熙攘攘，现在却是船来船往。人们似乎是路过，又仿佛是从旅店里寻找寻物资，迅速逃离。过腰的水，冰凉沁入水中行走的人。可是，画面依然是安静的，没有人声，没有人说话

图 4　法租界的明星大戏院。薄暮时分，这异国风调的躯体被浸泡于水中。晚风吹皱门前的这汪水。渐行渐远的小船，苍翠的树影。一日日地暴雨雷电的袭击，它，还在，那里的戏文、唱腔、才子、佳人、华彩……也就还在。在这个傍晚，都突然地静穆下来……

图 5　这平常的街景，阳光很刺眼。远处木楼上晒着的衣服，路两旁的棚子堆放着杂物，近处过街木板上行人正在礼让……这无不让人感到生活还在继续——似乎，这只是一场平常的雨下过之后

184

图6 洪水淹没了济生马路一层的店面。这座欧式风格的建筑，见证了暴雨洪水的猖狂，一如它见证了老武汉的繁华。这座城几起几落，它们是忠实的守护者，也是城市沧桑与风华的体现者

图7 阳光正足，这座欧式洋楼里，二楼的主人正悠闲地斜倚栏杆——应该说如此大灾对于居住在楼里的富人，并无太大影响，就是出行麻烦了些。眼前的这只小木船，除了划桨的人，后边还有推船的人，他们如此艰难地在水上划行，这位妇人正木然地望着远处……

极组织专业医疗人员前往灾区注射诊疗，有效防止了疫情传播。

民间慈善团体也在救灾中发挥了重要作用。如当时秉持人道主义的中国红十字会，在水灾发生后迅速向灾区派驻医疗人员，做了大量救治和防疫工作。《申报》《益世报》等报刊也奔走在水灾一线，实时传播，呼吁各界的救助和支援，等等。为有效赈灾，救济水灾委员会专设特科，与民间团体联络，共同推进多项工作。

1931年的这组照片，再现了当年武汉水灾真实的场景，一张张翻过，忍不住"长太息以掩涕，哀民生之多艰兮"……这些照片都存在于特殊的静默之中，无声的悲哀，一首无尽的悲凉的曲子，奏响在相片内外。它们有的以武汉市重要的地标建筑为摄影主体，兼及街道场景。有的取景于平民生活区，灾后的平民住在窝棚里艰难熬日。照片的题签慎重标明序号、地点、时间、摄影人等，有种以"图像证史"的意图存在。

图8 "猬集汉口西商马场口之灾民 二十年八月廿八日"。可见，沿街住户搭篷居住。马路中央，行人或蹚水而行，或乘坐小船。有个近处的小孩赤裸上身，好似在向船上戴帽子的男子乞讨

图9　这张照片远景是著名的大智门火车站。大智门火车站又名京汉火车站，建于1903年，是"中国第一条长距离准轨铁路的南端终点大型车站"，法式建筑风格。近景和中景人来人往，或划船，或行走于木板上。此时水位已明显下降。街面上已经有些热闹的气氛

图10　水灾后的汉口江汉关大楼。江汉关大楼建成于1924年1月，是中国现存最早的三座海关大楼之一。英国古典主义建筑风格，庄重典雅。坐南朝北，毗邻长江，总高度45.85米，是当时武汉最高的建筑。"江汉关钟楼呈对称布局，两侧与正立面墙体间呈92度夹角，与背面墙体呈90度夹角。大楼设计考虑了长江水位对建筑的影响，其基础高于长江平均洪水位标高。"这段记载，似乎可以解释为什么遭逢1931年水灾之后，江汉关还能挺立依旧

图 11 "中山路水塔跟"。一块块牌子"大中华日夜照相""钟表眼镜"等，在阳光下格外刺眼，不知几时能够恢复营业，恢复往日的繁华。水面已经退到人的腰以下，人力车可以用了，车上车下，两个阶层

图 12 沿街的欧式洋楼一溜排开，拉深了照片的空间，将观者拉入深远无常的历史和无奈破碎的现实。"新号衣庄"特别触目，又曾是一街的繁华。行人乘船或步行，正常生活正在逐渐恢复。撑船摇桨的人一脸疲惫劳累，坐船的人轻松悠闲

图 13 "太平洋饭店""浙江实业银行""上海服装店"等招牌远远可见，这座爬满脚手架的
高楼竟然经受住了暴雨的袭击。 撑船的人、步行的人、坐船的人……闯进镜头的这位行人，
脸色黧黑，似笑非笑似哭非哭……

图 14 从照片上看，水位仅仅没过人的膝盖。屋檐下的人们好像在排队等小船出行，有的人
短打扮，有的人着礼帽长裤长褂，还有一位着军装者……人们挨挨挤挤，又保持着距离，惊
弓之鸟一般，难以打破的沉默弥漫于相片内外

　　照片的摄影语言非常丰富，摄影者调动了最深切的同情和悲悯，水，横亘在照片底部，水上、水边是大灾之后的楼宇、电线、人群、树木……舢板、小船，还有水上搭着供人行走的木板，给人带来唯一的希望，至少借由它们，人们可以逃离，也可以故作镇定地将生活的秩序维持下去。

　　罗兰·巴尔特在《明室：摄影札记》中写道："脸的神情是不可分解的。……神情，是一种不同寻常的东西，它是从躯体里诱发出来的灵魂，它是个体的小灵魂。说到底，神情也许是某种精神方面的东西，是这种东西把生命价值的反映带到了脸上？……神情就是伴随着人身的发光的影子。"纵观这十五张照片，但凡有人劫后余生，心有余悸，大家有相似的神情，每一个人的内心都藏着汹涌——也许亲人已经亡故，也许家产早被水卷走，也许饥一顿饱一顿，还得在洪水浸泡的街上讨生活……但是，表现在脸上，却是令人压抑的平静。大悲无声……

　　灾难无情，人之情义扶助又如此有限。1931 年大水，是上天对武汉又一次"天将降大任于是人也"的惊心动魄、惊天动地的捶打与考验。武汉，却总是能够绝处逢生——看看这些老照片，在沉默与坚忍的人物神情中，在地标建筑的淡然挺立中，似乎可找到些许答案。

（原载《老照片》第 143 辑，2022 年 6 月出版）

1935 年：黄河董庄决口抢险相册

王一飞

  黄河既是孕育中华民族的母亲河，历史上也是危机四伏、灾祸频仍的一条险河。"据史料记载，自周定王五年（公元前 602）至 1938 年的二千五百四十年间，黄河下游共决溢一千五百九十次，大的改道二十六次，平均三年两决口，百年一改道"（侯全亮主编：《民国黄河史》，黄河水利出版社 2009 年版）。山东淄博云志艺术馆所藏《民国黄河董庄决口抢险相册》，记录的便是 1935 年 7 月发生于山东鄄城的一次黄河决口。相册中照片逾三百张，附以简洁的图片说明（为保留图册原貌，其图说皆原文采用），以时间为序，详细地记录了民国二十四年伏汛期间，发生在山东鄄城董庄附近的黄河决口灾情及堵口抢险工程的全过程，是反映近代黄河治理的珍贵影像史料。

  1935 年的董庄决口，是南京国民政府时期一次严重的黄河水灾，据载："民国二十四年七月十日晚，山东鄄城董庄民埝因漏洞溃决，旋官堤亦决，淹鲁苏两省二十七县，受灾面积一万两千二百一十五平方公里，受灾人口三百四十一万余，其中死亡三千七百五十人，财产损失一亿九千五百万元。"（侯全亮主编：《民国黄河史》）足见此次决口灾情之重。

  此外，董庄决口抢险还有一段特殊的舆论背景。1933 年 8 月，河北长垣石头庄黄河决口引发流域性大水，导致豫、冀、鲁、陕、绥、苏等六省六十七县受灾，灾区面积达一万两千平方公里，灾民达三百二十九万六千人。而作为长垣抢险的冯楼堵口工程，在完工一个月后的黄河伏汛中口门复决，酿成巨灾。南京国民政府与黄河水灾救济委员会，因此处在舆论的风口浪尖

图 1　东平县运赴东阿之灾民。摄于 1935 年 9 月 1 日

图 2　东平县城北大桥待运之灾民。摄于 1935 年 9 月 2 日

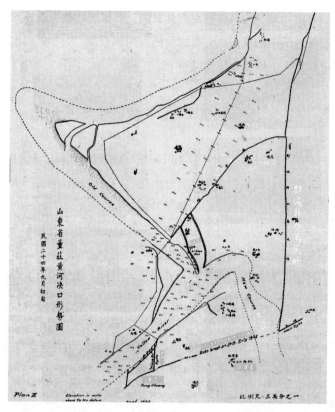

图3 《山东省董庄黄河决口形势图》(民国二十四年九月初旬)

之上。最终负责冯楼堵口工程的河北河务局局长孙庆泽被撤职查办;担任黄河水灾救济委员会工赈组主任的孔祥榕,则被监察院监委邵鸿基以"修堤不坚,糜款误工"为由提起弹劾。虽经中央公务惩戒委员会审议后,孔祥榕并未受任何惩戒,还升任黄河水利委员会副委员长,但一时舆论难平。

在严重的灾情与舆论压力之下,从中央到地方的各级政府及相关机构都对董庄决口抢险极为重视。尤其是堵口工程被移交由黄河水利委员会负责后,已成为代理委员长的孔祥榕赴董庄亲自督办。在董庄堵口合龙后,孔祥榕亲拟碑文并书丹,在黄河大堤上立"董庄决口合龙碑"。如今石碑仍立于鄄城苏泗庄引黄闸旁,后人评其碑文"有撰文者自我标榜之嫌"。这本《民国黄河董庄决口抢险相册》的制作或也有此目的，但摄影的特点是相对真实而客观，因此这本相册中的珍贵历史影像，仍为我们提供了一个了解民国黄河水灾及董庄决口抢险工程的绝佳契机。

一、董庄决口灾情记录

1935年的黄河董庄决口自7月10日李升屯的民埝溃决，至11日临濮集的官堤又决。短短一日间，在董庄到临濮集间约三公里长的黄河大堤上便出现了六处决口。曾参与堵口工程的郝子善在《一九三五年黄河决口济宁灾情的回顾》一文中回忆道："一九三五年（民国二十四年）七月十日，黄河水位陡涨，下午突然狂风呼啸，大雨滂沱，鄄城县李升屯、南赵庄一带之民埝先行溃决，接着水势汹涌，向前泛滥。当晚八时许，鄄城董口到临濮集之间的官堤又告溃决。继之在董口以西决口两处，被定为第一、二口门，分别宽度为二十三丈、二十七丈八。董口与临濮集之间溃决的官堤为第三口门，宽三十余丈。复于第三口门以西临濮集东北又决口两处，即第四、五口门，分

图4　山东李生屯民埝决口四处，此为一部分情形。摄于1935年7月11日

图 5　第五口门西堤头。摄于 1935 年 7 月 15 日

图 6　大溜顶冲临濮集。摄于 1935 年 7 月 15 日

图 7　东平湖内斑鸠店被水淹没之状。摄于 1935 年 8 月 31 日

别为宽三十余丈、四十丈不等。次日（十一日）水位溢涨，临濮集北官堤又决一口是为第六口门，其宽五十余丈，冠于前五口门以上。"《民国黄河董庄决口抢险相册》中关于此次灾情的照片自决口次日始，几乎是事件发生后第一时间的影像记录。

　　11 日之后，黄河水势有增无减，董庄各口门险情也随之愈甚，"至八月九日，第五、六口门已被冲坍塌，合二而一，宽约六七里之距，夺大溜水势七成以上。黄水出此口门后，大部向东南流，漫菏泽、郓城、巨野、嘉祥、济宁、金乡、鱼台等县，沿洙水河、赵王河注入南阳、昭阳、微山各湖，再由运河入江苏省"（黄炎：《黄河董庄决口视察记》，《工程周刊》5 卷 5 期，1936 年 ）。

　　在如此凶猛的洪流之下，鲁西南地区成一片泽国，房屋冲毁无数。北平华洋义赈会总稽核季履义与工程师张季春在《山东黄河水灾救济报告书》中说："乘船视察水灾，仅获达到嘉祥、巨野两县之县城，所过各处村落几于全被水淹，无可落足之处，立于夹板用千里镜遥望之，四面环水，毫无涯际，水面间有黑团露出，乃系村中未尽沉没之房顶也。"

二、灾民救济

图8初看时，似是农庄环翠，水泛轻舟，流露出一种闲适的画意。但读毕图片说明，慨然感伤。其实无论灾情轻重，首当其冲者是灾民。三百四十一万余灾民安置工作，是当时山东省政府的一项重要且工作量巨大的赈灾事务。工赈与外迁收容是主要的两种安置方式。

工赈，即以工代赈。这种方式既可就近安置灾民，稳定民心，又能有效地解决救灾河工的劳动力问题，是历代黄河治理的重要方式。在董庄堵口工程中，亦有大批灾民以工赈的形式参与到抢险工作中。在彼时以手工工具为主的施工条件下，黄河堵口与其说是靠政府施救，不如说是靠灾民自救。大量的灾民加入堵口施工中，用自己的双手重建家园，展现出他们对未来生活的坚定信念。

此外，在决口发生后，山东省政府也积极组织灾民外迁收容。政府调集

图8 水乡中人烟稀少，此为留恋家乡不忍去者之一。摄于 1935 年 8 月 25 日

图 9 江苏坝第十坝。摄于 1936 年 1 月 6 日

图 10 坝上工人。摄于 1936 年 3 月 20 日

图 11　坝上工人。摄于 1936 年 3 月 20 日

船只，将灾民运往地势较高的地区，并通过济宁往山东省内铁路沿线的各县市安置灾民。据《山东黄河水灾救济报告书》统计："鲁省政府之临时办法系移灾民于灾区以北地势较高诸县，约二十二万人，其余因乏船只，逐渐运往济宁，再乘火车转运往沿铁路各县，各日平均二千人，截至八月十八日止，运出之灾民计十八万。"

另有统计称，至 9 月 27 日，由济宁运出的灾民计装一百四十七列车，合二十四万三千五百四十四人，由各灾县直接运出的灾民则有三万零五百八十九人。另外还有约十五万灾民自行迁逃出外谋生。灾民收容的费用由山东黄河水灾救济委员会支领，至次年春季，灾民方开始遣归还乡。

三、董庄堵口之经过

董庄决口发生以后，时任山东省政府主席韩复榘于 1935 年 8 月 18 日在董庄召集会议，协商堵口方案。黄河水利委员会副委员长孔祥榕提出："主于江苏坝附近择地筑堤挑溜，冲刷对岸新滩，于姜庄民堰外挑挖引河，延筑江苏坝及李升屯残堰为堵口，东西坝基进展堵合。"此方案经会议通过后，由山东省政府组织的董庄堵口工程处依照办理。11月，山东省政府以事繁不及兼顾为由，向国民政府申请将堵口工程交由黄河水利委员会主持推进。此时孔祥榕已升任黄河水利委员会代委员长，堵口工程由其全权负责。

根据孔祥榕的方案及实地勘测，董庄堵口工程被分为巩固李升屯埝头、培修江苏坝及圈堤、加固圈堤各坝、建筑新堤、接长挑水坝、挑挖引河、进占及合龙七部分。董庄堵口工程整体进展顺利，至山东省政府移交时，培修江苏坝及圈堤已完成过半。至1936年3月27日，董庄堵口工程成功合龙。这一系列施工过程也正是《民国黄河董庄决口抢险相册》记录的重点，其中不仅记录了堵口的全过程，还记录了决口合龙后的月堤修建、大堤培修等善后工程。

《民国黄河董庄决口抢险相册》中照片的拍摄与编辑可谓严谨有序，自决口之初的灾情调查，灾民安置，至堵口抢险的工程经过，及合龙后的善后

图 12　新运河内之难民船。摄于 1935 年 9 月 1 日

工程，完整而清晰。其中像东西坝进占及口门合龙等重点工程节点，还有多视角的详细记录。而画面本身在保证信息传达清晰的同时保持构图的形式感。可惜的是，目前还无法确定这本相册的作者是谁，针对这一点的进一步研究可能会为我们的解读带来更多的维度。

四、董庄堵口与治黄理念之争

民国时期，随着一批到国外学习先进水利技术的留学生归国和外国水利专家来华，近现代治河技术开始在中国应用。受此影响，国内水利界也出现了新旧理念之争，并派生出"专家治水"与"官僚治水"两大派系。1935年的黄河董庄决口事件便是二者的一次重要交锋。

提出董庄堵口计划的孔祥榕，是孔子七十五代孙，毕业于京师译学馆，长期从事水利工作，在董庄堵口之前，孔祥榕曾在永定河河务局任上主持过永定河堵口工程，在黄河水灾救济委员会任上主持过黄河长垣冯楼堵口及贯台堵口工程。他也是"官僚治水"的代表人物，一贯主张保守的"堵口"策略。"堵口"既能标榜政绩，又能向社会表现政府爱民救国的形象，即所谓"近效最著、言论最盛"。而且自清代以来，堵口成为黄河治理的主要措施，几乎逢决必堵。在黄河下游地区甚至形成了普遍存在的堵口风俗——民众会在堵口前举行祭礼，以求得到"大王""将军"的保佑。而堵口成功之后，往往还要建祠立碑，歌功颂德。（尹北直：《民国防汛减灾工程决策的非技术因素探析》，《中国农史》2010年第2期）

两度赴德留学的李仪祉是我国现代水利建设的先驱，"专家派"的代表人物。他在《黄河之根本治法商榷》与《黄河治本的探讨》等文中，一改我国几千年来只着眼于黄河下游的治水理念，主张治理黄河要上中下游并重，被认为将我国治理黄河的理论和方略向前推进了一大步。关于董庄决口抢险，李仪祉根据现场巡察情况及民国十四年濮阳决口的成功处置经验，提出了开埝掘堤、导流入本的"因势利导"方案。但山东方面以舍小救大、民意难遏为由，并未执行。此前李仪祉因孔祥榕升任黄河水利委员会副委员长，便已萌生退意。待堵口计划确定便更加心灰意冷，最终辞去黄河水利委员会委员

图 13　董工办公处大门。摄于 1936 年 1 月 16 日

图 14　东坝里头后之进占埽基。摄于 1936 年 1 月 9 日

图 15　西坝进占。摄于 1936 年 1 月 11 日

图 16　自第四挑水坝坝头远望西坝进占。摄于 1936 年 1 月 11 日

图 17　第二引河放水。摄于 1936 年 3 月 20 日

图 18　合龙时之一刹那间。摄于 1936 年 3 月 27 日

图 19　合龙占已沉入水中。摄于 1936 年 4 月 5 日

图 20　月堤开工。摄于 1936 年 4 月 1 日

图21 灾民演戏酬神。摄于 1935 年 8 月 29 日

长一职。

如今看来，就当时的情况而言，"堵口派"的策略确实比李仪祉的"因势利导"方案更符合政府和民众的诉求。李仪祉的辞职也并非只是意味着"专家派"逐渐式微，如其在《本年董庄决口救济水患之失机》中所言："黄河之利害关系如是之巨，而不能使其脱离地方性，则势必省与省相逆，县与县相逆，如是尚能言治河乎？"——以统一河政为目标的黄河水利委员会并未改善各地分治黄河的困境。

（图片由云志艺术馆提供，原载《老照片》第128辑，2019年12月出版，
稍有修订）

1936年：东征期间的两张红军合影

毕醒世

这两张红军战士的合影拍摄于1936年，拍摄地为陕北清涧县。从摄影史角度来看，它足以证明，这一时期，穷乡僻壤的陕北小城清涧县已经有了像模像样的照相馆了，而且其摄影水平、照片的装裱水平都与大城市的照相馆没有差别了。就这两张照片本身来看——普通红军官兵到照相馆拍摄的合影——也是极其罕见的。

最著名的红军肖像照，即毛泽东戴八角帽、穿红军服的照片，是美国记者斯诺于1935年7月在陕北保安县所拍摄。许多红军将领的肖像照基本上都是由记者或其他自由摄影师拍摄的，很少发现有在商业性的照相馆拍摄的。

这两张红军照清晰度很高，可以从照片上人物的着装、配饰中看到丰富的细节。红军官兵的服装是崭新的，而且上衣纽扣是金属的。用高倍放大镜可以看到他们军帽上的缝制红五星的针线脚；所穿的布鞋也是新的，而且是当时山陕两省流行的"牛鼻梁鞋"。他们腰间系有皮制子弹袋，插有装着满弹夹子弹的驳壳枪。从这些稚嫩的脸上可以看出，他们的年龄都不大，也就二十岁左右。

由照片主人在两张照片上题写的文字中可以得知：一、这是照片的主人与战友乔志刚、郭立德的合影（图1），以及与战友宜立军及宜立军之弟的合影（图2）；二、拍摄时间为1936年，地点为陕北。

两张照片使用了同一张布景，说明是在同一个照相馆拍摄的。封三照片的底衬上印制了照相馆的标志：图案标识为一架飞机，机翼上都写有"新生"的字样；飞机的下方有中英文标识，英文为"HSIN SHENG ART PHOTO

图1 图注："1936年，在陕北与战友乔志刚、郭立德合影。"

STUDID"，中文为"新生照相馆 陕北清涧县"。

红军、1936年、陕北清涧县。这三个要素给我们提供了探究两张红军老照片所反映的历史的重要路径。

1935年10月，中共中央及中央红军（红一方面军）长征到达陕北。1936年2月，中共中央发布了《东征宣言》，宣布"为实现抗日，渡河东征"。同时组建中国人民红军抗日先锋军总指挥部，由彭德怀任司令员、毛泽东任政治委员、叶剑英任参谋长，下辖红一军团、红十五军团和新编的红二十八军、二十九军、三十军，共两万余人。

此时，清涧县成为红军东渡黄河的桥头堡和总后方。4月14日，红军将领刘志丹在山西中阳县三交镇的战斗中光荣牺牲。后来，毛泽东为他题碑：

图 2　图注："1936 年，在陕北与战友宜立军和他弟弟合影。"底衬上印有"新生
照相馆""陕北清涧县"的字样

"群众领袖，民族英雄。"周恩来为他题词："上下五千年，英雄万万千；人民的英雄，要数刘志丹。"

红军东征历时七十五天，在军事上、政治上都取得了重大胜利。在军事上，给阎锡山的晋绥军以沉重的打击，迫使"进剿"的晋绥军撤回山西，恢复和巩固了陕北苏区。这期间，有八千多名青壮年参加红军，壮大了红军的力量；筹款五十万元，并获得一大批军需物资，缓解了红军抗日经费与物资缺乏的困难。

东征结束，红军退出清涧县。1936 年 6 月，国民党汤恩伯第十三军"进剿"清涧县，并直入绥德等多个县。

与以上史实相联系，我们对于这两张红军合影所反映的历史细节就有了进一步认识：

一、照片拍摄的具体时间应为 5 月。陕北的春天十分寒冷，人们不可能穿单装，照片上的人物穿着单军装，其拍摄时间应该在 5 月初之后。

二、红军装备得到补充。两张照片中的红军官兵穿的都是新军装。根据史料记载，红军第一批制服是在 1929 年 3 月攻下了闽西重镇长汀城后，仿照苏联红军的军装和列宁戴过的八角帽式样赶制了四千套军装。之后，各方面军仿照这批制服制作了大批军装。红军长征时期，各方面军的给养虽然得到不同程度的补充，但是经历了春夏秋冬四季，他们的着装早已五花八门、衣衫褴褛了。这两张照片给人们提供了一个重要的历史佐证：东征胜利后，红军服装得到了一定的补充，而且质量非常好。照片中的红军官兵装备精良，腰系子弹袋，腰插装着满弹夹子弹的驳壳枪，装扮非凡，难得一见。可以推断，这是东征后红军的武器弹药得到大量补充的结果。

三、陕西、山西大批青年加入红军队伍。通过互联网搜索，一时还难以查明这些红军官兵的身份；查询陕北红军名录，也还没有找到结果。但是，可以初步推断，他们可能是保卫大首长的警卫人员；从年龄及姓氏推断（陕北子长县和山西省部分县宜姓居多），他们中有可能有山陕籍人士，这当然也与东征红军得到扩充有关。

（原载《老照片》第 134 辑，2020 年 12 月出版）

韩复榘焦土抗战剪影

赵晓林

韩复榘是个颇具争议的历史人物。1930 年至 1937 年韩复榘督鲁期间，一方面为增强与南京国民政府分庭抗礼、保持半独立的实力，截留地方税收，扩充自己的军队；一方面为巩固个人的统治，捕杀大批共产党员、人民群众，镇压共产党领导的农民武装暴动，并大力推行"清乡""剿匪""澄清吏治"。而另一方面，他重视发展地方经济和文化教育事业，推进"乡村建设""新生活运动"等，推动了山东的经济社会发展。

韩复榘最受人诟病的就是抗日中的表现。

一、炸毁黄河铁桥

其实，韩复榘在弃守济南前，对于日军侵略并非没有做一点抗争。

抗日战争全面爆发后，韩复榘任第五战区副司令长官兼第三集团军总司令，负责指挥山东军事，承担黄河防务。这时，日军沿津浦铁路大举南侵。1937 年 9 月下旬，日军由北平、天津向南进军，前锋部队不久就抵达了山东德州一带。

10 月初，韩复榘奉命将所部的军队全部由胶济线的高密一带调往津浦线。到了这个时候，韩复榘已经无法回避对日作战的问题，在 11 月上旬，他亲率手枪旅（当时已换成步枪）和朱世勤的特务队，渡过黄河在德州地区迎战日军，与日军进行了一场激烈的战斗。冯玉祥率韩复榘的曹福林二十九师在禹城对日军进行正面抵抗，韩复榘率手枪旅在左翼抵挡日军进攻。这一战，韩复榘可谓实打实地硬碰硬。韩复榘的三个师损失过半，战斗中，蒋介石又临时调走大批炮兵，武器装备的落后导致韩复榘的部队战斗力迅速下降。为了保存实力，韩复榘舍弃了德州，往济南撤退。

韩复榘亲率的手枪旅贾本甲团在济南北部济阳县的一个村庄被日军追上并包围，双方激战。韩的卫队长牛耕林阵亡，士兵也伤亡惨重，韩复榘差点被日军俘获，所幸当时他骑一辆摩托车冲出包围圈，一路向南狼狈地逃回济南。

11 月 14 日，日军已进发到黄河北岸，占领了鹊山，并血洗了山下村庄。济南城已在日军眼前。这时，韩复榘部队已经全部退守黄河南岸，对于日军的进攻已颇为忌惮。

15 日，韩复榘下令铁路工程队炸毁泺口黄河铁桥，希望能延缓甚至是阻止日军渡河。而这次炸毁铁桥，也是韩复榘实施"焦土抗战"的第一步。

从图 1 中可以看到，被炸毁的泺口黄河铁桥从中断裂，扭曲的钢铁桥身大都卧在河水中，坚硬的钢铁竟然显露出一种凄然之态。据记载，铁桥第九、

图 1　被炸毁的津浦铁路黄河铁桥

十号桥墩水面以上全部被炸飞，第三、四、五、六、七、八各孔钢梁均一端坠入水中，三孔悬臂梁断裂后也坠入河中，钢梁杆件被炸毁、炸伤八十七处之多。

铁桥虽然被炸毁了，但并没能阻挡住日军侵略济南的脚步。日军抵达黄河北岸后，几乎只用了一天的时间就在黄河铁桥的东侧，紧挨着铁桥搭建了一座浮桥。日军就从此浮桥上渡河向济南城进发。（图 2）

23 日，日军第十师团两万余人兵分两路，自齐河与济阳渡过黄河包抄济南。韩复榘命第三集团军第十二军孙桐萱部断后，日军到达济南城边时的 12 月 24 日晚 8 时，韩复榘从西门经商埠到白马山火车站，坐钢甲车带领部队弃济南南下泰安。

弃守济南之前，韩复榘下达了"焦土抗战"令，命令部队放火焚烧古城内和商埠区的一些重要建筑，实施坚壁清野。焦土抗战，简单地说，就是放火烧掉任何可资敌用的财物、设备和房屋，以期以空间换时间。

当时被烧毁的济南市的重要建筑都有哪些呢？

图 2　日军通过浮桥渡过黄河向济南城进发

213

二、被烧毁的珍珠泉大院

焦土抗战，被烧毁的最重要的建筑当属当时的山东省政府珍珠泉大院了。

1930年9月5日，南京国民政府任命韩复榘为山东省政府主席。9月11日下午3时，韩复榘在珍珠泉政府礼堂宣誓就职。

这座大院的历史非比寻常。

金蒙之际，山东行尚书省兼兵马都元帅、知济南府事张荣首次将珍珠

图3　韩复榘逃跑后的公署内景，尚有部分建筑残存

泉周边圈起来，修建府邸。进入明朝，山东都指挥使司接手珍珠泉大院，改为都指挥司衙署。成化二年（1466），明宪宗朱见深下旨给德王朱见潾，许其将驻地迁至济南，并将都指挥司署进行扩建，改为德王府。崇祯十二年（1639），清兵攻入济南城，末代德王朱由枢被俘虏，清军将德王府付之一炬。清康熙五年（1666），山东巡抚周有德选定德王府旧址修建了巡抚衙署，济南百姓遂俗称此处为"抚院"。

因济南三大名泉之一的珍珠泉位于其内，这座官府和明清时期山东地区最高主政人的府邸，就被济南人称为"珍珠泉大院"，一直被济南人所高看。

辛亥革命后，军阀张宗昌等先后主政山东，"抚院"就成了督军衙署。直至国民政府接管山东后，韩复榘任山东省政府主席，又改为山东省府，内设衙门，并命人将青州明衡王府的奇花异石运输至大院内重新装饰。

自民国之始至中华人民共和国成立，共有二十二位山东行政长官在这座

图4　韩复榘逃跑后的公署内景，一片狼藉

图5　韩复榘公署内的防空洞

珍珠泉大院办公、居住。

　　韩复榘率部弃城而逃后，焦土抗战在珍珠泉大院和城内外同时施行。那么，珍珠泉大院到底被损毁成什么样子呢？通过当时日军拍摄的照片（图3、图4）可以看出，大院内外可谓狼藉一片，院内建筑大多被焚毁，瓦砾杂陈。韩复榘住的"东大楼"、五开间悬山顶的衙门大堂和西侧小跨院，也被烧、砸得残破不堪。后来日军将此处用铁丝网围起。

　　这时，只剩下大门内的原巡抚大堂及其僚属办公的原腊园，还基本保持完整，幸逃得"焦土"之灾。

　　另外，从日本随军记者拍摄的照片（图5）中可以看到，在大院内还有一座体量甚大的防空洞，位置应该就在韩复榘办公的大堂不远处。但是，这座防空洞没起到作用，可以说只是韩复榘抗战的"装饰品"。

三、古城内被烧的重要建筑

除了珍珠泉大院，济南城内外还有多处建筑被毁，比如当时的山东省财政厅、已立近三十年的山东省图书馆以及中央银行济南分行等。

国货商场，在 20 世纪 20 年代末到被烧毁之间这个时期，可是济南非常有名的所在。

1927 年，山东督军张宗昌在趵突泉南侧不远处修建了一处楼房，并将原在此处的工艺传习所改名为劝业场，意思为此处可以劝兴实业。然后，他又下令将趵突泉周边的摊贩尽数限期迁到这个楼房内经营，这座劝业场由此兴旺起来。

韩复榘主政山东后，劝业场北侧的平房也被改建为二层楼房，大门设在东北角。同时还颁发了一个规定，要求在此处经营的商户不得出售洋货，并在其中专门开设了一处国货陈列馆，每年举行一次长达一个月的国货展览以

图 6 被烧毁的国货商场

图 7　国货商场被烧毁后，依然有济南人前来

及国货竞卖会。院中还有花坛等，有一点花园商场的味道。从这时起，劝业场有了个新名字——"国货商场"。商场里经营的商品在当时算是很丰富的，设有百货店、食品店、布店、鞋帽店、理发店、旅馆、饭店、医药门诊等，还有当时属于新鲜物的照相馆、电影院、书店等，吃喝玩乐俱全，可以算是济南历史上第一座商业综合体了。

　　从图6、图7中可以看到，整座国货商场只剩下了建筑主体的承重墙体，地上一片瓦砾，显得非常破败，但还是有摊贩上在瓦砾上摆摊。

　　1929 年 8 月 23 日，山东省教育厅在济南南关毛家坟成立了山东省立民众教育馆，由山东公立通俗图书馆、社会教育经理处、通俗教育讲演所合并而成。1930 年 9 月，馆址迁移至济南贡院墙根。

　　这座民众教育馆在当时可是济南，甚至整个山东省都非常有名的教育场所。即便是这么一座对民众进行基础教育的文化场所，在焦土抗战中也未能幸免。其中核心的建筑——民众会场被烧得只剩下了大门和左侧两面墙壁（图 8）。

图8 只剩下两面墙壁的山东省立民众教育馆

实施焦土抗战,韩复榘就连自己创办的产业"裕鲁当"也烧了。1932年,韩复榘在济南按察司街南头路东开办了官办的"裕鲁当"当铺。其实,开办这间当铺,韩复榘还不完全是出于敛财的私心,更重要的是他要利用这间当铺施行经济抗日。

韩复榘主鲁后,为了抵制日本人的典当业在山东的势力,以"裕国便民"为宗旨开办了"裕鲁当"。据他说,当铺"过去公的私的都没办,一任外国人去办,那就不好了,所以必须自己去做,暂时做不好也要去做。我个人自十九年(即1930年)看到这里,曾竭力与地方实业家协商,许多人觉得危险不肯办;有人要公家出本他去做,利是他的,断无此理,故决定官办"。

1934年12月2日,韩复榘又在商埠内的七大马路开办了"裕鲁当"分当。两间当铺的生意都非常好,对于打击当时日本人在济南的经济垄断还是有很大作用的。

图9中可以看到,"裕鲁当"被烧得只剩下了部分墙壁。

图9　被烧毁的裕鲁当

四、商埠区的建筑被烧毁得也甚是惨烈

　　济南古城以西的商埠区，历来为日本人看重。1928年"五三惨案"时，日军就是首先占领了商埠区，然后再进攻古城占领全济南的。韩复榘深知这一点，所以商埠区的重要建筑也没有放过。

　　首先被烧毁的是济南府电报收发局，这座建于1904年的西式建筑，是济南市最早的电讯建筑，位于当时的胶济铁路济南站的西侧、津浦铁路济南站的西南侧。这座建筑因为其特殊功能，重要性不言而喻。于是，也成为焦土抗战的重要目标。

因为是以石头为建筑材料，所以被烧后，济南府电报收发局的建筑主体仍在，只是内部架构和设施全部焚毁了（图10）。

　　济南市的第一座广播电台，就是韩复榘倡议创办的。1931年7月10日，山东省政府召开政务会议，决定筹建山东省会广播无线电台，选定济南经四路小纬六路原商品陈列所旧址为台址。会后，即开始建设，到1933年5月1日正式建成播音。电台后搬到中山公园内，并建有两座三十多米高的铁塔，架设了T型天线。这是济南第一座公共电台，其实也具有军事功能，是当时济南市非常重要的现代化建筑。从图11中可以看到，被烧毁的电台主体建筑外壁等保存完好，但窗户及内部设施则全部被烧毁。

　　还有一处非常重要的建筑，即便和民生有紧密关系，但也没有逃过焦土抗战政策，几乎被完全烧毁，这处建筑就是济南医院。

　　这座医院的全名是同仁会济南医院，是济南早期的教会医院之一，其前身是"万国缔盟博爱恤兵会医院"。1915年，由日本山东铁道管理部庶务科卫生部接管，改名为"青岛守备军民政部铁道部济南医院"。1917年3月迁

图10　被烧毁的济南府电报收发局

到经五路，开始修建新的医院院舍，11月建成交付使用。1925年归日本同仁会管理。1945年8月与流亡安徽阜阳的山东省立医院合并，正式统一使用山东省立医院名称，并沿用至今。图12上的大楼即此医院主楼，现仍作为办公楼使用。

图12显示，焦土抗战后的济南医院主楼被烧毁，只剩下了主体建筑的四面墙壁。这座建筑在1938年开始修复，到1943年才修复完毕，现存即为修复后又加高了一层的建筑。

旧时的济南商埠区内，各种西式建筑和中西合璧式建筑林立。其中，商业建筑为数最多。中国国货公司是当时商埠区较大的百货商场，而金水旅馆据说有外资背景，是当时济南少有的规模较大的西式旅馆，但在焦土抗战中，这两座服务型建筑也是难逃火烧的命运，只剩下了外墙还显露出一点繁华的"风采"。（图13、图14）

上面列举的这些被烧毁的古城和商埠区的重要建筑，只是焦土抗战中被"牺牲"的一部分。清末以来，这些建筑在济南的发展中起到了巨大的推动

图11 被烧毁的济南电台

图 12　被烧毁的济南医院

图 13　被炸毁的中国国货公司

图 14　被烧毁的金水旅馆

作用，也是济南社会和经济发展的重要见证。虽然其中如济南医院等民生建筑后来被修复，但对于被烧毁的所有建筑来说，只是寥寥数例而已。

韩复榘的焦土抗战，对于当时济南的破坏几乎是全面毁坏性的，也是济南在近代遭遇的重大劫难之一。

1938 年 1 月 11 日下午，韩复榘被蒋介石以参加北方将领会议为名，邀请至武汉即被捕，不久被押至汉口。21 日上午，刚组成的军法执行总监正式对韩复榘进行审讯。24 日，韩复榘以"违抗命令，擅自撤退"罪被处决。其灵柩葬于豫鄂交界处的鸡公山，墓前立一石碑，上刻"韩复榘之墓"。

韩复榘死后，《中央日报》向全国发布消息，并宣布了他的"十大罪状"。

（原载《老照片》第 143 辑，2022 年 6 月出版）

寻访 24 道拐

林冠珍

与友人自驾游，快乐地穿行在多彩壮丽的云贵高原。得知贵州晴隆是著名的 24 道拐所在地，立即飞驰而去，以身临其境，目睹这闻名遐迩的世界奇观。

2015 年为纪念中国人民抗战胜利 70 周年，曾编辑了一套大型图册《美国国家档案馆馆藏精选·中国与二战秩序》，其中一册为《重庆与中缅印战场》，内收有一张 24 道拐的老照片。这张照片是美国随军记者约翰·阿尔贝特于 1945 年 3 月 26 日拍摄的。画面上，一条蛇行逶迤的盘山公路在崇山峻岭中穿行，一队长长的军车在公路上负重前行。24 道急转弯的险峻完整展现在画面上，给人强烈的视觉冲击力，看过便永世不忘。二战期间，这是一条关乎中华民族生死存亡的交通大动脉，援华战略物资就是经滇缅公路到达昆明后，再进入滇黔公路这段 24 道拐源源不断地运达陪都重庆。照片一经发表，就轰动了世界，在国内外广为流传，成为中国抗战生命线的典型标志。

当年为了拍这张照片，在当地老乡的帮助下，美国随军记者爬了一整天的山，才找到最佳拍摄点，把这条抗战生命线的陡峭、险峻、神奇、雄伟、壮美表现得淋漓尽致。

滇黔公路于 1927 年，由各地绅商筹资修建，时修时停。1935 年中央政府出资，1936 年 9 月才贯通了这条唯一连接中国东部和西滇边陲的国道。24 道拐便在这条道路上。

24 道拐所处之地，古称鸦关，位于晴隆县莲城镇南郊 1 公里，盘旋于雄峻陡峭的晴隆山脉和磨盘山之间的一片低凹陡坡上，有"一夫当关，万夫莫

图 1　1945 年，美军记者拍摄的 24 道拐

图2 1943年7月7日，史迪威与宋美龄在交谈

开"之势。明清时代，此处是蜿蜒的古驿道。鸦关之雄险，名闻滇黔，明嘉靖年间，诗人周文化由此路过，留下了"烈哉风高仰万山，云空叶积马蹄艰。一为行省衣冠地，便是雄图锁钥关"的诗句。

置身在群山之中，眺望雄关漫道，似一条蛟龙盘旋而上，腾空而去。耳畔仿佛又传来当年山谷里间叮叮当当的筑路声，军车马达的轰鸣声，敌机投弹的爆炸声……

1942年，日军切断了国际社会向中国提供战略物资的滇缅公路，中缅印战区美军总司令、中国战区参谋长史迪威将军即谋划从印度经过缅北重修一条到达中国的陆上运输线，连接滇缅公路，也延伸了滇缅公路。为了早日筑成这条生命线，史迪威指挥中国远征军一面攻击日军，一面修路开道，出现了战争史上罕见的路修到哪里，仗就打到哪里的局势。美军少将刘易斯·皮克说："这是美军自战争以来所尝试的最为艰苦的一项工程。"1943年11月，

图3　1944年9月11日，美军在靠近滇缅公路的山里安营扎寨

援华美军司令部为完成每月输送1.5万吨援华抗战物资需要，从盟军昆明战区办事处调来美军公路工程部队第1880工兵营负责改建、维修24道拐。这个工程的完美实施和保卫，是中美两国建筑专家的杰作，也是一首中美两国人民在反法西斯战争中并肩战斗的史诗。

修筑24道拐时，晴隆县男女老少齐出动，能拉能驮的牲口也全部上阵。当年人口不足5万的晴隆县城，就有3800余人投身抗战，保家卫国。

1945年2月4日，蒋介石发表了广播讲话，将这条援助中国的国际通道称为"史迪威公路"。24道拐由此载入抗战史册。

可遗憾的是，几十年来，国内外中国抗战史专家，各种媒体人百般寻找，都不知道24拐究竟藏在哪个深山里。直至2002年才在一位日本老兵的提示下，在贵州晴隆找到了当地人人皆知的24道拐，成为当年的新闻事件。

2006年，24道拐被国务院公布为全国重点文物保护单位，现在这里已

图4　1944年9月6日，史迪威与何应钦在重庆机场

图5　中国民工与美国工兵塑像

图 6　美军士兵与中国民工借火点烟的青铜塑像的原型

被开辟成景区，也是当地的爱国主义教育基地。在纪念馆前，有一座美军士兵向中国民工借火点烟的青铜塑像，生动地表现了盟军携手在反法西斯战争中用鲜血凝成的友谊。当年美军记者的拍摄机位点，现在设了观景台，每一位到访者都能拍到与美军记者拍的一模一样的照片。历史仿佛凝固在了这里。

直至 1945 年日本投降后，美国工兵才撤离晴隆。2013 年为了揭开这条抗战生命线的神秘面纱，影视公司拍摄了 30 集电视连续剧《24 道拐》，2015 年在中央电视台播出。拍摄基地复活了这里美军的工兵营、车站、加油站、高炮阵地和中国军队的后勤医院、指挥营等历史遗迹，建起了"史迪威小镇"。俯瞰绿树丛中，有了充满异域风情的美式乡村建筑，也有了咖啡屋、酒吧、吉他和小提琴。这里的宾馆，称为"大世界饭店""国际饭店""安乐酒家""太平洋旅社"等，具有国际化的时尚，成了美丽的"东方卡萨布兰卡"，一派恬静祥和景象。

在纪念中国人民抗日战争暨世界反法西斯战争胜利 70 周年之际，2974名晴隆县民众手持火炬，在黑夜中点亮了 24 道拐，火龙呈祥，让历史告诉未来，和平是每一个人心底永恒的夙愿。

（原载《老照片》第 121 辑，2018 年 10 月出版）

一本抗战日记

冰 德

这是一本抗战时期的日记。

日记本的主人是一个名叫辜俊英的泉州人。他曾是马来亚华侨各界抗敌后援会的主要发起人之一；他因积极组织海外华侨抗日救亡运动，在延安受到毛泽东的接见，并得到他的亲笔题词。他的这一本日记本，记录了1937年至1938年国内抗战的烽火岁月，历史价值弥足珍贵。

1996年，泉州市筹建泉州华侨历史博物馆时，向各地征集有关华侨的实物和资料，其子辜诗鸿先生将这本《洪涛日记》及其他实物一并捐献出来。

日记为红皮精装，共计483页。日记封皮正面印有"中华民国廿七年生活日记""1938"字样，侧边印有"中华民国廿七年生活日记"字样，日记写有"洪涛"的名字，备注时间为1937年12月。日记开头几页分别印有中华民国廿七年周历表、岳飞的"还我河山"字样等，中间穿插名人撰写的抗日诗文及军民抗战图片，每一页页脚印有抗战语录，附录印有国难资料、防毒常识、防空常识等。其中还有苏荣在爆炸声中写出的那首《全民抗战歌》。

有关专家表示：辜俊英以"南洋华侨战地记者"的身份，记录从马来亚到延安沿途的所见所闻，反映日本侵略者给中国人民带来的深重灾难，是难得的第一手资料。

图1 辜俊英，1938年在武汉留影

辜俊英为"记者团"领队

辜俊英，笔名洪涛，系旅居马来亚的永春籍华侨。1929年加入中国共产党，1930年任中共永春县委军事委员，年底带队攻打东溪陈铁卿民团，遭到国民党通缉，避往厦门时又找不到组织，遂浮海南渡马来亚。抗战爆发后，与粘文华（晋江人）、苏棠影（同安人）、王宣化（南安人）共同发起组织星

图2　日记本封面

马（新加坡和马来亚）华侨抗日后援会（简称抗援会），领导星马工人大罢工，四人被称为星马抗日"四君子"。

1937年11月，马来亚侨报《星洲日报》《南洋商报》等十余名记者组成"南洋华侨战地记者通讯团"（简称记者团）回国采访、宣传、支援祖国抗战，辜俊英为领队。

1937年12月，记者团由新加坡出发，经香港、广州、长沙、武汉等地，于1938年2月到达延安。记者团在延安期间进行一系列的活动，并得到毛泽东、周恩来等领导的亲切接见。任务完成后，于1938年5月离开。在整个活动过程中，辜俊英写下这本长达十万字的日记，内容除辜奔赴延安沿途的所见所闻之外，还谈到了与中共领导人会见的具体细节等。

广九线上的各种见闻

辜俊英在第一篇日记写道："广九路线，最近一个月来，每天都有飞机轰炸……"辜俊英体味乱世民生，尝尽人间疾苦，他用记者特有的敏锐记下这段艰难的历史。

1938年1月1日，防空警报声响起，辜俊英在一位老人开的小商店躲避敌机来袭。经交谈了解到，老人已经七十岁，参加过北伐。谈话中，老人说的一席话颇耐人寻味，他说："国民党的官根本不行，都在贪污，用了很多钱去做防空壕，结果，炸弹未炸死人，在防空壕里面避难的却被防空壕压死！"

三七年十二月廿二，星期三，于广州市新华酒店晚上四点五十分,乘广九车赴广州,一路刺骨的寒风迎面袭来,我禁不住打着寒噤。

广九路线最近一个月来,差不多每天都有敌人的飞机来轰炸,敌人企图主要是破坏我陆路交通,因此广九路的车因避免敌人袭击的缘故,最近都完全改为夜里开车,但是有时候也要受着威胁。

当天我们车抵深圳站中英地界时,有中国武装士兵在那儿防守。车停片刻,几个武装战士立即登车,最初我疑是上车检查车上搭客行李,或检查车上有没汉奸间谍之类混进我们的国土,车开行后,指挥员命令他们分散到各车厢,雄赳赳手拿着驳壳枪。平常我看见中国的士兵很怒他,这次却不同,我看见中国的武装同志,觉得他们可爱,可敬,因为这次中日战争,我们的武装战士特别勇敢,整团整营壮烈牺牲。向敌人冲锋肉搏,他们不表示屈服,他们这样伟大的精神,纠正我过去对他们的感受。

他们是宪兵,被派来保护搭客的。

过了这车站后,不久,大地被黑暗所征服了。

沿途有些村落的屋子,门扉洞开,充满着空虚、寂寞的气氛,有些更不幸的在敌人的炸弹爆裂下葬送了那衰颓的生命了。

车抵樟木头车站,候车的搭客颇多。这站几天来香港的报纸常常登载被敌机轰炸的消息,果真,站上的屋盖被炸毁了,许多洞,在黑夜里透着灰暗的余光,显然被炸得相当严重。铁轨旁被炸的弹穴,仿佛是天然的战壕似的。

不久,经广州开来的火车在这站和我们碰头,里面满载着逃难的难民,行色匆匆,看来很可怜。

车开后,有三位着黑色制服的警官到我们坐的车厢检查一个外国人,非常严厉,看了护照,又问了很多话,后来那个警长又拿一份印中英文的格式纸给那个外国人填写,这恐怕就是我们在香港报纸看到登载的一则新闻说,"有个英国人当日本间谍,被我广州当局逮捕"的缘故,所以,对外国人要到中国境地,都要受严格的检查。

到了广州站,站上堆着很高很高的沙包,武装宪兵在站上严密防守

图3 广州被日军飞机轰炸后

着，目光直视着每个下车的搭客。

我们一行人分乘两辆汽车到太平路新华酒店住宿。

敌人进攻华南的空气最近虽然很紧张，但是广州市几条大的街道还是很热闹，酒店对面的茶楼出入的人颇不少，茶楼的歌伶的声音却调和了这布满战时状态的广州市。

三七年十二月廿三，星期四，记于广州新华酒店

早晨起来，鲜红的太阳把这恐怖的羊城晒得像血造成的长城似的，它显出被敌机炸后衰颓的景象。

八时二十分钟，吁吁吁……第一次敌机来的警报向市民报告着，可是大家司空见惯，马路上的车马人群照常驰骋往来地走着，一点都不见他们有惊慌的状态。

关于市上的空防，有关于军事的秘密，一点都不给你看到，因为提防汉奸告密给敌人有机会来破坏，所看到的不过是一部分建筑物把墙壁

刷了刷深灰色,屋顶上面用竹编成,把整个屋顶盖着,下面门前堆着高高的沙包,防御炸弹落在街道上爆炸,这些都是消极的防空……不能克服敌人给我的威胁。

不过,在日记中,主人也对中国军人对日本飞机到处轰炸予以还击,作了详细的记述。

我高射炮准确,每一颗炮弹都在敌机距离很近爆炸,因此,敌机在我高射炮四面围攻的威胁下向西飞去,在郊外西村轰炸广九路。

俄顷,又有六只敌机从虎门方向侵入,我四百高射炮又一阵密集连珠似的向它扫射,结果它又是怕死向西飞去,敌机抛下来的炸弹,看得很清楚,炸弹抵地时,爆炸声,马上作响,黑烟被炸物立即向上空沸腾,这时候我们七个之中,庄明崇(记者团成员)最怕死,他连头伏在地上,动弹都不敢,我想一个人在平常说他怎样勇敢,要为国牺牲,在这种场合是我们年轻人的试金石,谁勇敢谁怕死,谁动摇,是没有办法掩饰的。

差不多二十分钟之后,敌机远逃了,我们再上七十二烈士坟前行礼,追忆他们过去的伟大精神,在这民族存亡时,我们该怎样去继续他们未竟的工作,去为民族生死存亡奋斗,我们对死者的致敬亦就是这个意义。

在陇海线火车上

大家听了起火车难的消息,更苦煞起来。

天黑了,站上的灯光灰暗地亮着,只看见站上每一个黑影被寒风吹得发出颤抖的声音,大家空着肚子,又饿又冷,不敢离开车站,恐怕吃了饭,火车来了赶不着,迟疑不敢离开车站一步。

我们还剩几个冷硬的馒头,肚子饿了,什么都好吃呀!拿起来狼吞虎咽地细嚼着,车站一滴水都没有,馒头送到喉咙里,喉咙觉得发痛。

图4　日军飞机炸毁了广州的建筑

　　有一个兵士走近我的跟前，和我行个军礼后，告诉我他是在前线战场受过伤，经后方医院治疗后，现在好了，要再到前线——徐州归队去杀敌。可是他从医院出来，身上没有一个铜子，饿了三天没有吃，要我帮助他一点钱给他吃饭。他一面讲，一面两只饿饿的眼睛朝着我手上的馒头，嘴里吞着口涎，仿佛像告诉我，馒头应该分一点给他吃似的。我看了他的样子很可怜，胸前的军服印着一个大大的红"十"字，证明他是受伤的战士不错，我的心坎仿佛像把刀刺着，我对他特别表示同情，但是我身上同样是没有钱板，要朋友们帮助，没办法把吃了一口的馒头送给他，摸摸袋子里还剩下、没有人吃过的，都送给他吃顿饱，他接手，三四口就把一个馒头吃得光光。他边吃边向我道谢，我虽然尽了自己能力所及，可是内心同样是难过，觉得目前最严重的问题，就是伤兵难民的救济问题，因为成千上万的伤兵难民，如果政府能够好好设法去救济他们，是将来抗战的一支生力军。相反的，他们流离失所，没衣没食没得住，很可能给敌人卖命，帮助敌人消灭自己的国家民族，我真是替国家前途担心！

七时左右，火车才到，大家兴高采烈，一阵抢车骚动。经过十几分钟的骚乱，至车开行才平息。

在武汉参加慰劳伤员

1938 年 1 月 31 日，辜俊英在武汉，加入慰劳队到汉口八家伤兵医院慰问来自战场的伤员，其间得到很多有价值的信息和资料。

前线的给养非常成问题，士兵常常饿了四五天，连一粒饭一滴水都没有补充，尤其是在那冰天雪地、风雨交加时候，许多士兵还穿着单衣，饥寒交迫。前线缺乏药品，有些伤兵无人照顾，白白地死去，如果是和日本打仗，为保卫祖国而死那才是光荣的。老百姓帮助很大，不仅补充给养，还指示地形、提供情报、救护伤员等。

第五陆军医院在市区，有六七十个伤兵，分两个地方，医院里设备太简陋，没有一个看护妇，或医生都没有看见，也许他们都回家过新年去了，伤兵住的地方，肮脏透了，黑沉沉，没一丝光线，每个弟兄看见我们到那儿，他们是从惨痛中表现出一种说不出的愉快，人们从慰劳队的歌声中，和我们慰问中精神兴奋起来，他们要求多唱几首歌给他们听，我们回来，他们的情绪变坏，在那里呻吟。

普爱医院和协和医院是英国人办的，里面都是重伤的教员，普爱医院有重伤官兵二百多人，医生十多位（内英国人二位）、看护妇五十多人，还有女生看护八十多人，协和医院重伤官兵有一百四十一人，医生十多位（内英国人六位）、看护妇几十人，这两个医院设备最完全，空气清爽。据看护妇告诉我，医院里的经费、药品都是我国政府负担。

最使人注意的是，这两个医院里面有好几位英国女护士，讲国语讲得很流利，假使你不见她的人，听她讲话，绝不敢相信她是异国的女人。

因为我看她会说我们中国话，就赶前和她攀谈，她对我们这次抗战表示很同情，她告诉我，她们很愿意为中国服务，她对日本帝国主义侵略中国表示很愤恨。我告诉她我是从星加坡（新加坡）回来祖国服务，她又和我表示很亲热，以后我告诉她在马来亚的英国人以及其他种族，热烈募捐对中国援助，对日本帝国主义经济制裁、抵制日货等等消息，她听后表示很欢喜。

天主堂梅神父纪念医院是中国人私办的，里面的伤兵有一百零八人，医生只有二人，助手四人、看护四十多人，医院外表建筑很堂皇，空气也好，不过伤兵房设备稍差，卫生不太好。

天主堂医院，伤兵有二百多人，医生意大利人四人，其余是中国医生，全院共有十几位，医院是意国人办的，对待伤兵最坏，常常糟蹋伤兵，伙食也很坏，全院伤兵非常愤激，都表示不愿住在那儿。

那天慰劳队所到医院无不受到热情欢迎。

在另一家伤兵医院，里面的伤员告诉我，今天慰劳队能够进去还算

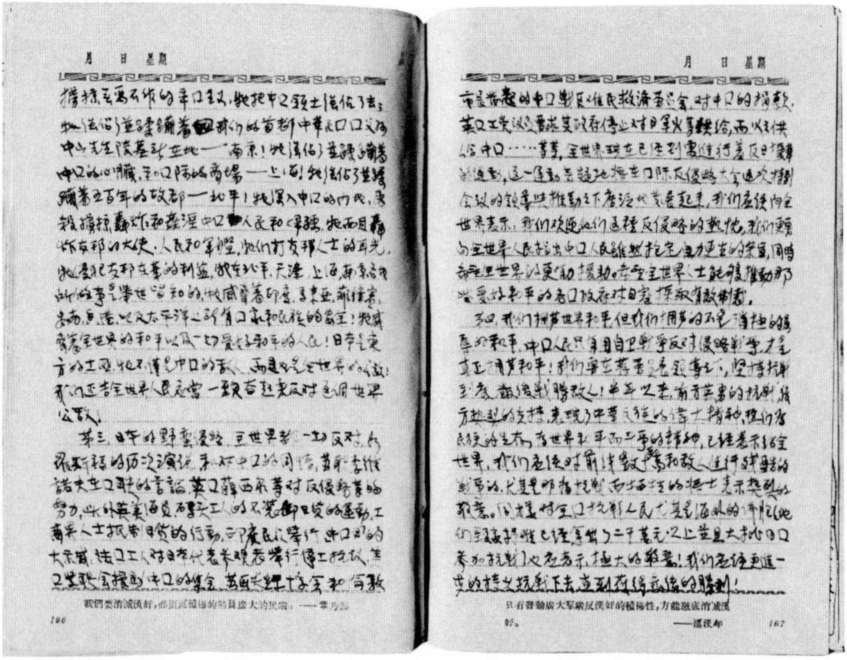

图5　日记内文

是第一次，以前很多次的慰劳队都不能进去，慰劳品也不能送进去。

平汉铁路汉口医院第一分院，里面有伤兵五十多位，医生十多人，医院是设在货仓里面，设备非常简陋。据医院的负责人告诉我，本来平汉铁路管理局原定计划沿平汉线要设五个伤兵医院，因受上海、南京方面军事失利影响，故暂设一个，医院设备虽然简单，但医药品很充足，看护也很周到。

同仁会汉口医院，是在前日本租界，医院里伤兵有一百多个，满壁上贴着很大幅的抗战漫画和生动的标语。医院里面的管理都是长官，每个伤兵房里有十多个人，一个热炉器，空气也很好。院里伤兵都是快要好的，能走动的占大多数，不过，里面有几位已经残疾，不能走动，但他们一点都不表示颓废，他们告诉我，他们虽不能再上前线杀敌，但愿好好在其他方面进行抗敌工作，我听后，深受很大感动。

经过这一天和慰劳队到汉口市各伤兵医院去考察和调查，每个医院的伤兵大部分来自东战场（上海、南京），北战场和西战场也有，不过比较少。伤兵医院的黑幕以及伤兵的痛苦，我是完全了解的，不过我觉得中国的士兵是勇敢的，敢于为国牺牲，是可以打走敌人的。

日记中的除夕

今天是（1938年）农历年的除夕，中国经过二十多年来的改除，结果还是除不了，依然根深蒂固的陈旧思想，还是普遍于整个中国，农村固然是文化不发达，可是文化的中心城市也是这样。

今年的元旦在广州过的，农历除夕，真的想不到在武汉过年，可是新历的过年与农历的过年我都没有过，不但是今年有这一个特殊的情形，就是这七八年来都是这样，几乎连过年那一天自己都不晓得，说起来也真是笑话。

武汉是敌人心心念念必攻的目标，在敌人飞机常常威胁下，武汉过去我虽没有到过，可是今年的除夕，一般看起来，还是很繁荣，不过，这个繁荣并不是指一般的繁荣，而是一种凄惨的繁荣，携老背幼的战区的难民，成群结队，在武汉随处可以见到，随处可以听到一种极凄惨的呻吟声。

有钱的不出钱，都跑到所谓安全的地方去逃难了，没钱的，逃不了，成群的难民没人救济，没有人同情，虽然还有许多人在欢乐过着除夕，喝酒，吃大菜，可是成千上万的难民在饥寒交迫底下呻吟、挣扎。假若不是日本帝国主义的侵略、蹂躏，炸毁他们的田园屋宅，屠杀他们父母妻儿兄弟姐妹，他们不必流离失所，他们不必在风霜雨雪，在饥寒交迫底下呻吟、挣扎，今天他们也许要欢乐狂舞，不然，最少他们免受这种惨痛。

晚上新华日报请吃饭，我本是不想去，因为我只是与记者团名义上的关系，关于我的行动，已不再被记者团任何的干涉和阻碍了……所以勉强也就去，但是在那儿我一句话都不曾说。

新华日报主编潘先生，今年大概有三十多岁，但是他穿得很朴素，没有什么打理，仿佛看起来是四十五岁的老人，是典型的红色新闻战斗员，他每天写的社论都以抗日救亡、巩固国内和平为中心，指出抗日救国的方针、政策、路线，所以新华日报很得广大的大众所拥护，在现在武汉一二十家的报纸中最有权威、最有号召力的。

潘同志说话很慢很慎重，每个字说得很清楚，是个忠实的革命家，他对自己一点都不夸张，并希望人家对他批评和指导。

新华日报总编辑华西园先生也三十岁左右，人矮矮的，戴一副近视眼镜，说话态度很和蔼，很热情，是一位富有煽动力的红色战斗员。

陪客的有大公报战地记者秋江先生，他是刚从前线回来的，不久就要再去，秋先生是位二十多岁的青年，人很好玩，他说"八一三"上海战事爆发就参加到前线工作，到现在已五六个月，他说话很有趣。

大家痛饮痛谈，到九时许才散场。

在延安受到毛主席接见

1938年3月18日，辜俊英受到毛泽东主席的接见。在《毛主席会见记》

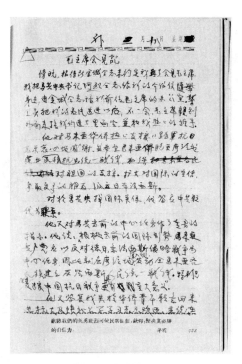

图6 日记记载毛主席会见情况

中，辜俊英这样写道："警卫员把我的名片送进以后，不一会，毛主席亲到外面来接我们进去里面坐，并和我热情地握手。他对马来亚华侨热心支援八路军抗日表示衷心感谢，并希望马来亚侨胞更广泛地建立抗日民族统一战线，加强对祖国的支援。"

辜俊英向毛主席介绍了马来亚开展抗日救亡运动的情况，并就海外华侨抗日救亡运动如何开展等问题进行请教，还请毛主席为马来亚侨胞和马来亚华侨各界抗敌后援会准备创办的《南国日报》题词。毛主席欣然答应，挥笔写下了两幅题词：

"全体华侨同志应该好好团结起来，援助祖国，战胜日寇。共产党是关心海外侨胞的，愿意与全体侨胞建立抗日统一战线。"

"马来亚的侨胞用一切力量援助祖国，为中华民族的独立解放而斗争。"

图7 1938 年 3 月，辜俊英留影于延安

辜俊英始终将毛主席的这两幅手书视为珍宝，一直珍藏着。毛主席去世后，中央为更好地保管、整理毛主席的手书、文稿等文物，特向全国各地广泛征集，辜俊英将毛主席这两幅珍贵题词上交给中央。

听周恩来报告

碰巧得很，三月一日早上，我得着一个消息，说周将军（周恩来总理）在陕北公学作时事报告，我拉着温涛、崔嵬、丁里三个伴我一同去，一方面可听他报告，一方面想我看机会和他谈谈，我把要和他谈话的问题都准备好带去。

我们去的时候已经太迟了，他九点钟就已经开始报告了，正在分析着日本帝国主义自占领上海、南京以后，对中国采取怎样一个步骤进

图 8　辜俊英（右二）在延安与友人合影

图 9　延安时期的革命军人

图 10　延安的钢琴舞表演

图 11　1938 年 3 月 27 日，延安公审汉奸大会现场

图12　一对延安时期的革命夫妻

攻……问题还没有分析完，防空司令部来电报告有日本飞机来，一时会场几百个新来的学生有点紧张，周将军态度非常镇定，他等大家都走散了，才和陕公校长成仿吾同志一齐到窑洞躲飞机去。

差不多一个钟头那么久，防空司令部来电报告说，日本飞机只有一架，在延安城外一带侦察一下就走了，防空警报也解除了。陕公学生再集合操场听周将军继续报告，这时候周将军不再在讲台上，是站在讲台左边一块大石块顶上，继续报告。他讲得很慢，声音高昂，我们坐在最后头，每一个字都听得很清楚，对问题分析得很详细。他是浙江人，可是他讲的话并不是浙江人的口音，仿佛是夹杂着长江流域一带的口音。他身上穿着灰布军衣，军帽两边还加着黑的皮毛，反结在顶上，刚剃的头发粗黑地露在外面，眉清目秀，气宇轩昂，越显示着他的政治家的风度。

　　他报告完后，已经是两点钟了，成校长留他和我们一齐吃午饭。还没有吃饭以前，记者就问他什么时候有空和他谈谈，他说时间很难确定，有什么问题要和他谈的，马上可以和他谈，我怕他讲话太多疲劳，请他休息一会儿再谈，我就把拟定的一张题目拿给他看，他看了一下，笑着对记者说，呀！题目这么多……

辜家后代再捐珍贵照片文物

　　一批记录抗日战争年代的珍贵照片，时隔七十七年，再度被拿出来，作为抗战记者的后人，泉州永春六十八岁老人辜长城面对其父亲辜俊英当年拍下的这些照片，忆起父亲奔赴延安支持抗日和中国革命事业，老人为父亲感到骄傲，同时对日本侵略中国、给中国人民所造成的深重灾难表示强烈愤

图13　日军飞机炸死的中国儿童

慨。

辜长城老人是辜俊英的幼子。2015 年 7 月 23 日，辜长城代表辜家后代将家里保存完好的、近三百张抗战实况照片，一本土改时期的日记，一本父亲在南洋生活的相册，以及部分父亲担任战地记者的实物证明，悉数捐给泉州市华侨历史博物馆。

那些留存的照片，主要记下了大半个中国在 1938 年发生的大大小小的事件。包括"1938 年日军在广州的暴行""1938 年延安实况（一）""1938 年延安实况（三）""1938 年 8 月新加坡华侨抗议英殖民当局的暴行""1938 年 6 月 7 日到 14 日，广州被炸惨状，日寇暴行录"等五包照片以及 1938 年以后的部分照片，近三百张，尺寸不一，从几英寸到十几英寸不等。史料记载，1938 年 6 月 7 日，日本战机三次轰炸广州，用机枪扫射平民。在辜老家里的照片中，父亲辜俊英在装照片的匣夹的外壳上清晰地写有"1938 年 6 月 7 日到 14 日，广州被炸惨状，日寇暴行录"等字样。

照片虽然泛黄，但照片中战争场面依旧清晰可见。辜俊英清楚记录了当时广州城遭受的重创：变为废墟的商业街，随意摆放的尸体，安置在简易棺

图 14　被日军飞机炸死的父女

材中的儿童遗体……近五十张广州遭受日军轰炸的现场照片再现了当年的惨状和日本侵略者的罪行。

在这些照片中,那张用木板钉成的简易棺材里收着三个儿童遗体的照片最引人注目,靠左边的那个孩子脸上尽是血迹,其中最小的男孩子连裤子也没有穿,他们的年龄大概只有五六岁或七八岁的样子,他们可能对于战争还没有任何认知,可是,他们却倒在了日军飞机轰炸的战火中。

另有一张是一小姑娘躺在一个大人身边,他们相依在一起,那个大人应该是小女孩的父亲,他的一只手还揽着小女孩,可能是为了保护自己的孩子不被炸伤,结果却双双被炸死在瓦砾之中。父女俩都穿着整齐,小女孩穿着一双布鞋,看得出他们是热爱生活的,并且生活得比较好一些的,但是孩子还是倒在父亲的怀里,双脚压在父亲腿上,一起被日军飞机炸死。

时隔八十年的今天,我在整理这些照片时,心里依然愤慨,对那个年代日军所犯下的滔天罪行,仍然无法原谅。

辜俊英在延安拍摄的照片也真实地记录了当时延安的重要活动,其中重点记载了1938年的延安实况。辜俊英还用钢笔在照片背后注明了"延安各界纪念总理(孙中山)十三周年""八路军胜利品""农民武装自卫军""延安妇女代表大会""延安少先队在野外上课"等事件纪要,弥足珍贵。

(原载《老照片》第 120 辑,2018 年 8 月出版,稍有修订)

菲律宾华侨的抗战照片

陈衍德

1945 年，美军在太平洋战场的反攻进入决胜阶段。前一年登陆菲律宾群岛的美军，于 1945 年二三月间发动了解放马尼拉的战役。菲律宾华侨抗日组织全力配合美军作战，美军也对菲华侨抗日战士在武器装备上给予有力支持。这两张照片，正是记录了战争背景下的珍贵历史瞬间。

日军占领菲律宾期间所受到的反抗从未停止过。美菲军的离散人员、菲律宾民众及旅菲华侨纷纷组成各式各样的游击队。他们相互配合，互通情报，互相支援，给予日本占领军出其不意的打击。在从游击战到战略反攻的过程中，华侨游击队和地下抵抗组织发挥了很大作用。其中，菲律宾华侨抗日游击支队（简称"华支"）虽然只有七百多人，但数年中战果赫赫。这支队伍主要活跃在吕宋岛中南部，恰是美军反攻的重点地区。

图 1 是全副美式装备的"华支"一个班的十位战士，他们个个精神抖擞，斗志昂扬。而那位半蹲在迫击炮旁的班长（左三），正是笔者的父亲陈振佳，时年十九岁。他于 1943 年加入"华支"，很快成长为一名英勇善战的游击战士，在美军反攻马尼拉前后被提升为班长。

图 2 右上方的题字为："华支奉命开拔重上征程，全体战员泪欢送各界代表合影，（民国）卅四（年）三（月）三（日）。"右下方有欢送的华侨高举中华民国国旗和美国国旗，显示了中美两国深厚的战斗友谊。

此两张照片极具历史价值，拍摄的时间当是解放马尼拉的前后，战后回归祖国的原"华支"战士有少数人仍有保存，但已难寻觅。父亲去世后，一位他当年的战友知道我是学历史的，送给了我这两张照片。我立即认出其中

图1 战士合影

图2 奉命开拔

一张有父亲的身影，因为父亲生前也保存有数张同一时期的照片（可惜大部分都毁于"文革"浩劫）。因此我对它们倍加珍惜。

据相关史料记载，"华支"在解放马尼拉的战役中为美军做向导，因为他们曾在此地进行过城市游击战，对当地情况十分熟悉。战斗打响后，"华支"还作为先锋，率先冲进城中与日军展开激战，美军则给予强大的火力支援并迅速跟进。虽然日军竭力顽抗，马尼拉遭到严重破坏，但战斗以美军和游击队的完胜而告终。

先父在一篇写于1955年的回忆录中这样说："一九四五年二月三日，我们'华支'第二、三大队配合登陆菲岛的美国盟军先锋部队，抵达菲律宾首都马尼拉市艺礼示拨市郊。当时，盟军尚按兵不动，由我们'华支'健儿首当锋镝冲杀进市中心区，而使日寇措手不及，急剧没系统地向巴石河南岸撤退，随后盟军大队才进入市区与日寇展开巷战。"

他在同一篇回忆录中还说："一九四五年三月下旬，我们'华支'第一、二、三大队等，在马尼拉光复后，经过一段时间的集中整顿训练，就又配合盟军南征了。那时侨众非常热爱游击队，我们受到各方面的慰问。临上前线时，我的母亲和妹妹也来'华支'总部送行。"所有这些文字，都可以和照片中的影像相互印证。

我曾经于1992年3月至1993年3月到马尼拉访学一年，其间与"华支退伍军人总会"中父亲的战友们多次促膝长谈，了解到许多当年的战场细节，心中不禁感叹：这真是世界华侨历史上的独特篇章！看着这两张照片，在缅怀先辈的同时，也将"华支"战士参与美军反攻菲岛日军的珍贵历史瞬间永远铭刻在心中了。

（原载《老照片》第124辑，2019年4月出版）

黄埔老兵邵光选的抗战影像

叶炘睿

邵毅民先生今年六十八岁，是云南省黄埔军校同学会的特邀联络员，同时也是曲靖关爱抗战老兵志愿者团队陆良县的负责人。退休后，他积极为陆良县内的抗战老兵服务，在协助陆良县委统战部、陆良县老龄委等部门开展的关爱抗战老兵活动中成绩显著。2015 年，他在全国首届敬老志愿服务工作总结表彰大会上，被评为"最美敬老志愿者"。谈起为什么要做关爱抗战老兵志愿者，他说："我的父亲是一名抗战老兵，为其他抗战老兵多做点事，也是在尽孝。"

因为共同服务抗战老兵，我与邵毅民先生很早就认识。2016 年 9 月，邵毅民先生向我提供了三十余件抗战时期的照片，其中就有他的父亲邵光选先生参加抗战的影像资料。

据不完全统计，在全面抗战八年中，作为抗战后方的云南省曲靖市，仅陆良一县就有三千多人入伍参军。邵光选先生作为一名爱国知识分子，在抗战初期即投笔从戎，毅然走上抗战道路。他是曲靖人投身抗战的一个缩影。通过整理云南省黄埔军校同学会的资料和研究陆良县文史资料汇编，及采访邵氏家族，再结合下面一组照片，笔者在此再现邵光选先生的抗战历程。

邵光选 1916 年 4 月出生于云南省陆良县西门小街的一个小商人家庭。在明朝末年，陆良邵氏家族曾出过为解救被叛军围困的百姓而英勇献身的邵元龄将军。"精忠报国""天下兴亡，匹夫有责"等传统儒家思想，一直在邵氏子孙的血液中流淌。

邵光选自幼勤奋好学，1934 年考入云南省立曲靖中学（校址在今曲靖市

图 1 1939 年春，刚刚到黄埔第五分校学习的邵光选（三排中）与炮兵队的部分同学的合影

第一中学内）。1937 年 7 月 7 日，卢沟桥事变爆发，日军大举侵华，面对民族危机，刚从中学毕业的邵光选深受抗日思想影响，立志投军救国。他放弃过平稳生活的机会，返回家中，他一边请家中大哥代自己尽孝、照顾家中老人，一边积极准备报考设在昆明的黄埔军校第五分校（即中央陆军军官学校第五分校）。1938 年 3 月，邵光选顺利考入黄埔军校第五分校十四期入伍生队，同年 9 月，被编入炮兵队学习。在校期间，邵光选努力学习，苦练本领，各科成绩优秀，在排队时常作为排头标兵。

1939 年 8 月从黄埔第五分校毕业后，邵光选被授予陆军少尉军衔，随即分配到滇黔绥靖公署云南防空司令部下属的高射炮大队二营七连一排担任排长。

从 1938 年 9 月 28 日起，至 1943 年美国第十四航空队进驻昆明掌握制空权为止，日寇前后出动轰炸机 613 架次，对昆明实施狂轰滥炸 37 次，给昆明军民造成巨大的生命和财产损失。当时防空力量十分薄弱，空防部队所使用

图2　1939年，邵光选（后立中）毕业时与同期同学的合影

的高射炮最大射程5000余米、有效射程仅3500余米，对敌机射击时自身也存在极大危险。但高射炮大队官兵，依然在敌机飞临时，奋不顾身，开炮还击，以努力减少昆明市区军政设施、军民生命财产的损失，也伺机摧毁敌机。五年间共击落敌机三架、击伤敌机一架，增强了昆明抗日军民的士气。

1941年2月起，邵光选先后驻防圆通山、五华山等重要防空阵地。当时，高射炮大队仅有的四门法国造苏罗通高射炮（其余为高射机枪），配属一营五连第一排、第二排，两门固定在五华山，两门推动式的装备在圆通山。

1941年8月17日，敌机33架狂炸昆明市中心，邵光选指挥全排官兵奋力开炮还击。据参加过这场战争的老兵回忆：战斗异常激烈时，邵排长不顾个人安危，亲自代替射手士兵操纵高射炮对敌机射击。敌机仓皇投弹，炸弹落于炮位侧钢筋混凝土的掩蔽部内，把掩蔽部掀开一个大窟窿，室内的四名装弹手和传递手牺牲。战斗结束后，在安葬四名战士时，只找到几块炸飞到墙上的碎肉，战友们含着泪，将碎肉分装到四口棺木内……

这次战斗使邵光选双耳失聪，后经半个多月的医治才得以痊愈。因作战英勇，邵光选升任中尉排长。

图3　抗战中，邵光选（第一排左三）调离高射炮大队驻五华山一排时，战友为其送行时拍摄

图4　抗战中，邵光选（第二排左五）与高射炮大队一营五连部分官兵在驻防地圆通山的合影

图5　1942年3月，邵光选（前排左二）在贵阳学习时与同学合影

1941年10月，邵光选、马俊国等十三名高射炮大队军官，被选送到位于贵阳的中央防空学校军队防空训练班第四十九期学习。半年后毕业回到原部队服役。1942年12月，升任一营五连上尉连长。

抗战中，邵光选经历大小防空战斗数十次。1945年9月，日寇无条件投降后，为照顾家中老父亲，邵光选解甲返回陆良，以做生意为生。

新中国成立后，邵光选响应人民政府号召，参加了陆良县工商联合会，被选为会长。1951年5月参加陆良县第二届各界人民代表会议，当选为陆良县各界人民代表会议协商委员会常务委员。1953年，越南人民的抗法战争如火如荼，云南省人民政府按照中央的指示迅速开始修建个旧至金平的公路，以支援越南人民。邵光选参与了这条公路的建设，荣立三等功。1960年7月，邵光选在陆良过世。

（文中图片由邵毅民提供，原载《老照片》第125辑，2019年6月出版）

美联社记者韩森的红色之旅

王　淼

　　1950 年 3 月 13 日，美国参议院外交委员会听证会上，参议员麦卡锡（Joseph Raymond McCarthy）指控时任美国国务院官员的韩森（Haldore Hansen，1912—1992）为"亲共产主义者""抗战爆发时在北平编辑共产主义刊物""长期与中国共产党游击队为伍，替他们撰写新闻报道和拍摄照片""在他的书中认为共产主义是解决亚洲问题的答案"。在罗列了一大堆罪名后，麦卡锡给韩森下了一个结论，"此人是肩负着向全世界输出共产主义任务的人"。此时，麦卡锡主义刚刚在美国兴起，一大批与中国有关的美国学者、官员被指控通共，而美国国务院则被麦卡锡炮轰为"共产主义大本营"。几个月以后，国会调查组洗刷了韩森的不白之冤，但他仍然在 1953 年被迫从美国国务院离职。作为麦卡锡主义的受害者之一，韩森最大的"过错"恐怕就是在抗战时期和中国共产党有直接接触。

　　作为少数几个抗战初期深入抗日根据地，采访过中国共产党最高领导层的西方记者，韩森留下了大量珍贵的照片和文字报道。在晋察冀根据地和延安，韩森不但拍摄了毛泽东、朱德、周恩来、彭德怀、贺龙、聂荣臻、王震、杨尚昆、罗瑞卿、萧劲光、徐海东、徐特立等中共领导层的照片，也留下了八路军战士、"红小鬼"、中国老百姓等普通民众的身影。其关于中国抗战形势与抗日根据地的英文报道大多发表在中外著名英文报刊，许多文章还被翻译成中文转载于国内报纸。美国学者肯尼斯·休梅克甚至称韩森为抗战前期最值得注意的与中共有深入接触的西方人之一。然而，令人奇怪的是，在此后的学术研究和一般的纪实作品中，韩森却奇迹般地消失了。无论中国还

图1　韩森在河北阜平

是西方世界，韩森很长一段时间似乎都并不存在于历史研究的长河里。

　　韩森所拍摄的珍贵照片，也只有一部分为世人所知。1983年，韩森访问中国时，向中国人民革命军事博物馆捐赠了一百五十余幅照片，其中只有极少数公开展出过。1986年，韩森出版了个人的回忆录《我在第三世界的五十年》(*My Fifty Years Around the Third World*)，其中收录了十几幅抗战时期的照片。直到1992年韩森去世后，其夫人将这批照片捐给韩森的母校卡尔顿学院，随后校方将这批照片数字化，并放在互联网上，韩森及其所拍的

图2　吕正操正在试验榴弹发射器

图3　河北省安平县举办的一场抗日剧演出

图 4　欢迎韩森的标语

珍贵照片才逐渐被外界所知。2017 年，韩森出版于 1939 年的著作 *Humane Endeavour: The Story of The China War* 被翻译成中文，由解放军文艺出版社以《中国抗战纪事》为书名出版，书中将韩森捐赠给军博的照片公之于众。不过，无论是卡尔顿学院网站上的韩森照片集，还是军博的收藏并非韩森照片的完璧。作为战时美联社雇用的在华兼职记者，韩森所拍摄的大量照片和撰写的通讯稿、战时日记等都完整保存在美联社档案数据库中。光是照片而言，就有三个影集，总计五百零七张。

　　在中国共产党的发展历程中，西方在华新闻记者如埃德加·斯诺、史沫特莱、爱泼斯坦曾经提供了巨大帮助。抗日战争全面爆发后，大批西方新闻记者来到延安，希望了解这个在外界看来带有神秘色彩的组织及其领导下的抗日军民。根据韩森的两本回忆录以及其原始档案，笔者尝试还原这名带有冒险和传奇色彩的美国记者在战时中国的经历。

一、奔向东方：从冒险者到战地记者

1912 年，韩森出生于美国明尼苏达州德鲁斯。1934 年，他从卡尔顿学院毕业时正是美国刚走出大萧条危机的时刻。作为一名经历过史无前例的世界性经济危机的大学生，韩森和他的同学都为个人前途所困扰。由于韩森本科毕业论文方向是中日关系，他被当时前往远东冒险发财的社会风潮所吸引，加上一名中国同学答应他，可以帮助他到北平寻找机会。因而，身无分文的韩森就向银行贷了一笔款项，拿着一百二十五美元踏上了开往东方的客轮，其目标是到中国成为自由作家或新闻记者。

在旧金山港口，韩森因为资金不足，偷上了一艘日本客轮。不过，很快

图 5　战士们正在使用缴获的日军重机枪

图6　根据地的机动部队

图7　战士们正在训练

264

图8　一位腰别驳壳枪的小战士

他就被船员抓住了，随后被日本人关进了船上的禁闭室。客轮到达檀香山后，
韩森被赶下船，关入了檀香山监狱。当地法官对他网开一面，判他支付船费，
并搭乘下一班轮船离开。韩森在花完了身上所有的钱后，搭船到了日本东京。
他投奔了东京的一个笔友诚一浅田，浅田带着他参观了东京繁华的商业中心，
还和他一起到富士山露营。在日本的一个多月，韩森目睹了日本社会的军事
化，百货商场里放置着日本海军的大幅宣传展览图片，学校里的学生研究海
军新型战舰模型和机枪。日本青年在野营过程中展示的坚忍不拔的毅力，让
韩森惊叹不已。

　　1934年9月，韩森来到北平，靠着给曾任清华学校校长的张煜全做英文
秘书维持生计。第二年，他在一家中国商业专科学校任教，同时在一所中学
教授体育。在努力学习中文的同时，韩森进入了北平的西方记者圈子，结识

图 9　身穿缴获的日军制服的游击队员正在练习刺杀

图 10　三位女战士

图 11　河北蠡县模范小学的学生

了一些后来赫赫有名的西方记者，如 1938 年编辑出版《外人目睹中之日军暴行》的澳大利亚记者田伯烈（H. J. Timperly）以及埃德加·斯诺等人。斯诺建议他到中国各地漫游，撰写稿件出售给在华的英文报刊。

　　1935 年暑假，韩森开始到中国各地旅行。为了方便考察，1936 年，韩森前往汉口的华中大学教授英文，他还兼任汉口的《自由西报》（Hankou Herald）编辑，并替美联社撰写稿件。他的文章开始发表在上海的一些英文报刊上，如《大陆报》（The China Press）、《密勒氏评论报》（The China Weekly Review）、《字林西报》（The North China Daily News）等。

　　1937 年暑假，在华中大学的学期结束后，韩森回到北平。他加入斯诺夫妇创办的英文刊物《民主》（Democracy），这是一份宣传抗日特别是主张联合各方力量抵抗日本侵略的杂志。在韩森回到北平两周后，卢沟桥事变爆发。韩森和他的新闻记者朋友不顾危险，多次前往中日交战的前线观察实际战况。纽约的美联社为了及时报道战争状况，此时正式雇用韩森为驻华战时记者。

此后，韩森跟随日军在河北、察哈尔等地报道战场情况，及时向美国发回第一手战时新闻。

　　1937 年 9 月底，日军在付出惨重代价后占领保定。韩森在战斗结束后来到保定，通过采访当地中外民众，他记录了日军强奸中国妇女、随意枪杀无辜民众、烧毁房屋、轰炸西方建筑等暴行。在韩森返回北平时，在火车站遭到扣留，他随即被日军宪兵关押审问。作为唯一到访过保定的西方记者，韩森将其撰写的新闻稿交给了前来探望他的友人，并通过日本人的航空邮件寄到美国，新闻稿刊登在纽约的各大报纸。日军对此既震惊又难以理解，韩森最终被关押了两周后获释。

图 12　在八路军战士的护送下，韩森在山峦间行走

图 13　民众正在把古老的大钟挂起来，用钟声当作防空警报

二、穿越火线：到抗日根据地

　　1938 年 5 月，美联社指示韩森穿越日本封锁线去观察中国共产党在敌后创建的游击区。韩森在 6 月 11 日通过一名中共地下党员，成功地从日本占领下的北平来到吕正操领导的冀中军区。在韩森的采访日志中，详细记录了穿越日军封锁线的场景。两万名游击队员被集中起来欢迎第一位到访的外国记者，在高呼"打倒日本帝国主义"的口号声中，韩森说他在游击队员的脸

图 14　八路军战士非常珍爱他们的马

上第一次看到了战争期间中国人脸上真正洋溢着的快乐。在安平县吕正操的
司令部，韩森近距离地采访了他认为的这位略显"害羞"而又"自尊和自信"
的中共军队领导人。韩森深入观察了游击队的各种组织、军事和后勤设施以
及普通士兵。他还跟随游击队一起参加了包围安国县城的战斗，直接从前线
观看中共游击队和日军的作战。

　　韩森被冀中根据地抗日军民所表现出来的英勇无畏所感动，在他发表于
著名的《太平洋事务》（*Pacific Affairs*）杂志的文章中指出，日本占领区内
的中共游击队和地方自卫政府成为日军的巨大麻烦。这篇文章影响非常大，
著名国际友人林迈可（Mechael Lindsay）就是读了韩森的新闻报道决定到冀
中游击区的。后来该文被上海的《译丛周刊》以"活跃于华北与华中的中国
游击队"为题刊登出来。

　　1938 年 7 月，晋察冀军区司令员聂荣臻派人将韩森护送到山西五台的根

图 15　为削弱游击队的力量，日军烧毁了根据地的村庄

图 16　持冷兵器的民兵

据地。在阜平县，韩森碰上了刚刚从延安访问归来的美国驻华武官海军陆战队上尉卡尔逊，其作为罗斯福总统特使深入华北抗日根据地，去考察中共领导的武装力量。卡尔逊对毛泽东和朱德的描述让韩森对其红色之旅充满了期待。卡尔逊在其后的名著《中国的双星》一书中称赞韩森具有"不寻常的事业心和进取心"，是"访问山西和河北游击区的第一个西方记者"。

在五台的晋察冀根据地，韩森和根据地领导人聂荣臻、宋劭文、刘光运都有接触，并多次采访聂荣臻。聂荣臻关于中共游击队主要从政治方面对日军形成打击和采取破坏日军铁路以及长期斗争的策略给韩森留下了深刻印象。聂荣臻还邀请韩森参加根据地在 1938 年 7 月 7 日举行的纪念"七七"

图 17　一位少年号兵

抗战一周年及追悼阵亡将士大会。韩森也在大会上发言，根据《晋察冀日报》的报道，韩森谈到"我被诸位的精神感动了，暴风雨不能阻止你们开会。同样，日本帝国主义也不能战胜你们"。

在离开五台前往山西屯留八路军总部时，韩森遇上了另外两位国际主义战士白求恩和布朗医生。韩森在他的著作中对白求恩及其医疗团队的工作也做了细致描述，认为白求恩为"游击队提供了非常出色的服务"。白求恩在给友人的信中则形容韩森为"一个善良的小伙子，个子很小，但在政治上很单纯"。

1938年7月底，一支参加过长征的八路军精锐部队护送韩森，八路军士兵在恶劣装备下所展示出的高昂斗志和强大战斗力让韩森迷惑不解。他认为八路军士兵坚强的政治信仰可能是主要原因。在晋南沿途所见日军的侵略暴行，让韩森认识到日军"恐怖主义政策只能唤起那些从前对战争持冷漠态度的农民，甚至坚定了乡村绅士阶层的抗日斗志"。8月初，韩森在屯留故县镇的八路军总部待了五天。虽然朱德不在总部，但是他采访了包括彭德怀在内的许多八路军官兵。

8月中旬，韩森转道西安，在这里他第一次近距离地接触了八路军总司令朱德。朱德所表现出来的沉着老练使得他对外界送给朱德的"中国的拿破仑"外号表示不解。在他看来，朱德更多的是"喜欢安静，彬彬有礼"。韩森前往延安采访的事宜由驻在西安的陕甘宁边区政府主席林伯渠亲自办理。

三、采访毛泽东：延安的客人

9月14日，韩森与彭德怀、邓小平同车前往延安。从9月17日开始，韩森在延安待了两个星期，对这个"青年心中的圣地"做了深入和细致的观察。韩森在延安街头目睹普通民众的日常生活，和延安的军民一同观看免费播放的苏联电影，到抗日军政大学体验爱国青年学生的学习，在操场上聆听朱德总司令的演说，拜访鲁迅艺术学院的文艺家如丁玲、沙汀，请延安的军政领导人如王震、徐海东、贺龙、谢觉哉、罗荣桓、萧克、关向应、罗瑞卿、杨尚昆、萧劲光等人吃烤鸭。在他采访了贺龙和徐海东两位将军后，两位将

图 18　韩森和白求恩

图 19　"小鬼头"正在练习将在群众大会上表演的节目

图 20　一位女教师正在面向女性开课

图 21　延安各界民众纪念"九一八"大会

军讲述的与日本军队作战的经历，让韩森意识到中共军事指挥官的勇敢顽强。而在和时任抗大校长林彪的交谈中，他对中国青年为何前赴后继地投奔延安也有了新的认识。

韩森在延安最重要的一次采访是对毛泽东的长达六个半小时的访谈。这次访谈从晚上8点半持续到凌晨3点，毛泽东热情而周到的待客之道，甚至亲自给韩森端椅子和倒茶，让他感到毛泽东像是"一位在客厅接待客人的有教养的英国绅士"。而毛泽东对于抗日战争进程的准确预测和宏大战略视野，则让韩森深刻明白"毛主席"为何广受中国民众欢迎。毛泽东的《论持久战》在韩森到来前刚刚出版，他向韩森讲解中国抗日战争所必须经历的战略防御、战略相持、战略反攻三个阶段。毛泽东令人惊叹地预测武汉和广州将会沦陷，日本军队在占领中国东部沿海交通线后，将因为敌后游击队的打击和军事力量不足被迫停止进攻。韩森当时在他的采访日志中表示了怀疑，而随后的历史进程则证实了毛泽东预测的准确性。

在回答韩森关于"新民主主义革命"和"统一战线"的问题时，毛泽东

图22 延安窑洞前的知识女性

耐心地解释了中国共产党当前的任务是团结各方力量抵抗日本侵略，但是并不意味着中共的革命纲领有所改变。毛泽东展望了中国革命的前途，指出在打倒日本帝国主义之后，中国将面临和平建国的契机。中共希望用一种和平方式解决与国民党的矛盾，进行社会改革。尽管内战并不符合中华民族的最高利益，但是如果资产阶级破坏统一战线，与中国人民为敌，那么中共除了武装反抗并没有别的选择。

韩森在其采访日志中感慨，毛泽东不懂任何一种外语，却知道天下事。这个看起来其貌不扬，甚至更像农民的领袖，远远超过了那些出国留洋和正规大学的毕业生。而毛泽东的谦虚好学和富于逻辑的思维也给韩森留下了深刻印象。

10月1日，韩森结束了延安之行，他此后坚定地认为中共比其他任何组织都在全心全意地抵抗日本侵略。韩森在1939年1月回到美国。同年，他将自己在中国的经历写成 *Humane Endeavour: The Story of the China War*（中文译名为《中国抗战纪事》）一书出版。虽然评论界给予该书极高的赞誉，却并不畅销。韩森回到美国先是从事新闻业，后在1942年初进入美国国务院，负责与中国有关的文化事业工作。

韩森于1953年离开美国国务院后，开始到第三世界国家从事农业方面的工作。1975年9月，韩森到中国考察农业，此后多次到中国指导农业生产。在他1986年出版的回忆录中，韩森提到了中国在改革开放后的巨大变化和进步，直言其变革远远超出了大多数人的预计，和他在五十多年前所居住的中国变得完全不一样了。

（原载《老照片》第133辑，2020年10月出版）

《美亚》小组的延安之行

毕醒世

1990 年，笔者读到一本由美国人托马斯·阿瑟·毕森（T. A. Bisson）撰写的，张星星、薛鲁夏翻译的书——《抗日战争前夜的延安之行》。可惜书中照片的印刷质量太差，根本无法从中看到照片本应呈现的历史细节。直到十多年后，笔者终于得到这本译著的原版书——1973 年由美国加州大学伯克利分校中国研究中心出版的 *Yan′an in June 1937: Talks with the Communist Leader*（《1937 年 6 月在延安：与中共领导人交谈》）。

原版书里的三十余幅高清照片中，有毛泽东、朱德、周恩来、博古、丁玲等人物，还有延安的府衙门、抗大校本部、南城门等景观，当然也有前来延安访问的托马斯·阿瑟·毕森、菲利普·贾菲、欧文·拉铁摩尔、艾格尼斯·贾菲等客人，以及他们开进延安城的道奇车。

鲜为人知的旅行

从 1935 年 10 月中央红军抵达吴起镇，至 1947 年春党中央主动撤离延安，外国人来延安的人数是多少？他们都做了什么？有什么著述？这些问题现在还没有确切的答案，但是，一直都有人在研究与探索。有一份"史丹利名单"列举了 1937 年至 1947 年到访延安的美国人名录，毕森他们也在其中。

长期以来，"三 S"（斯诺、史沫特莱、斯特朗）被当作报道延安时期的外国作家和记者的标杆来宣传，对于众多其他研究延安、报道延安、服务延安的外国人以及他们的著述大众则知之甚少。这四位美国人的延安之行便是

图1　在西安草滩渭河渡口候船。左起依次为托马斯·阿瑟·毕森、欧文·拉铁摩尔、艾格尼斯·贾菲、埃菲·西尔

如此，他们所拍摄的照片也当属罕见之物。

1937年6月21日傍晚，一辆破旧的道奇车开进延安城。车内有五个人，他们是美国外交政策协会远东部的远东问题专家托马斯·阿瑟·毕森、美国《太平洋事务》杂志主编欧文·拉铁摩尔、美国《美亚》杂志主编菲利普·贾菲和妻子艾格尼斯·贾菲，以及为他们开车的汽车技师瑞典人埃菲·西尔。在延安的四天时间里，他们与毛泽东、朱德、周恩来、博古等领导人进行了交谈，参观了抗大、中央党校、汽修学校等单位，并在一个集会上发表了演讲。

这次延安之行，对于毕森他们来说影响是非常大的，收获也是非常大的，他们在一些杂志上发表了有关延安的文章，对远东问题的发展作出了分析和判断，并对美国的远东政策提出了许多批评与建议。

图 2　毕森一行在山边休息

不谋而合的行动

被"史丹利名单"称作"《美亚》小组"的延安之行，与其他赴延安访问的外国人的动因有所不同，他们有各自的研究与考察方向，在一个恰当的契机来临时，走到一起来了，可以说他们是一个抱团组合式的访问团队。

1924年，托马斯·阿瑟·毕森作为教育传教士来到中国，先后到安徽的一个教会中学和北平的燕京大学教书，并在北平的一所学校学中文；之后他回到美国，担任了美国外交政策协会远东部研究员。1937年，毕森获得了洛克菲勒基金会提供的资助，用一年的时间专门研究中日关系问题。他去了日本、朝鲜、中国东北进行考察，会见了国民党要员陈立夫等人。

延安之行的最初建议是欧文·拉铁摩尔提出的，他是美国著名的东方问题专家，长期在中国生活和工作，对中国有深厚的感情，曾担任《京津泰晤士报》的编辑，专门考察研究中国边疆问题，出版了大量的相关著作，在西方学术界赢得了很高的声誉。1937年春，居住在北平的拉铁摩尔从斯诺采访陕北引起的轰动中得到启发，并向正在进行中日关系学术考察的毕森提议，共同完成一次冒险的红色之旅。

菲利普·贾菲出生于俄国犹太人家庭，十一岁随家人移居美国。贾菲是《美亚》杂志的主编，并吸收毕森、拉铁摩尔担任该杂志的编委。当毕森与拉铁摩尔正在为延安之行做准备时，刚好就在北平的贾菲和夫人听到消息后，毫不犹豫地加入了这次的冒险行动。正在潜心写作《红星照耀中国》的斯诺，给登门拜访的毕森详细介绍了中国共产党的情况，还给他们提出了与延安方面联系的方法。

6月7日，他们乘火车离开北平，经过四天的行程到达西安。赴延安的介绍信是通过中共地下交通员搞到的，但是他们不能确定这封介绍信的可靠性。接下来，他们需要解决的是交通问题。恰巧，拉铁摩尔遇上了能够说一口中国西北土话的埃菲·西尔，一个在内蒙古出生的瑞典籍传教士的后代。他拥有一辆老道奇车，在西安经营的汽油商店也刚好关闭。在个人情感和酬

图3　延安城南门，红军列队训练

图 4　抗大校门

金的促动下，埃菲·西尔同意用他的"老爷车"载这四位冒险者前往与西安完全不同的另外一块天地⋯⋯

6月18日，他们绕开驻地宾馆人员的监视，躲过军警的盘查，终于上路了。一路上历经车辆多次抛锚，渡过一道道河流，翻过一座座山岗，用了四天时间才到达延安城。

油然而生的吸引力

埃菲的老道奇总是出毛病，在接近延安城时，发动机又熄火了，埃菲足足修理了三个小时才上路。到达甘泉城，埃菲居然在此找到了一个新的火花塞，他立刻将这个宝贝换上，放心地开车上路。果然，小车一路顺风，用了两个小时，终于到达延安城下。

看来，原来的担心完全没有必要，《美亚》小组要来访问的消息已经传到这里了，他们顺利地通过哨兵的检查。更巧的是，他们在大街上遇到了正

图5　抗大的一间教室里，横幅标语写着"为民主共和国而斗争"，下方则是镰刀锤头的党徽

在这里采访的斯诺的夫人海伦·斯诺。

　　延安为他们举行了气氛热烈而愉快的欢迎晚会，前来参加晚会的许多人都会讲英语，相互问候并不会有什么障碍。毛泽东来得很早，他在人群中谈笑风生。欢迎会的重头戏在后头，在即兴表演中，年轻的军人唱的是红军歌曲，埃菲唱了蒙古族歌曲，而触景生情的毕森唱了《我的肯塔基故乡》和《跨过一条大河》。晚会轻松愉快，几乎是一场狂欢。毕森深深地被感动，他在日记中写道："延安是最吸引人的地方，并且，这种感觉将在我们的身上得到进一步增长。"

紧张而愉快的访问

　　6月22日上午，《美亚》小组成员观摩抗大学员上课，首先看到的是一个支队的学员们在演练，接下来看到朱德正在给一个班的学员讲课。中午时分，他们与学员和教员进行了交谈。访问毛泽东用了整整一个下午的时间，毛泽东谈了统一战线的问题，他的思想清晰，思路敏锐。

6月23日上午，他们会见了朱德；下午会见了博古，并又一次会见了毛泽东；晚上与周恩来交谈，周说自己很少练习英语，但这次谈话使用了英语。

6月24日上午，他们在一个大型集会上发表演讲。据笔者考察，这个大型集会的地点在延安府衙门的大院广场。数百名着装一致的红军官兵坐在长条木板凳上，把会场挤得满满当当。朱德主持了会议，菲利普·贾菲第一个讲话，接下来是毕森，然后是拉铁摩尔。他们的讲话都有翻译不停地翻译成中文。下午，拉铁摩尔与少数民族人士谈话，其余人由朱德带领参观了中央党校，党校校长罗迈作陪。之后，他们又参观了汽修学校。

在这里不得不提的是，由于延安的汽车技师严重缺乏，毛泽东提出，希望埃菲·西尔留在延安，负责汽车学校的管理工作。拉铁摩尔在为 *Yan'an in June 1937: Talks with the Communist Leader* 写的序中，用了许多文字来叙说有关埃菲·西尔的故事。他说："尽管毛泽东对我们几个美国人彬彬有礼、客客气气，却尽其能、极力想把这位破落的瑞典人留在延安。为什么呢？到延

图6　毕森给抗大学员讲课

图7　瑞典汽车技师埃菲·西尔

安来的美国知识分子多的是，但是能够操一口地地道道的农民土语来讲汽车性能、机器操作方法的欧洲汽车技师，确如凤毛麟角。""从延安返回的路上，我问埃菲：'现在一切都过去了，你觉得毛泽东怎么样？'他的回答是这样的：'我同各种各样的人都打过交道，有商人、军阀、知识分子、国民党政客。但是，他是我所见到的唯一能够统一中国的中国人。'"

《美亚》小组离开延安的时候，毛泽东、朱德、周恩来、博古等都来为他们送行。

赢得荣誉与遭受磨难

1993年，由中央文献出版社出版的《毛泽东年谱》中，1937年6月22日记载："在凤凰山住处会见美国外交政策协会远东问题专家毕森、《美国太平洋事务》杂志主编李（拉）铁摩尔、美国《美亚》杂志主编贾菲等，回答了他们对抗日民族统一战线提出的一些问题"。这说明，对于《美亚》小组访问延安，官方有明确的记载。而完整记录这次访问的书 *Yan′an in June 1937: Talks with the Communist Leader* 在三十六年之后才出版，1990年出版的中文版《抗日战争前夜的延安之行》也没有产生大的影响，所以《美亚》小组的访问在国内并没有引起更多人的关注。

Yan′an in June 1937: Talks with the Communist Leader 的中文版翻译者张星星，对毕森、拉铁摩尔和贾菲等人作了认真的研究，他认为：在即将爆发的卢沟桥事变之前访问延安的毕森、拉铁摩尔、贾菲等，以极大的热情关注和研究中国问题。结束延安的访问后，他们发表过许多关于中国及远东问题的文章和论著，高度赞扬了中国的抗日民族统一战线和中国人民对日本法西

斯长期而顽强的抵抗，对中国共产党的抗日民主政策作了客观的介绍和评价，并对美、英等西方国家的远东政策作了公正的分析和批评，也曾经产生了重要的影响。

张星星说，毕森等人和他们之前进入红色区域的美国人不同，在毕森等人之前，基本都是新闻记者，他们的主要目的是进行新闻性的采访；而毕森、拉铁摩尔、贾菲等人则是第一次访问中国共产党人的美国远东问题专家。他们的主要兴趣不在于毛泽东、

图8　丁玲

朱德、周恩来等中共领导人的个人品德、性格、爱好和丰富的、具有传奇色彩的革命经历，他们所关心的是中国共产党对当时国际国内重大问题的看法和对这些问题的方针政策，以及中国共产党在观察问题、制定政策时的立场和方法。

为此，张星星列举了一些事实。

1937年10月，毕森在《美亚》杂志上以"毛泽东对南京政府的分析"为题，摘要发表了毛泽东在延安的谈话。同月12日，贾菲在《新群众》杂志第22期上发表了《中国共产党告诉我：一个远东事务专家在红色中国区域内同他们的领导人的会见》。这些文章在国外都产生了一定的影响。拉铁摩尔也为英国伦敦的《时报》撰写了有关文章，但未能发表。

1938年，毕森根据在日本和中国的实地考察，写出了他的第一部长篇专著《日本在中国》。

在中国全面抗日战争期间，毕森、拉铁摩尔和贾菲等人始终密切地关注着远东形势的变化。他们在《美亚》《太平洋事务》和《远东观察》等杂志上发表了大量的文章，不断对远东问题的发展趋势做出分析和判断，并对美国的远东政策提出了许多卓有见地的批评和建议。

1943年，毕森的一篇重要论文引起了很大的震动，这就是7月13日发

图9　红军小战士

表在《远东观察》杂志上的《中国在同盟国战争中的地位》。这是毕森加入
美国经济委员会、太平洋关系学会后的第一篇重要论文。在这篇论文中，他
强调了中国在远东战场上的重要地位，赞扬了中国在反法西斯战争中做出的
突出贡献。呼吁各同盟国向中国提供更好的经济和军事援助，同时毕森对中
国的国民党统治区和共产党统治区进行了军事、经济、政治等方面的分析，
认为中国共产党的中国是"民主的国家"，而国民党的中国是"封建的国
家"。毕森认为要提高中国在同盟国战争中的地位，一方面，西方国家必须
尽快地向中国提供更多的军事和经济援助；另一方面，国民党必须进行经济

图 10　延安城里的红军官兵。墙上的标语为"巩固国内和平，实现对日抗战！"

图 11　在原延安府衙门大院，红军官兵听取外国访问者的讲演

和政治改革，充分调动和发挥其战争潜力。这篇文章受到美国的一些国民党同情者的指责，认为毕森竭力散布对国民党政府的不信任，为共产党在战后夺取中国政权开辟道路。

毕森、拉铁摩尔和贾菲等人在1937年以后对中国问题的客观分析与公正判断，为他们赢得了很高的声誉，同时也使他们卷入美国国内一场激烈争论，并使他们受到严重的人身迫害。最先受到迫害的是菲利浦·贾菲，这就是在美中两国都造成重大影响的《美亚》杂志事件。

1945年6月6日，美国联邦调查局以"密谋违反间谍法"的罪名，突然逮捕了贾菲和刚刚从中国回国的约翰·谢伟思等六人。理由是他们从《美亚》杂志的办公室里查出一百余份关于远东政治、经济和军事问题的政府文件。1950年，在麦卡锡主义猖獗时期，"美亚事件"再次成为右翼势力的攻击目标。

1950年，毕森和拉铁摩尔也受到麦卡锡主义的指控。毕森被指控与共产党有关系，他的《中国在同盟国战争中的地位》一文被麦卡锡说成是"对中国国民党政府发动进攻的第一炮"。拉铁摩尔也被指控为共产党人和"最高级的苏联间谍"。贾菲主编的《美亚》杂志在发行十一年之后，于1947年7月被迫停刊。贾菲本人也长期背着莫须有罪名，受到了不公正的待遇。

张星星指出，毕森、拉铁摩尔和贾菲等人为他们抗日战争前夜的延安之行，为他们在20世纪三四十年代对中国问题的客观分析，蒙受了长期的痛苦和磨难，而在大洋彼岸，他们曾经长期关注的中国，却对他们知之甚少……

（原载《老照片》第137辑，2021年6月出版）

活跃于中缅印战区的照相连

李·巴克（Lee Barker）

译者按：在过去的十几年中，我曾与海量的二战中缅印战区影像密切接触，发现其中不少照片都是"美军通信兵一六四照相连"的军士们所拍摄，他们出生入死地从事战地影像采集着实让人感佩。后来我在网站 http：//www.cbi-history.com/part_vi_164th_sig_co.html 上读到一篇原标题为 *Click Wallahs of CBI* 的文章，此文曾刊载于1952年7月出版的《中缅印战区新闻综合报》（*CBI Roundup*）上，全面、生动、详细地记录了这支特殊部队在战时的作为。今将此文译成中文，借《老照片》一角与读者分享。标题为译者所加。

每当一幅中缅印战区（CBI）照片刊登在《中缅印战区新闻综合报》上或其他地方时，读者很可能盯一眼图片而完全意识不到摄影者为拍下这张照片所经历的危险和艰难。几乎所有标明"通信兵照片（Signal Corps Photo）"或"美军照片（U. S. Army Photo）"的图像都是中缅印战区美军通信兵第一六四照相连的相机快门的"咔嚓"声所贡献的。当然，其他军种亦同样作出过贡献，本文也会特意刊登他们拍摄的照片。一六四连试图讲述所有中缅印战区的故事，无论是战场上的还是平时生活中的。而一六四连的传奇本身就是那个战区历史不可缺少的一部分。

这个连队的第一批前线人员是于1943年12月到达中缅印战区的，从那时起，众多的小分队活跃于战区的每一个兵站，无论是加尔各答还是重庆。从早期的列多公路到后来的史迪威公路开通至昆明，他们伴随着其他部队一

译者配图 1：1944 年 11 月 19 日，缅甸八莫南郊，来自华盛顿州的美军通信兵一六四照相连摄影师唐纳德·普林格尔（Don B. Pringle）一等兵在拍摄影片时，被一群中国驻印军新三十八师的步兵们好奇地围观

译者配图 2：1944 年 9 月 17 日，在中国云南的松山前线，来自加利福尼亚的一六四照相连摄影师威廉姆·蓝道夫（William Randolph）在临时工作室里印晒照片，有两名中国人在协助他作业。美国国家档案馆图片

译者配图 3：1944 年 10 月 24 日，中国昆明。在怒江前线，在他的小帐篷"家"中，加州洛杉矶的通信兵摄影师乔治·寇科瑞克技术军士正在给美国家中的父老写信；名叫"明克（Mink）"的中国小朋友在一旁静静地阅读杂志。摄影师爱德华·迈克尔米科（Edward R. McCormick）摄。美国国家档案馆图片

起前进，历经了无数艰难险阻，踏过了一条非凡的摄影采访之"路"。在一些最困难的日子里，他们甚至不能按下一次快门。而可怜的日本人，是一群羞于面对照相机镜头的族类，因此很难拍到他们什么影像；他们同样羞于面对美国佬的枪弹，总是躲在他们的地堡里，摄影兵们仅能拍摄到几具不幸的日军死尸而已。

纽约的维克多·索劳（Victor D. Solow）技术军士是战地摄影的活跃分子，他是一六四摄影连动态影像部的高手之一。实际上，他是仅有的几位伴随中国军队从滇西怒江一路进攻到滇缅公路与缅甸的盟军会合的美国人，他的许多故事恰恰是要靠那些他没有能够拍到的照片来讲述的。他曾经为错失良机

而后悔莫及，显然是因为他没有能够在正确的时间和正确的地方出现。举一例就足以说明这是千真万确的，当年他跟随拍摄松山对日作战行动，我们都知道松山最后是靠炸药解决了战斗，索劳每天汗流浃背地在附近一个山头上等待机会，想要拍摄到第十四航空大队 P-40 轰炸机对龟缩在松山阵地中的日军轰炸扫射的全景纪录片。这个空袭行动本应该在几分钟内完成，然而每天的局势变幻莫测总是拖延了轰炸行动，直到第四天他决定放弃，这通常是命运的选择，轰炸机群却在第五天倾巢而出，俯冲向松山的日军阵地……在另外一次战地拍摄任务中，索劳巧妙地摆脱了两名负责他安全的中国士兵的严密看护，那次是在重庆电台播出龙陵已被我攻克的消息之际。当时街道中实际上还不停地响着枪声，索劳却奋不顾身地一头冲了进去，试图抓拍到一

译者配图 4：1944 年 7 月 14 日，来自加利福尼亚的一六四照相连的摄影师诺里斯·艾温（Norris Ewing）技术军士在中国某地拍摄时，为了躲避围观人群对镜头的遮挡，只好将自己的吉普车顶当作临时拍摄平台。艾温当时是被派驻在中缅印战区陆军航空总部工作的通信兵照相连摄影师。美国国家档案馆图片

译者配图 5：由丹·诺瓦克拍摄的战友—六四照相连摄影师唐纳德·普林格尔（左）和摄影师汤米·阿莫（Tommy Amer，右）。美国国家档案馆图片

些这场战役的照片。晚间，索劳独自一人露宿街头，第二天一早，传来了日军仍然在龙陵某些街区出没的紧张消息，他赶紧将摄影器材装上他的马背试图赶快跑回美军营地——他逃得正是时候，刚一离开，身后就是一片密集的机关枪扫射。他为这次徒劳而归找了一个借口："当时盟军正在发动诺曼底登陆，我弄出一些新闻来万一抢了欧洲战场的风头，就不太好了。"

索劳和来自洛杉矶的乔治·寇克瑞科（George L. Kocourek）技术军士在一起合作时，曾经被分派到腾冲的中国人处住宿。天气一直都非常糟糕，以至于很长时间都得不到空投食物，他们俩仅有的口粮是五天的米饭配给，后来索劳说从美军的"K"级干粮转吃中国伙食，在那时候的确是一件令人胃

译者配图6：丹·诺瓦克进行拍摄工作时，被战友拍摄下来。摄于1945年1月16日。这是诺瓦克正在刚刚攻克的缅甸南坎拍摄中国驻印军新一军的军官们视察一座佛寺废墟的场景。美军通信兵摄影师谢瑞尔拍摄

口大开的愉快事情。

　　明尼苏达州的丹·诺瓦克（Dan Novak）技术军士，因在艰苦条件下出色完成任务而被授予铜星奖章，从密支那到腊戍，他一路都跟随中国驻印军同行，详细记录了战役全过程。他是和第一支乘滑翔机到达密支那抢占机场的美军部队航空工兵营降落在那儿的。诺瓦克生动地拍摄了美军滑翔机队冒着跑道一端日军的枪林弹雨在另一端降落并卸下武器装备的情景。其实，诺瓦克最"牛"的影片并非这些让他日后获奖章的片段，在八莫，就在距离日军战壕一百二十五码的战场上，他记录了美军P-47战斗机采用俯冲轰炸的战术对他眼前的日军阵地进行轮番攻击的场景。宾夕法尼亚州的佛兰克·谢瑞尔（Frank W. Shearer）技术军士当时就和诺瓦克一起趴在八莫的前沿阵地上，"冒着敌人的炮火"执行拍摄任务。谢瑞尔本是照片摄影师，后来也成为第二"牛人"，就在诺瓦克拍摄俯冲轰炸的飞机的同时，他决定抢拍炸弹掀起的爆炸巨浪，但是，就在他左右调节身位试图找到最佳角度的时候，一枚口

译者配图 7：来自加州洛杉矶的查尔斯·齐默曼（Charles Zimmerman）技术军士，是中缅印战区美军通信兵第一六四照相连的战地摄影师。1945 年 2 月 4 日摄于缅甸。美国国家档案馆图片

译者配图 8：获得一枚空军奖章的威廉姆·萨佛兰（William Safran），在密支那上空的一架 C-46 上拍摄地面的战斗实况。美国国家档案馆图片

径七十毫米炮弹的弹片盯上了他，所幸，仅仅被划伤而已。他因此而获紫星奖章。他没有丝毫惧怕而停止战地摄影的步伐，相反，他一出院就又端着照相机左瞄右对、搜寻拍摄目标。在八莫，谢瑞尔伴随在战区总司令索尔登中将前后，有一次，日军炮弹落在距离他们吉普车仅三十码之处，那一次没有拍下照片，因为他们认为那地方不安全所以决定不在那里逗留。

一六四照相连还有两位荣获紫星奖章的战友，加州的米尔特·廓夫（Milt Koff）技术军士和洛杉矶的汤米·阿莫（Tommy Amer）二等兵；廓夫是跟随在胡康河谷里的"梅里尔的抢夺者"，阿莫是华裔，又曾担任《中缅印战区新闻综合报》记者，深受上司喜欢。

洛杉矶的查尔斯·齐默曼（Charles Zimmerman）技术军士和华盛顿州的唐·普林格尔（Don B. Pringle）二等兵（他后来再次加入通信兵服役，现在正在日本）两人都获得铜星奖章。普林格尔除了干摄影活儿外，还在八莫的战斗中敲掉日军一个机枪阵地，击毙了三名日本兵。齐默曼早期曾干过徒步测绘"驼峰"航线，一路进入中国这样的绝活儿。纽约的路易士·瑞克佐科斯基（Louis Raczkowski）因为拍摄到八莫的炮战照片而荣获一枚铜星奖章；一六四照相连还有人获得一枚空军奖章，他就是威廉姆·萨佛兰（William Safran），在密支那的滑翔机行动中表现出色。

一六四照相连的资深摄影师威廉姆·布朗（William Brown）技术军士也来自洛杉矶，他在丛林中度过了多年，简直快成了一座雕塑固定在那里了。在 1944 年沙杜祖（Shaduzup）的坦克大战中，正是布朗拍摄到了第一张战地照片，当时他乘坐的坦克遭遇麻烦，在日军炮火中倾翻，全体成员镇定自若，从逃生孔里钻出来，全部毫发无损地返回。

一六四照相连的另一个精彩故事最初是由堪萨斯州的汤姆·范宁（Tom Fanning）二等兵讲出来的。1944 年，《中缅印战区新闻综合报》大肆报道他抓获了三名日军俘虏，范宁因此而声名大振。新闻报道说范宁藏在一棵大树上拍摄公路，他发现自己的摄影包落在树根下，正要下去寻找却发现有三个人在公路上，他以为是中国士兵，便大声喝令他们离开路面，因为三人正好闯入他的镜头。他很快意识到那是三个日本兵，并且是主动来投降的，就这样，范宁用他的照相机俘虏了日本人。这是新闻报道的描述。实际上，范宁

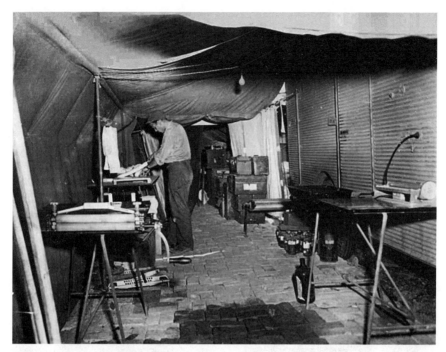

译者配图 9：1945 年 3 月 14 日，缅甸八莫。一六四照相连 "H" 小分队的前方工作室。查尔斯·齐默曼拍摄。美国国家档案馆图片

那天晚上在他的帆布吊床上昏睡，突然有人拍他肩膀叫醒他，他睡眼惺忪地发现身旁站着三个病饿交加、狼狈不堪的日本兵，原来他们是按照美军心理战部门散发的劝降指引传单主动找上门来投降的，为自己换取一些食物和药品。将三名战俘移交给宪兵部后，范宁又缩着身子继续睡他的大觉去了。

一六四照相连的头儿是亚特兰大的赫伯特·里德（Herbert Reed）上尉以及俄亥俄州克利夫兰的戴夫·伯曼（Dave Burman）上尉。通信兵照相连队还负责完成"目标——缅甸"的战时纪录片的拍摄任务。战区官兵人物、军用地形、滑翔机队降落密支那、空投食品等都在这群小伙子们的拍摄对象之列；中国军队在兰姆伽训练中心的训练过程也被他们记录下来；纽约的维克多·凯菲茨（Victor F. Kayfetz）中士和费城的约翰·瓦棱斯（John G. Valence）技术军士还拍下了食品空投员们在机舱内的影片；戴维·奎德（David L. Quaid）

译者配图 10：1944 年 4 月 20 日，缅甸某地。一六四照相连摄影师戴维·奎德中士在查看一门 1942 年撤退时史迪威将军遗留下来的四英寸炮。戴维·奎德这张照片被译者发现后，经史迪威将军外孙约翰·伊斯特布鲁克（John Easterbrook）上校联络到了奎德的女儿，她喜获这张照片后，带去看望仍然健在却居住在一家养老院里身体抱恙的父亲戴维·奎德，老人非常激动，还能回忆起来当时被战友拍摄摆这个 pose 的情景。在欣慰地看到了这张照片的几个月后，戴维·奎德与世长辞

中士也参加了这次拍摄行动，还在摄像过程中负伤，他是被一个空投的骡马喂食袋在落地前击中而致腿骨碎裂。

空军也有一支非常优秀的成建制的摄影部队活跃在中缅印战区。空中摄影师罗伯特·法瑞尔（Robert A. Ferrier）上士服役于缅甸的第三战术航空队，常引以为豪的是能够抓拍到大概最接近地雷爆炸的超近镜头，他时常乘坐 B-25 轰炸机沿缅甸铁路线超低空飞行拍摄近镜头。有一次他的飞机贴着一段被炸烂的铁轨飞行，一枚日军地雷突然在他飞机的尾观察孔正下方爆炸，扬起的泥土和弹片击中飞机的油箱和机翼，飞机被冲击得摇摆不定，回到基地，

定下神来才发现飞机两翼被撕开，引擎整流罩被粉碎，一条油管破裂，油箱成了筛子，真是九死一生。这一次法瑞尔将全过程都拍摄成影片。他当年初学战地摄像还是在地中海战区。

并非所有空军照相兵都上前方拍照，有些人负责最后的冲印工作。轰炸机轰炸造成的破坏效果照片需要迅速地冲印出来交给指挥官们，照片解读人员必须在将照片提交给空军基地的各类指挥人员前作出报告，基地官兵们还得跳进拍摄舱里小心地将那些照相机拆卸下来，这些设备都是在飞机起飞前

译者配图 11：一六四照相连的爱德华·迈克米科（Edward Rmacormick）驾驶第一辆吉普车通过惠通桥。美国国家档案馆图片

往日军占据区域执行任务前安装上去的。拍摄任务是由接受过摄影培训的战斗人员进行的，拍摄成果一旦回到后方，处理中心的人员则开始昼夜不停地进行冲晒。在中国，极度缺乏正规的冲印暗房和设备，常常是在一间土坯农舍里凑合；十四航空大队还曾将几个飞机炸弹槽摆放在工作台上当蓄水池用；二十码长的干酪包布和几块木板混合而成作为晾干架；需要天平量度化学药剂时，摄影兵们就到当地的村镇上从中药铺买一副古老原始的杆秤回来用。

在驻华空军照相兵中有"解放者"轰炸机摄影师佛兰克·杜恩（Frank J. Dunn）上尉；有主管其他所有士兵的主助理查尔斯·司杜朴斯（Charles H. Stoopes）军士长；还有最先拍摄那些近期才发布的影片的乔·马丁（Joe Martin）技术军士和诺曼·透纳（Norman S. Turner）技术军士；有上士爱德华·欧贝尔（Edward A. Uebel）负责显影液定影液的调配工作，他曾因在乘坐的飞机坠毁后仍表现英勇而获银星奖章；中士威廉姆·查特欧奇（William E. Chartowich）和瓦尔特·辛普森（Walter A. Simpson）以及赫伯特·瓦尔登

译者配图12：隶属驻华空军第十四航空大队的战地摄影师哈罗德·吉尔上士和佛兰克·图特威勒中士拍摄的桂林机场撤离前自我摧毁营房设施的场景。美国国家档案馆图片

二世（Herbert B. Walden）一起进行晒像工作；泰德·布儒纳（Ted Brunner）上尉负责完成最后一道工序。

　　桂林沦陷时两位空军照相兵碰巧在那里，他们因此而意外获得了一个"幸运"的"假期"。隶属驻华空军第十四航空大队的战地摄影师哈罗德·吉尔（Harold E. Geer）上士和佛兰克·图特威勒（Frank W. Tutwiler）中士早在该地被敌攻克前几个月就被派往桂林空军基地，专门拍摄"飞虎队"的对日攻击。日军先头部队逼近以及装备极差的中国军队开始撤退的消息传来，随之美军亦展开转移，他们俩预感到这次是不容错过的绝好机会，一定能够拍摄到难得的素材。吉尔和图特威勒将多余的摄影器材装上一架撤退的飞机，

译者配图 13：1944 年 9 月 27 日，来自加利福尼亚的一六四连照相兵戴维·阿尔伯特（David E. Albert）在柳州南站拍摄逃出桂林的难民潮时，为他的 Cins Kodak 照相机装胶卷，周边挤满了好奇的难民围观。美国国家档案馆图片

人留下来，开始了他们的摄影历险。他们使用16毫米和35毫米的电影摄影机以及C-3型照相机。中国民工在机场掩埋了炸弹，用石灰画上大圈以警告空军的飞机切勿在上面降落，在约定的时间，所有炸弹一齐被引爆，彻底摧毁了机场；营房、理发店、食堂、康乐中心被浇上汽油，美军人员伤心地目睹了火焰吞没这些呕心沥血建设而成的舒适的基地设施。吉尔和图特威勒冷静地拍摄了全过程，记录下所有细节，这是桂林——这个以前被视为自由中国的最新的也是最美的城市，落入日军之手的前一天。难民们攀上一切可以搭乘的交通工具离开，甚至包括牛车和三轮车，铁路运输人满为患，两位照相兵冒着危险拍摄了许多火车站难民潮的照片。待到机场被彻底摧毁后，他们才把器材打包装箱，带上他们对桂林的最后几天的所有详细记录撤离，一个完整的、足以用图片讲述的故事将来会永远被后人牢记。

可以说，美军拍摄日本本土的第一张空中侦察照片，肯定是由二十四岁的弗吉尼亚人温佛莱德·索德赖特（Winfred A. Sordelett）拍到的，他当时驾驶一架无武装的P-38轻型侦察机从驻华空军基地起飞后，于1943年10月31日从空中拍摄了日本，带着他所有的拍摄成果成功返航回到中国的基地。他因为这次破纪录的往返二千二百英里的航行而荣获飞行优异十字勋章。途中他想办法躲过了日方雷达扫描，丝毫没有引起敌人的炮火；他轻装出行，唯一的维生营养仅靠一片四盎司的巧克力和一罐放在脚下的水，每次想吃喝就得拔掉氧气罩，他毫无武装，照相机和胶片取代了机枪和炸弹；如果万一飞机燃油耗尽（实际上他是靠副油箱飞回的），他第一件任务便是将飞机和摄影器材全部毁掉，要么坠毁要么迫降后销毁，别无选择，因为胶片盒太重，靠人力是搬不动的。

一张照片胜过千字，中缅印战区数万张照片的拍摄可不是吹出来的，鲜血、汗水、眼泪是冲洗这些照片的液体，下次当你看见任何一张CBI照片时，请记住这一群"咔嚓"部队的照相兵们！

（晏欢 译，原载《老照片》第137辑，2021年6月出版）

滇缅战时影像钩沉

晏　欢

史迪威公路上的奇葩路牌

列多公路（Ledo Road）又译为雷多公路或利多公路，一般是指从印度的列多（Ledo）通向缅甸的密支那（Myitkyina）这一段，而滇缅公路（Burma Road）通常是指缅甸的密支那到中国云南昆明的一段。所谓的中印公路，也就是史迪威公路（Stilwell Road），则广义上涵盖了这两段，因为当年中文里常提及的"中印公路"却没有一个相对应的英文名称，而英文中不是以"列多公路（Ledo Road）"就是用"滇缅（Burma Road）"来表述，并没有统一的称谓。后来干脆用1945年初全线通车后蒋介石以史迪威将军名字命名的"史迪威公路"，书刊报章新闻电影中也多用此名。

史迪威公路全程都在崇山峻岭里，地形非常复杂，交通事故频发。当局为了保障安全和高效，制定了严格的规章制度。美国是汽车文化大国，美国人为维持良好的交通秩序，无奇不出，就是想象不到效果是否显著。

驾驶一辆道奇大卡车行驶在崎岖陡峭的滇缅公路上的美国大兵一眼看见这样的警示路牌，到底是会兴奋呢，还是真能提高警惕而放慢速度？

图3、图4来自美国国家档案馆的照片，背面文字一模一样："1944年5月29日，缅甸。这是列多公路Ledo Road上的一块路牌。美军通信兵安德鲁斯（Andrews）摄。"

图3的路牌上写着："Speeders Beware！ Mark my words Wait and see. You＇ll get caught just like me. 25 M. P. H"这句像是顺口溜的标语翻译成中文，

305

图 1　蜿蜒曲折的史迪威公路

图 2　史迪威公路地形险峻，修筑工作非常艰难，通车后车辆行驶其间险象
环生，提心吊胆

图 3 　路牌上的英文标识

图 4 　路牌上的英文标识

大意是："开快车的小心啦！记住我的话，耐心等，看清楚，否则你就会像我这样手忙脚乱，狼狈不堪。限速 25 英里。"

原文读起来是朗朗上口的文字。文字旁边的漫画是一个性感裸体女郎在慌乱中想要用一块毛巾遮身，显得手足无措，顾此失彼。以此来警告司机们"一慢、二看、三通过"，保持限速行驶。

图 4 路牌上的文宣，遵循的同样是"有味"路线："DRIVE SLOW. CURVES ON ME MAY LOOK SWELL. BUT ON LEDO ROAD. THEY CAN BE HELL. 25 M. P. H."中文意思是："慢驶！我身上的曲线看了能使你膨胀，列多公路的曲线（弯道）可要你命丧！限速 25 英里。"

图 5　另一处路牌上的标识

另外一张同样"香艳"的照片（图5），背面文字是这样的："1945年1月13日，由印度列多开往中国的第一车队正驶过列多公路旁的一块警示牌，它提醒司机们不要超速。美军通信兵拍摄。"

这一面警告牌上写着醒目的字句："TAKE MY ADVICE SOLDIER WHENEVER YOU DRIVE. DON'T BE FOOLISH AND YOU'LL STAY ALIVE. 25M. P. H."翻译成中文大意是："兵哥哥听我的劝告，开车时绝不犯傻，你能保住一条命。限速25英里。"

性感女郎形象出现在战场上其实由来已久，非常普遍。从这张中缅印战区 CBI Theater 英国军队的"美女挂图医疗室"照片（图6）中可见一斑。其背面的文字为："1944年12月11—13日 SC 384935 '英军三十六师二十九旅攻克印道（Indaw）之前和期间的其他类照片'盟军东南亚总司令部摄影

图6　两位士兵被挂图所吸引

部队（美军）[SEAC Photo Unit（US）C109-1-C]：眼花缭乱的美女挂图装饰着皇家威尔士火枪团的医诊室，这里是英军三十六师进军印道途中安营扎寨之地，来自英格兰赫里福德（Hereford）的火枪团员罗伯特·切斯特（Robert Chester）和来自利物浦的火枪团员马斯特顿（J. Masterton）被挂图吸引，驻足欣赏'艺术品'。摄影师：惠特利·奥斯汀（Whitlay Austin）中尉。战地新闻管制处准予公开。"

令人费解的是，这些英国军人为什么要把人家美军总参谋长乔治·马歇尔将军的照片和这些性感女郎挂在一起？

追寻照片里的"洋大妈"

这是一张（图7）背面没有任何标注的档案馆馆藏照片。严格说是两张（还有图8），同样的人物，只是在不同的画面中。它们被混在一组"废片"之中，尺幅只有一张邮票大小，明显从未被采用，甚至从未被冲晒出来成片归档，在拍摄后的七十多年里仅仅是停留在试验相纸上。

按照当年在马里兰的美国国家档案馆复制中国抗战照片的工作经验，以及回国后的归档分类原则，这显然是一张试机扫描，也就是检验扫描仪工作状态的试片。这张照片被扫描后，并没有归入相应的文件夹当中，因此也很难引起人们的注意。

其实在此之前，我已见过这张照片（图7），但却摸不着头脑，因为照片除了画面中的告示牌上有十六个汉字外，再没有任何的文字信息。既不知照片中的人物是谁，也不知道是在哪里拍摄的。对我而言，它一直就是个谜。尽管这张照片质量相当好，画面对我也颇有吸引力，总觉得背后应该有故事，但由于对它几无所知，我从未挑选出它来参加任何的展览或出版，也没有在微博或微信中披露过。大概是当年洋人出于他们的视角，不觉得这张图片有什么值得发表的价值，又或许是摄影师冲晒出来小样后，觉得没啥意思，便把它当作废片丢弃了。

从照片上几个女孩子的制服，招牌上所画军人戴的帽子，以及身着军装的洋人和背景中的美国国旗，似乎是拍摄于抗战时期的大后方某地。而照片

图 7　一位"洋大妈"与中国女童子军

中唯一可以辨认的十六个汉字——"日常用品　应有尽有　惠顾诸君　无任欢迎"——则很像是某个军人招待所的小卖部。我就女孩子们的服饰专门请教了一位年纪不大的军装收藏、鉴定大师某"匪",他一口答说是"童子军"服,而此前我还以为她们身着的是护士的装束呢。如果是专门接待外国军人的招待所,那么为什么招牌上只有中文,而无一个洋字码?

多年来,照片里的未解之谜一直困扰着我。

前些天,本是回应著名抗战照片收藏家邹德怀先生在朋友圈里贴出的美国护士在昆明的珍贵照片,不料却把我引向了抗战期间美国人士在昆明这个大类别的搜寻。一次浏览电脑时,发现了数张美国记者在昆明的照片,突然,这位洋大妈的身影竟跳了出来!(图 9)

我一眼认出了:就是她!

图8 "洋大妈"的另一幅照片

感谢美军一六四照相连的摄影师路易斯·瑞克佐科斯基（Louis Raczkowski）技术军士，他在照片背面留下的文字记录帮我揭开了这位貌似美军女兵的身份："CT—45—25310 1945 年 6 月 26 日，中国昆明 *This Week* 杂志的玛丽·戴·温恩（Mary Day Winn）是为数不多的几位到访中国昆明的美国战地记者 War Correspondents，在她观摩了昆明的中美炮兵训练中心（Field Artillery Training Center）的演练后，在附近一个古老村庄的寺庙里欣赏具有两百多年历史的罗汉塑像。摄影师：路易斯·瑞克佐科斯基。"

中美炮兵训练中心位于昆明郊外的甘海子，先贴出几张图片给大家看看它的环境。

那张照片有可能就是在炮兵训练中心的小卖部前拍摄的。为什么照片里的招牌没英文？或许那个小卖部是仅供中国官兵使用的一个服务社，而美军

图 9　"洋大妈"在观看雕塑

教官自有他们的专属俱乐部。那栋用做小卖部的建筑物，或许就是这张（图11）炮兵训练营地照片里的某一栋。而这几位女童子军应该是陪同"洋大妈"自昆明城里开车来远郊的训练中心参观采访的，看她们与玛丽大妈谈笑风生的模样，怎么也应该是喝过几年洋墨水的学生妹。可惜的是，我再没能找到这几位中国女童子军的其他影像和文字信息，但愿如今还有人能认出她们，最好是她们当中还有人健在——她们至少也是九十高龄的耄耋老者了——还

图 10　这大概就是她观摩到的实战演练

图 11　炮兵训练中心的学员们，一天训练结束，回到食堂准备就餐，背景中的房子有可能就有图 7 里的那个小卖部

能看见这两张清晰的照片中她们的装扮和面容。

腾冲光复后的抗疫

图 12、图 13 是记录抗战期间在云南边城腾冲中美两国共同抗疫的照片，来自美国国家档案馆浩如烟海的历史照片库。当下正是全人类共同对抗新冠病毒的关键时期，回看七十多年前的防疫场景，别有一番滋味在心头。

图 12 背面的英文说明译为中文，大意是："CT—45—22240 腾冲 中国 1945 年 2 月 28 日，抗瘟疫小队出发前往附近村镇前，工作人员在聆听主管中方团队的邓医生（音译：Dr. P. H. Teng）和美军督导顾问约瑟夫·史密斯（Joseph B Smith）中尉以及富兰克林·罗达巴洛（Franklin D Rodabough）上尉详细交代任务。每一小队里有两位队员配备了显微镜、老鼠夹（笼），以及必要的喷雾器喷洒滴滴涕化学药品。肖普（Schwep）中尉拍摄。"

史料记载，1944—1947 年滇西曾流行鼠疫，1944 年 10 月底，国民政府调集大批训练有素的鼠疫防治专家和公共卫生专家，奔赴滇西南地区，灭鼠防疫。而腾冲光复是 1944 年 9 月，光复后的数月时间里都在恢复重建。1945 年 2 月，曾与中国军队携手并肩从日军手中将腾冲解放的美国军队可能还仍然驻扎在腾冲或附近，此时两国防疫人员共同应对瘟疫，也是共同战斗的一种延续。

照片中那位穿白色上衣的中方负责人邓医生，他的衣着和发型以及架在鼻梁上的眼镜在这群人里特别显眼，算是那个年代有地位的医生的典型形象。蹲在地上的那位阿伯，头顶上的绒线帽是滇西的流行款式，在其他滇西同时代照片中经常可以看见。他有可能是这户人家的主人，好奇地打量着院子里一大堆奇奇怪怪的防疫器具。站在门槛上的小姑娘，大概是这个四合院人家的闺女或是孙女。从这些人的装束看，毁于战火几个月后的腾冲，似乎生活以及环境都已经趋于平静。女孩脚上的鞋子看上去十分时尚，像是一双皮凉鞋，应是舶来品吧。那堆了一地的防疫设备器材，看上去挺洋气，还有红十字标志，有些直到 20 世纪六七十年代都还在使用，并不觉得陌生；右边的容器盖上，还可以看见有一个仪表，可能是控制压力之用。

图 12　防疫前的准备工作

图 13　正在进行防疫工作

图 13 是从完全不同的文件夹里所发现，背面英文说明译为中文大意是："把毯子熏蒸以消杀带病毒的虱子。一九八师的工兵们把他们床上的铺盖被单以及衣物拿到这个防疫站点，在这里用氰化物进行消杀熏蒸。左起依次为：防疫委员会的邓医生（音译：Dr. P. H. Teng）、周先生（音译：P. C. Chou）、朱先生（音译：T. Chu）和约瑟夫·史密斯（Joseph B Smith）中尉。腾冲　中国　1945年2月28日。肖普（Schwep）中尉拍摄。"在这张照片里，正示范仪器操作的邓医生面部，可以看得更清晰了。

一九八师（师长叶佩高）是五十四军（军长阙汉骞）攻克腾冲的主力师，此刻滇西战事虽然已经结束，该师应该还没有调离腾冲。如今，腾冲县城里还耸立着一座一九八师腾冲战役阵亡将士纪念碑，去腾冲观光旅游的人仍然可以在参观完国殇墓园和滇西抗战纪念馆后，移步前往附近的这座纪念碑鞠躬致敬。

过去的十年里，对于腾冲这座抗战中第一个从日军占领下解放的中国县城，公众的目光总是聚焦在那些硝烟弥漫的腾冲之战的照片上，鲜有如此生僻的主题画面出现在人们的视线里。今将其公开展示，也算是对那段历史影像资料的某种补充。

（本文所有图片均来自美国国家档案馆）

（原载《老照片》第 132 辑，2020 年 8 月出版）

中缅印战地的餐饭

晏　欢

十几年前，笔者就专门解读过下面这两位将军战地就餐的照片（图1、图2）。

彼时，尚未涉足美国国家档案馆，且目光仅仅是停留在大名鼎鼎的将军们身上。随着对抗战影像越来越多的接触和阅读，发现了众多的二战期间中美两国军队普通官兵们战地"用餐"的照片，五花八门，十分有趣。遂逐一整理归类，在此展示其中一部分与朋友们共赏。

这张照片（图1）是从美国国家档案馆搜集的，背面的图说为："约瑟夫·W. 史迪威中将（Lt. Gen. Joseph W. Stilwell）和驻守缅甸北部的宁嘎萨坎（NINGAM SAKAN）的官兵们一起在军营食堂外吃他自己那一份圣诞餐，他还有滋有味地享用了烤猪。1943年12月23日。摄影：技术军士雷普尼茨 LEIPNITZ。"

图1　正在吃饭的史迪威

这段文字已经将照片内容描述得很清楚了，笔者无须再赘述。根据时间看，当时史迪威将军已经发起了他精心策划的"缅甸反攻"，常

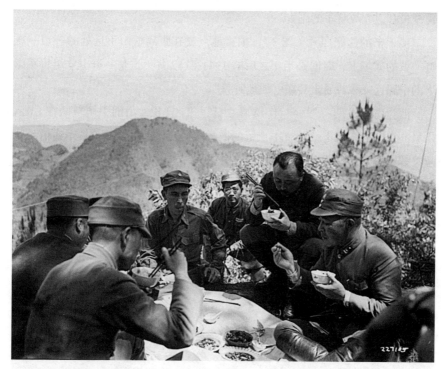

图2　中美军官共同进餐

常往返于印度的列多（LEDO）以及缅北丛林中不断挺进的新三十八师、新二十二师所处的前线。

　　这张照片（图2）也是从美国国家档案馆搜集来的，照片的背面写着："来自佛罗里达迈阿密的约翰·A.克里夫兰中校，隶属于总部特别行动队，中国远征军司令长官卫立煌上将，以及中国远征军炮兵司令邵百昌中将在怒江惠通桥上方的羊角峰顶以中国方式享用野餐。美军信号兵照片 #CBI-44-27974，由军方战地保密检查处发放。"

　　这张照片，后来还牵出了一段有趣的事。现居上海的北伐名将李烈钧嫡孙李季平先生看了照片后，一眼认出了照片中位于卫立煌将军和克里夫兰中校之间的这位戴眼镜的远征军军官，他正是自己的四伯父李赣骥！这位黄埔军校十七期第一总队的毕业生，当时正在中国远征军长官司令部服务，担任司令长官卫立煌将军的副官。

接下来的这张照片（图3），拍摄地点就在距离松山不远处的芒市—畹町一线的战场上，时间是半年之后的1944年12月。这是一群卫立煌将军麾下的中国远征军普通士兵在"战地野餐"。

照片背面注明："1944年12月2日，攻占LILA山的中国军队在LILA山最高点的西南坡下一处日军遗留的散兵坑旁'享用'午餐。美军通信兵照片，技术军士谢默瑞（Shemorry）拍摄"。

翻查余戈先生所著《1944：龙陵会战》中所记录的遮放战役，找不出一个和LI LA HILL发音完全一样的山头，但12月初大概是五十三军攻占的一座叫作"来劳山"的地方，发音可能和这个LILA山的地名相近。如果确是

图3　中国士兵正在战地野餐

这个地方，那么，这群军人应该是远征军第五十三军的士兵。根据与这一时期五十三军的其他照片对比，觉得他们的军装也十分相似。但照片背面没有标注该部队的番号，因此无法断定。

中国远征军前线战士们饭碗中的大米供给，离不开云南人民和大西南人民的有力支援，这张照片（图4）可见一斑。

这张拍摄于云南省云南驿的照片，背面文字注解是："1944年6月19日，中国云南驿；中国妇女们正在捆绑大米麻袋，这些米袋即将空投给怒江前线作战的中国军队。摄影师克莱顿技术军士，美军通信兵拍摄。"

从时间看出，滇西大反攻诸战役中，前线将士的饭碗，没准都是由后方的"供给重镇"——云南驿机场运来并投下的大米填满的。

图4　中国妇女们正在捆绑大米麻袋

图 5　炮兵的战地野餐

　　再来看看国境外缅甸方面，与美英盟军并肩作战的中国驻印军又是怎样的伙食条件。

　　这张照片（图 5）的背面英文注解是："缅北丛林，中国驻印军新三十八师榴弹炮营的一个炮兵阵地，在轰击日军阵地的间隙，享用午后的野餐。1944 年 4 月 17 日。美军通信兵拍摄。"

　　看上去他们端的饭碗和手握的筷子，以及中间地面上摆放的共享"菜盆"，都极其清寡，不由得怀疑传说中的美军空投食品是否真实，也许是中国小伙子们吃腻了罐头和饼干，想换换口味吧？

　　传说中的"空投伙食"，实际上是来自下页这张照片（图 6）和它的文字说明："1944 年 4 月 6 日。迄今为止所发明的最奇特的物资运输方式，就是从空中把鸡蛋用降落伞投放到地面，供应给在丛林中作战的中美联军。在这片缅甸的丛林里，其他的运输方法都不可行，南卡罗来纳州的佛莱德·肯

图6 包装准备空投的鸡蛋

隆（Fred E. Kennon）下士正在为空投鸡蛋打包装箱，每箱可装两百只鸡蛋，底下有糠屑做防震垫层。食品运输部队负责准备这类粮秣供给，迄今为止，还没有收到破损的报告。208-AA-11K-12。"

在赴异国他乡征战之前，这些中国士兵们从来也没有吃过"洋餐"，即将离开祖国的那一刻，他们往往抓紧时间饱食一餐家乡的饭菜。下面这张照片（图7）生动地记录了他们战地伙食"转折点"的场景。这张照片是在云南驿机场拍摄。

这几位在大后方的后勤部队人员，改善伙食自有办法。他们是驻扎在云南藏区的后勤运输部队。这张照片（图8）背面的说明是："1945年5月，在（云南）藏区 Ying Kiang Choi 的驻军下河捕鱼改善伙食。"

传说中的美军K级口粮（K-Ration），用这张"芒友会师"的照片（图9）

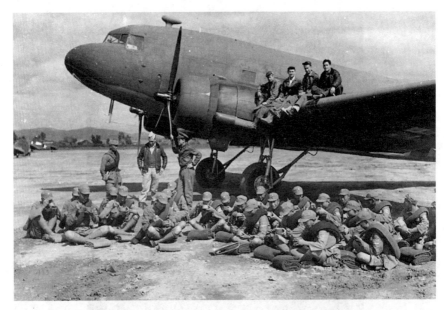

图 7　吃家乡饭菜的中国士兵

图 8　后勤人员捕鱼改善伙食

图 9　士兵们在展示美军 K 级口粮

来诠释再恰当不过了。K 级口粮是一种单兵军用口粮，完整的一份可满足一名普通士兵一天的消耗。K 级口粮在第二次世界大战中由美国陆军引入。但早期的 K 级口粮只配发给空降兵、坦克部队、摩托化部队等机动部队，供机动部队作为临时性的食物。一份完整的 K 级口粮包装在三个独立的盒子中，分为早餐、晚餐、夜宵。

　　过去一段时间，对中国远征军和中国驻印军的历史图片回放中最令人津津乐道的花絮之一，就是这两支部队的武器装备和后勤物资保障，存在着比较明显的差别。

　　这张照片背面的文字说明是："1945 年 1 月 22 日，缅甸木姐。将日军扫荡驱逐进入崇山峻岭之中后，中国驻印军新一军新三十八师第一一三团在缅甸的木姐与云南的中国远征军第五十三军第一一六师进行了初次的接触；

驻印军战士打开一盒美军 K 级口粮与国内的友军弟兄们分享。美军通信兵拍摄。"

其实,派驻在中国境内中国远征军各部队的美军联络官们,也有他们自己的"特供"——C 级口粮。

这张照片(图 10)让我们重新回到滇西战场,美军"Y"部队的联络官们在雨季的一个山村里,享用他们的"C"级别军用伙食。中间是翻译官 Tsai Xuo Mo(蔡修模或者莫才学),不知是否有人能知道这位盟军译员的身份,以及后来去向或者其家人所在。

前线中国远征军将士们蹲在野地里吃的"战地野餐"属于粗茶淡饭,后方昆明的中美高级将校参谋学校进修的军官们坐在饭堂里吃的伙食,看上去似乎也好不了多少,要不为什么总说抗战是"艰苦卓绝"呢!

这张拍摄于昆明的照片(图 11),背面文字注解是:"1944 年 6 月 12 日,中国昆明;中美步兵训练中心 ITC 将校参谋学校的副主任赵家骧少将(右边

图 10 　美军联络官在享用"特供"——C 级口粮

图 11　进餐的中国军官

最后一位，正把筷子伸进菜锅者）和学员们在饭堂共进午餐。美军通信兵拍摄。"

　　能进这个高级参谋班学习的军人，基本要求是将校级别的军官，远征军中许多著名将领如成刚中将、叶佩高中将都在此进修过，由图片可见，当年条件确实艰难。

　　在印度兰姆伽的中美训练中心 CATC，同样也办过几期将校训练班，学员都是从驻滇的远征军各部队中抽调的师、团级干部，飞来接受短期培训。从下页这张照片（图 12）可一窥这些长官们在印度进修期间的伙食标准和饭堂环境。

　　这张拍摄于兰姆伽训练中心照片的文字说明，是这样写的："并不比那些个招募而来的普通士兵有更加舒适的条件，图中这些中国军队将校特别班的高级军官们在饭堂进餐，他们在这座训练中心参加和普通士兵一样的、由

图 12　中国高级军官的食堂

图 13　美军少将在考察中国军队的用餐器具

美国教官教授的训练课程。照片在 CATC 拍摄。摄影师克莱格技术军士，美军通信兵拍摄。"

真不知道这位写文字说明的老美是怎么理解普通士兵的伙食待遇的，图中明显看得出进餐的环境相当不错，而且是全套西餐，有咖啡壶（也许是茶壶）和胡椒粉、食盐瓶等调料，似乎看不见任何饭碗和筷子，与国内的远征军餐食标准肯定不一样！与兰姆伽正在接受训练的普通士兵待遇肯定也不一样，须知这里是英国的殖民地，英军的传统就是军官和士兵的待遇形同天壤。

最后，分享一张视觉效果和内容都特别不一般的照片（图 13），对比一下远在云南的中国军队餐具与印度兰姆伽的这些刀、叉、盘有什么不同。

照片背面的文字为："1945 年 2 月 12 日，美军后勤运输司令部 SOS 司令西瓦斯少将考察中国军队的用餐器具。摄影师汤玛斯·马尔温技术军士，美军通信兵拍摄。"

这里，有当时的国人惯见的土陶饭碗、木制筷子，垒起的土台上堆放着碗筷，墙面上的麻绳还晾挂着几条抹布……相比前面那张照片，简直就是另一个天地。

（原载《老照片》第 140 辑，2021 年 12 月出版）

遗失的审讯记录及照片

李　宾

　　在我众多的收藏品中，有一份特殊的藏品，那是一份审讯记录及所附带的十三张老照片。这份审讯记录写在学生练习簿上，共记录了 1968 年 10 月 27 日、28 日、29 日以及 1969 年 11 月 2 日四天的审讯内容；交代的内容是主人公的履历和与其履历相关的证明人，照片上的人物也成了直观和形象的证明人，这些人均为主人公抗战时期的同事。从审讯时间和记录内容可以判定：这份材料与专业的审讯材料可谓大相径庭，应出自"文革"期间单位的审查人员。

图 1　程箴

　　人都有趋利避害的天性，所以被审讯人对这段记忆的描述是平淡而又和煦的，在交代中刻意回避了自己在抗战中的表现，更没有多少具体内容被爆料。但从他上缴的这些照片，以及简洁的审讯记录，我们仍可以勾画出一个热血青年在抗战期间的完整人生。

　　被审讯人叫程箴，河南开封市人，男，1920 年出生（图 1），照片拍摄于抗战后期。由交代记录可知：程箴在十七岁时，于 1937 年 8 月跟随其父亲来到了西安的第四十九师修械所，成了一名国民革命军人。可见抗战之时，父子、兄弟一同参军的比比皆是，是真正意义上的"打虎亲兄弟，上阵父子兵"。他们父子在四十九师修械所修理战场损坏的各种枪支和迫击炮，以保障战场的需要。那个修理所里大都是开封人，是由胡玉林串联成立的，可见那时出来当兵抗日，由老乡鼓动和串联的比较多，这也就是无论何时军中都有割不断理不清的帮派体系的缘由。

据程箴交代：参军后便随部队先到了团凤、黄冈，后又返回到汉口住在日租界，其后又到衡山、衡阳，直到第二年夏天，这期间，因战时需要，四十九师修械所和第六军九十三师修械所合并，归第六军，此时又到了衡山，四十九师又奉令到广西，随后又随四十九师到了田阳、田东。其间1942年2月去了五十三兵工厂，1944年二三月间离开（云南海口），在五十三兵工厂共两年时间，主要做钳工，生产锉刀、铁皮样板等，没参加什么组织。

其简洁的交代，描述了其在抗战中的完整轨迹，由此可见其先后参加了武汉会战和桂南会战。查阅《国民革命军陆军沿革史》得知：1938年8

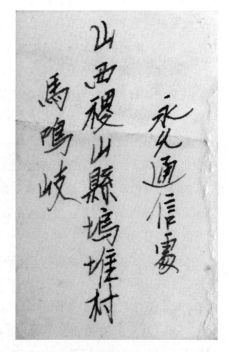

图2　马鸣岐赠给程箴照片及背面题字

月，在湖北崇阳编组第六军，下辖第四十九师、第九十三师，参加武汉会战（1938年6月中旬至11月中旬）。12月，增辖预备第二师。1940年初，赴广西宾阳等地，参加桂南会战（1939年11月15日至1940年2月8日）。1月，改称一〇三军，恢复第六军番号。战后开至武鸣防守。9月，开赴黔西南兴仁、安龙、兴义，预备第二师脱离建制，军政部第八补训处编入建制。12月，第八补训处改编为暂编第五十五师，该军改辖第四十九、第九十三师和暂编第五十五师。1941年6月，各师先后向云南移防，进驻保山、大理、开远等地。12月，军部及暂编第五十五师由开远经昆明向龙河、龙陵进军，第四十九师、第九十三师向芒市进军。1942年2月，进入缅甸，隶属远征军司令长官部。参加滇缅路作战（1942年3月18日至9月16日）。战后退回云南，取消暂编第五十五师番号，第四十九师保留基干，调昆明隶属昆明防守司令部整补，新编第二十八师拨入。1943年1月，第四十九师与第五军所属新编三十九师对调。5月，新编第二十八师拨出，预备第二师调入。该军改辖第九十三师、新编第三十九师、预备第二师。1944年4月，第九十三师脱离建制，该军隶属第十一集团军参加滇西方面作战（1944年5月11日至1945年1月27日），配合第七十一军进攻龙陵。1945年2月3日该军及所属新编第三十九师番号撤销，预备第二师改隶第二军。

从交代的材料看，与历史书籍记载一致。只是程篯自1942年2月以后就脱离了作战部队，作为技术工人来到了五十三兵工厂。

有趣的是程篯所上缴的照片，都是五十三兵工厂的同事，此时他脱离了南征北战的部队，避开了炮火连天的战场，生命和安全都有了保障。这段在工厂的经历对他来说，无论是人事关系，还是工作条件都是舒心的，不然不会保留那么多同事的照片。可见他在五十三兵工厂工作时期，也是他抗战期间一段比较安逸的时段。

查阅五十三兵工厂厂志得知，1939年4月国民政府筹建第五十一兵工厂，开挖三十座山洞作为生产车间，1941年投产。1942年1月，在昆明柳坝村的第二十二兵工厂因日机轰炸迁到海口，与五十一兵工厂合并成立第五十三兵工厂，占地面积4830亩，拥有进口机器设备近千台，员工及士兵夫役2400余人，成为云南规模最大的兵工厂。形成机枪厂和光学厂两个制造系统，

图3　周良云与家人

生产捷克式轻机枪、6 倍望远镜、80 公分测远镜、瞄准镜和指北针。抗战期间，从工厂开始生产，至抗战胜利的五年间，累计生产轻机枪 1.5 万余挺、望远镜 1.3 万架，迫击炮瞄准镜 0.37 万架、指南针 2.7 万具，并为中国远征军修理了近千门火炮和 2.7 万余支机步枪及数以万计的光学器材、军用杂件。从时间上看，五十三兵工厂在建设初期，需要大量的专业技术工人，此时程箴奉调五十三兵工厂也就顺理成章了。

据程箴交代：他当时在轻兵器组，此组共有十来个人；其中王锡洲为开封梁门关路湾人，他是军火库主要负责人，上尉军衔；同组的还有马鸣岐（图 2）、周良云（图 3）、刘承辛（图 4）。由照片可以想见，因为战争的残酷和命运的难料，那时的年轻人，只要条件许可都会拍照留念，或遥寄远方的家人报平安，或赠同事和亲友珍惜今日之安宁。那时兵器组王永为负责人，还有魏绍清，以及五十三兵工厂技校的学生英灿，共有十来个人，但没有留下这些人的影像资料。

程箴的交代透露了一个重要的细节，就是五十三兵工厂拥有自己的技校，为抗战培养专门的技术工人。查阅厂志知悉：厂技校 1940 年改称兵工

图4　自左至右依次为刘承辛、刘广勤、潘金发、程箴

署第七技工学校。开始招收高小毕业生或相当于高小毕业文化程度，年龄在
十四岁至十六岁之间的年轻人入校；学校开设工艺学、绘图学、工业数学、
理化、常识、德文、公民等七门课程，实行半天上课、半天工作，多选用德
国艺徒教材，学制两年。看到这段让我着实吃惊不小，当时德国的艺徒职教
模式，随着德国设备和技术的引进，也一同被引入了我国。在改革开放后，
我国曾多次派人员赴德国学习的双员制职教模式，其实就是艺徒职教模式的
其后发展，可见当时我国的职业教育是与世界接轨的。

　　据主人公交代，在五十三厂后期程箴和刘承辛还一起晋升为了技师，对
这个纯技术职务的交代还较为详细，充斥了满满一页，不知主人公是为了避
重就轻，还是为自己职业生涯达到的新高度而沾沾自喜难以忘怀？另外还特
地介绍了当时晋升时的盛况，今日看来仍仪式感爆棚。首先是上级领导王锡
洲在仓库当众宣布晋升公告，接着就是张榜公布某连某人晋升为了技师，然
后还发了个跟语录本一样大的小红本本，记录有单位、职务和年龄等（与今

日职称证书并无二致）。随着时事的变迁，那个代表着主人公技术水准的、被主人公特别看重的小本本，现在也不知了去向。

那时工厂不仅要生产抗战物资，也在力所能及地保障职工的福利待遇，年龄大的职工此时也有条件娶妻生子。从厂志查知1941年底建成职员住宅和技工住宅各2437平方米，分别居住60户和90户。1941年以后工厂陆续建设和加盖住宅。职员住宅为瓦屋木架砖墙结构的平房，技工、工人住宅为瓦屋木架篱笆墙结构的平房。从图3周良云的照片可以看出，他就是在那时结婚生子的，而且妻子还烫了发，更显女性的青春靓丽，可见战时工人们的生活还是不错的。

为配合抗战的最后反击，以及滇缅作战，在抗战后期的1944年3月间，

图5　自左至右依次为程箴、潘中立、孟绍牟

主人公和一帮同事又回到了四十九师，此时四十九师已划归了第五军，其在师直属保养团游动修理大队继续服役，随后跟随部队参加了滇缅作战和解放龙陵的战役，直至抗战胜利。从其履历看，他是一名典型的抗战老兵，还参加了我们近年才熟悉的远征军。

经过艰苦卓绝的抗战，终于赢得了胜利，主人公和同事第一时间便要拍照留念，记录这难忘的时刻。图5的三人合影，左起依次为程篪、潘中立（即潘金发）和孟绍牟，每人都穿戴一新，足蹬的皮鞋也是一尘不染，和全国人民一道欢庆胜利。图5背面有题记，想必是为家乡的亲人报平安，让亲人相信"我"还活着吧！同年年底还和同事游览了蒙自，并拍下了一张4英寸的大合影（图6），着实奢侈了一把，从照片上仍可见大家洋溢在脸上带喜悦之情；图6背后的工整蝇头小楷题记，记录了这次拍照的情景，知悉摄于1945年12月13日；参考上缴的其他照片，目前可以确定的人员是：后排左

图6　游览蒙自时合影

图 7　在美制吉普车上合影

一为孟绍牵，左三为程箴，左四为吴宗周；前排左三为马鸣岐，左四为周良云；其他人已无从查证了。即使是可以确定的这几个人，想从网上了解更多的信息，也无异于海底捞针，想想也是，要不是这份遗失的审讯记录，除了他们的家人，还有谁了解他们呢，他们早已被埋葬在历史的尘埃里了。

　　他们此行还开着美制吉普，狠狠地拉风了一把，图 7 是他们驾驶着军械保养团美制吉普车的照片。这张照片中他们得意和兴奋之情可谓呼之欲出，即使几十年过去了，仍可见穿透画面的喜悦；这也反映了当时普通民众的心情，艰难的抗战胜利了，人民终于可以安居乐业，过上安稳的日子了，那份喜悦是发自内心的。

　　在胜利之时有的要复员回家，有的还会留在部队，有的会有调动，分别

图 8　孟继程

图 9　耿锡贵

的那一刻也不忘互赠照片留念，还要在背面写上通信地址，以便常联系，图 8 是好友孟继程的照片，在背面留有"河南杞县六里西南孟楼孟继程"的联系方式，与图 2 类似。乱世中的惊鸿一瞥都是难忘，可见他们都非常珍惜在一起战斗过的岁月，留下彼此的联系方式，延绵那份战斗情谊。上缴的照片中还有战友耿锡贵，见图 9。

　　凝望着这些发黄的老照片，每一次都让我感慨万千。这些来自 20 世纪的老照片，记录了民国时代普通青年的热血青春。此刻不便发出他们今在何处的感慨，想必他们都已作古，只希望文中涉及的家人和后人们，能从中看到他们父辈年轻时的面貌。那里藏着父辈们的青春时代，藏着他们的奋斗历程，藏着他们溢于言表的恋情，藏着他们的欢笑，也藏着他们不堪回首的过往……让我们一起铭记他们所经历过的苦难和所付出的一切吧！

（原载《老照片》第 142 辑，2022 年 4 月出版）

巴尼·罗塞特在中国

王　淼

在中国，如果提起巴尼·罗塞特（Barney Rosset，1922—2012），或许大多人都是一脸茫然。但是，假如告诉你《北回归线》《查泰莱夫人的情人》《在路上》《嚎叫》等世界文学史上的名著能够在北美出版，博尔赫斯、杜拉斯、尤金·尤涅斯库等战后知名文学家之所以在美国风行一时，都和巴尼·罗塞特和他专门出版"禁书"的格罗夫出版社（Grove Press）有关。人们可能会好奇，什么样的经历才会塑造出这样一个坚决对抗社会主流价值观，不惜将官司打到美国联邦法院，也要出版被控为"猥亵下流作品"的出版人？

20 世纪 50 年代到 60 年代的美国，巴尼·罗塞特和那些被主流文学界所不容的"垮掉一代"作家们推杯换盏，面对巨大舆论压力和社会非议，推出了一大批反主流的文学作品。有人戏言，当时美国反传统的一代叛逆青年中，手里如果没有一本格罗夫出版社的书恐怕都不好意思和人打招呼。2008 年，巴尼·罗塞特获得美国国家图书馆奖杰出贡献奖。反叛者和先锋者在岁月的洗礼下，终究成了社会主流。而巴尼·罗塞特青年时期在中国的战争经历，则鲜为人知。

1922 年 5 月 28 日，巴尼·罗塞特出生于美国芝加哥一个移民家庭。他的外祖父家族参加了爱尔兰秘密抵抗运动，后来在 19 世纪末逃亡美国，因而终其一生都对英国怀有仇恨和敌意。他的父亲则是从莫斯科移民到美国的犹太人，这样一个典型的美国移民家庭对巴尼·罗塞特影响至深。比如在信仰方面，他既不去父亲的犹太教堂，也不相信母亲所皈依的天主教，而是很早地就宣传自己是一个无神论者。罗塞特的父亲是一名成功的会计师，早年供

图 1　1945 年 1 月，罗塞特和他的吉普车

图 2　1945 年 4 月，江口，转移受伤的中国士兵

图3　1945年4月，罗斯福总统去世后，盟军在贵阳举行的哀悼仪式

图4　1945年4月，中国士兵在江口

职于一家出版公司，该公司别出心裁地将图片和文字相结合的出版风格大受欢迎，这对他未来从事出版业有着潜移默化的影响。后来，他父亲创办了银行，事业上顺风顺水。这样的家庭条件使得罗塞特从小就衣食无忧，即便在1929年史无前例的经济危机下，他们家的生活也未受太大冲击。

中学时代，罗塞特广泛阅读各种书籍，特别是关于共产主义的文献，以至于美国联邦调查局在罗塞特初中时就开始对其进行秘密调查，并在报告中称他为"激进分子"。他和朋友出版的校园社团报纸被命名为《社共主义者》（即社会主义者加共产主义者），后来又改名为《反一切报》。青年时代的叛逆是年轻人的标志，而罗塞特性格中又多了几分率性而为和浪荡不羁。他为了初恋女友去了一所不知名大学，后来又因恋爱失败决定远离故乡去往美国西海岸。太平洋战争爆发后，罗塞特正在加州大学洛杉矶分校学习电影制片。

图5　中国通信兵

随着美国卷入大战，罗塞特也参加了军队，进入步兵连队。几经周折，鉴于其学习过摄影技术，罗塞特最终被分配到通信兵连队。

1944 年秋，罗塞特跟着军队登上了不知驶向何方的火车、运兵船，他随身带着埃德加·斯诺的《西行漫记》，渴望前往充满神秘而又未知的古老东方国度。在被分配到驻扎在新德里的盟军中缅印战区总指挥部第一四六通信连后，罗塞特主动抓住一个机会，前往中国担任随军摄影师，实现了青年时代的梦想。1944 年 12 月，罗塞特穿越驼峰航线飞到了昆明。此时，欧洲和太平洋战场上盟军已经所向披靡，然而中国方面则是另一番截然不同的景象。日军在这一年 4 月发动了豫湘桂战役，国民党军队一路溃败。11 月，日军从

图 6　中国士兵在观察敌情

广西突入贵州，并在 12 月 4 日占领军事重镇独山，距省会贵阳仅一步之遥。

　　罗塞特刚到昆明就被派往第一线，作为战地摄影师，罗塞特认为自己的工作具有重大历史价值，正如他在家书中写道："当战争结束后，我们所拍摄的照片将是这些事情的唯一历史记录。"尽管日军已在 12 月 8 日开始从贵州后撤，但是当时局势并不乐观。12 月 22 日，他在给父母的信中写道："你们对这里（指中国战场）和日本人的战争所知有限，事实上日本人远未被击溃。"相比于大肆宣扬美国在太平洋上的胜利，罗塞特批评了美国舆论忽略日本在中国战场的攻势。他犀利地指出就算美国占领日本，假如中国方面溃败，战争也远不可能结束。

　　贵阳城郊，罗塞特驾驶着他的武装吉普车（Foto-Moto），带着由几名士兵组成的战地摄影队穿梭于战场之间，负责军事摄影工作。由于任务并不繁重，他还利用自己的吉普车协助情报部门。随着日军后撤，罗塞特跟随中国军队进

图 7　1945 年 6 月，贵阳的国民党军队

行这一战役最后阶段的反击。当时国民党军队人数和装备水平都大大超过了日军，但是主动后撤的日军一次次地击退了追击的国民党军队。罗塞特在自己的回忆录中对国民党军队在战场上的表现不屑一顾，他甚至引用《孙子兵法》中的名言"不战而屈人之兵，善之善者也"来讽刺蒋介石。不过，后来在柳州反击战役中，国民党士兵的勇敢则令他折服。罗塞特所率领的摄影小组利用机动优势，冲锋在前，越过了中国侦察部队前哨，一度非常接近日军。

知子莫若父。年轻的罗塞特在战场上身先士卒，远在大洋彼岸的父母十分担心其安全。罗塞特父亲通过华盛顿军方高层的关系，多次让在中国前线的美军官员提醒他注意安全，并让他按时向家里报平安。对于来自父母的关爱，罗塞特极为反感，更加讨厌父亲安排军衔远高于他的上级来指手画脚。他在1945年3月给父母的信中对此直言不讳，甚至爆出了粗口："你们让一

图8 1945年7月17日，广西柳州光复后的情景

图 9　1945 年 9 月 3 日，重庆抗战胜利游行

些自己都不熟悉的人来嘘寒问暖，这没有任何意义，因为他们根本就不在乎我（because what the hell do they care about me）。即便他们真的关心我，能做的也只能是喂我喝水。"当然，为了让父母放心，罗塞特也表示他之前没有冲在最前线，未来也不会冒生命危险。

　　不过，罗塞特的父亲在接到儿子回信后反而更加担心，尤其是得知美军两名军事摄影师在缅甸战场上牺牲的消息。他和美国政府高层联系，疏通关系后给了罗塞特两个选择：要么到远离一线的美军驻华最高指挥官魏德迈的参谋部任职；要么进入美军情报机构战略情报局（OSS）。罗塞特在 4 月 5 日的家书中再度爆出粗口，言辞激烈地拒绝一切撤回后方的方案。在信中，罗塞特对于远在新德里悠然自得、却掌握前线官兵升迁的美军参谋人员给予了辛辣讽刺。但是，他同意进入战略情报局的提议，不过这一计划最终未能实现,战略情报局拒绝了他。罗塞特后来在回忆录中引用美国中央情报局的秘密报告,其上司认为罗塞特并不成熟,并抨击罗塞特父亲利用和罗斯福政府的高层关系来操作此事,纯属"肮脏的政治"。

此时,欧洲战事已经接近尾声,中国方面也制定了收复宜山、柳州,与盟军会师西江的计划。5月,国民党军队发动正面战场的最后一战——柳桂反击战役。罗塞特跟随国民党军队进军柳州,在这场战役中,罗塞特近距离地接触战场,不但体会到战争的残酷,也用相机拍下了战场画面。巴塞特在回忆录里非常细致地描绘了进入柳州的经过,几乎是贴着日军壕沟和前沿阵地前进。而在1945年5月6日的家书中,罗塞特的叙述更加真实而充满个人情感,他在信中极度疲惫地告诉父母,他刚刚经历了四十八小时不眠不休的战斗。由于上级指示拍下中国军队作战的真实画面,罗塞特直接上了前

图10　1945年9月6日,汤恩伯所部进入上海

图 11　1945 年 9 月 8 日，上海江湾军用机场从后方运来的中国军队

图 12　1945 年 9 月 19 日，航拍上海

线，因而在距离日军咫尺之遥的地方活动。罗塞特高度赞扬了中国士兵英勇战斗的精神，虽然面临日军猛烈攻击，中国军人也毫不畏惧，奋勇抵抗。当时，日军的迫击炮弹如雨般地在罗塞特四周落下，内心恐惧万分的他仍然以军人的职责为重，坚持拍下各种珍贵的战斗场景。与此同时，看着周围受伤倒地的中国军人，也令他心里极度难受。罗塞特身旁的中国军人则在尽力保护他不受伤害，这一点让他大为感动。最终，地面进攻的中国军队和陈纳德第十四航空队胜利会师。罗塞特认为中美两国军队顺利实现了战略目标，自己见证了中国战场的转折点，形势将有利于中国。

然而，罗塞特还是低估了中国战场局势的迅速发展。6 月 30 日，柳州收复后，日本已经在崩溃的前夕。8 月 15 日，日本正式宣布投降。两天后，正在柳州忙于拍摄国民党军队举行胜利入城仪式的罗塞特，在给父母的信中表现得

图 13　1945 年 9 月 20 日，在南京投降的日本军队

欣喜若狂："这（指日本投降）发生得如此突然，以至于我现在仍难以置信。"
在中国战场日军正式投降之前，罗塞特搭乘军用飞机，从柳州直接飞到上海。

　　如果说，此前罗塞特在后方需要为中国的气候、饮水、饮食等烦恼的话，
上海对他来说无异于天堂。事实上，罗塞特在 9 月 12 日的家书中也直言不
讳地说："绝大多数美国人都认为上海是天堂。""世界上没有任何一个地方
像上海这样奇特。"在他抵达上海后，直接驱车入住上海外滩顶级的饭店华
懋饭店，原来房间里的日本客人被即刻命令离开。尽管在 9 月 9 日，日军已
经在南京向中国投降。然而，上海仍然在全副武装的日军控制之下，替中国
政府维持秩序。每一个穿军装的美国人都被认为是英雄，走在街道上随时可
能被欣喜若狂的民众所欢呼和拥抱。和很多美国大兵一样，罗塞特沉浸于美
酒佳肴之中，应付着主动贴上来的美女。罗塞特一直在上海享受着美妙的胜

图 14　罗塞特和战友在中国餐馆

图 15 罗塞特拍摄的中国老人和儿童

利，直到 10 月他接到了返回美国的命令。罗塞特在战争期间所拍摄下的珍贵照片，都被他一起带回美国，连同对中国战争的难忘记忆。

1996 年，罗塞特曾重返昆明，寻找往日的旧时光。而罗塞特的档案和大量照片，如今都保存在美国哥伦比亚大学图书馆，静静地等待着有兴趣的人去查阅。2014 年，罗塞特去世两年以后，昆明博物馆以"美军摄影师镜头里的抗日战争"为题，举行了颇具规模的摄影展，罗塞特在中国的战时经历才逐渐被中国社会关注。2019 年，罗塞特的自传翻译成中文出版，这位世界著名出版家传奇的人生历程得以完整呈现在中国人面前。

特别感谢哥伦比亚大学善本和手稿图书馆（Barney Rosset Papers, Rare Book & Manuscript Library, Columbia University in the City of New York）授权使用罗塞特照片。

（原载《老照片》第 141 辑，2022 年 2 月出版）

1945—1947：吴绍同镜头里的上海

孙国辉

　　中国台湾资深摄影家、九十五岁的吴绍同老先生于 2019 年 4 月 11 日晨 7 时许因病辞世，我们二十多年的摄影交往就此戛然而止。关于吴绍同先生的摄影生涯，我在《拍鹤老人吴绍同》（见《老照片》第一二五辑）里已有所述，此不赘言。

　　老人生前给我发过来几组他年轻时，也就是 1945 年至 1947 年在上海拍的照片（其中一组"选美"的照片，已刊在《老照片》第一二六辑，这里刊出的是其他几组）。

　　自幼喜爱摄影的吴绍同，最初不隶属任何新闻单位，用他的话说只是一个"个体户"，但他想方设法拍到了不少有意思的照片。拍这部分照片时，他已是上海《益世报》（由教会所办）的摄影记者，得以合理合法地到各种场合拍照。两年多，他拍了若干题材的照片一百六十六卷（约四千张），为抗战胜利后的上海留下了一份宝贵的影像记录。1947 年，吴先生应聘到台湾从事摄影工作，上海的摄影活动遂告结束。

　　在此，我将吴先生分几次寄来的作品，分类介绍如下（以拍摄年份为序）。

一、航模比赛

　　航模一直是爱好者们不懈钻研的项目。图 1 中一架似乎装有发动机的航模，正要从用硬纸板拼成的跑道上起飞，一台照相机正对着做准备动作的外国人士，四周围满了观者，一位执勤人员在维持秩序。图 2 中有人正用一根

图 1 一架准备起飞的航模

图 2　正在准备弹射木质飞机模型

橡胶筋弹射一架极轻极薄的木质飞机模型。看环境，这次比赛活动好像是在
上海郊外的田野中举行的。

二、蒋介石在上海

1945 年抗战胜利后，蒋介石到上海三民主义青年团三分部参加抗战胜利
庆祝会。

会场按照当时通行的格局布置，国民党党旗、青天白日满地红旗、孙中
山像皆按规矩悬挂。从蒋介石在要员和侍卫的陪护下进入会场开始，到侃侃
训话，以及亲自向女青年颁发锦旗（图 3）等过程，尽摄于底片上。

图 3 蒋介石向女青年颁发锦旗

三、航拍上海

　　1946 年，吴先生有幸参加了一场活动。那便是当时的中华航空公司为答谢记者，特别安排飞机载几家媒体的摄影记者在上海上空翱翔数圈，让大家尽情拍摄。吴老把这组照片（图 4）发过来后，让我找一找岁数大的上海人询问一下，看能不能指认照片上的建筑是哪里，现在有何变化。吴老说："我现在因眼疾看不到了，记得当时似乎看到有跑马场，还有另一架飞机从我们飞机的下方飞过……"本人身居塞外，赴沪次数有限，认识的上海人也不多，更无法辨识出是什么地方，今昔对比更无所措手足，希望读者诸君慧眼辨识一下七十三年前的上海建筑及地形风貌。

图 4　航拍上海

四、欢迎孔、张、潘校董莅校致训

校董是合作学校或私立学校的主要出资者（资金投资或学术投资）。校董一般组成学校董事会，可以决定学校的各项重大事务。

三位有名的校董来校，同学们踊跃来参加欢迎仪式。

关于这一题材，吴先生传来七张照片：学生们举着标语板，上写"欢迎孔张潘校董莅校致训——中国新专全体同学致敬"；孔祥熙演讲；张继演讲；潘公展演讲；孔祥熙、张继、潘公展三人合影；孔、张、潘与学校校长等（图5）合影；孔、张、潘与学校师生合影等。

在传来的照片后，吴先生还附了一段说明，原文如下：

　　　回忆一下三位七十年前的风云人物　吴绍同　摄影
　　　找到一份七十多年前的资料，那是关于我的母校"上海中国新闻专

图 5　孔祥熙、张继、潘公展等人合影

科学校"的三位校董来校演讲的事。

第一位　张继，董事长，他是中华民国著名政治家，也是中国国民党的元老。

第二位　孔祥熙，中华民国财政专家，曾任南京国民政府行政院长兼财政部部长，长期主理国民政府财政。

第三位　潘公展，新闻、文化界元老，著名学者。

对于三位有名的人物来校，同学们十分踊跃来参加聆训。

五、接收日本赔偿中国军舰

吴老在这组照片的说明里这样写道：

民国三十六年五月接收日本赔偿军舰升旗典礼　吴绍同　摄影

民国三十四年九月，日本战败投降之后，条件内有赔偿我国军舰若干艘。已在一年内分批驶抵上海，当时我与上海各报记者按消息时间在吴淞口等待，但空等一天不见踪影，未能拍到。今仅得后办的赔偿舰升旗典礼，如今看来虽已是明日黄花，但睹影思之，有令人不胜今昔之感……

这组照片中，有海军江南造船厂大门上悬挂的写着"接收日本赔偿军舰升旗典礼"的横幅的影像、有海军官兵队列和在军舰主桅上冉冉升起的青天白日满地红旗的影像（图6），还有参加仪式的中国海军军官、西方人（看帽徽应为美国海军军官）和戴日本军帽的日本人的合影（图7），等等。这都证明日本赔偿中国军舰是确实存在的。

二战后，中国虽未获得战争赔款，但象征性地获得了一点物资赔偿。

当时，盟军总部决定将日本三军装备就地摧毁，日本海军残留的大型作战舰，如航空母舰、战列舰、巡洋舰等或被解体拆毁，或被拖往军事演习区域做靶舰，潜艇则一律凿沉或解体。剩下的驱逐舰、巡防舰及运输舰共一百四十二艘，盟军总部决议，作为象征性的赔偿，由中、美、英、苏四强

图6 接收日本赔偿军舰升旗典礼

均分。1947年6月28日，四强均分日舰典礼在东京第一大厦（盟军总部）礼堂公开举办。四国先拟定抽签顺位，中国抽得第二，再抽取均分舰种，中国抽得驱逐舰七艘、护航舰四艘、巡防舰十三艘、扫雷艇七艘及各型运输舰三艘，合计三十四艘，总吨位三万五千余吨。

六、旧上海的著名建筑

吴先生写道：

从拍摄照片（图8）的1946年10月到现在的2018年，经过了七十多年的岁月，已经从原来旧的上海市，在经济、文化上……有了很大很大的进步，也是现在所称的有了翻天覆地的变化。

在这张照片的背景中，可以看到一些当时的建筑，经与在上海的老友们研究，能够记忆到一些原建筑的名称，现在想来已是遥远的回忆了。

在照片的中央是当时上海的著名建筑——"国际大饭店"，高二十四层，是当时上海市也是远东地区最高的建筑。在国际饭店的右方有座高楼是当时上海有名的四大公司之一"大新公司"，现在改名为"上海第一百货大楼"；在右后方的远处有一圆顶高楼，那就是四大公

图7　参加仪式的中外人士合影

图8 1946年的上海

司中的"永安公司"及"先施公司"。我当时拍这张照片的立足点是当时跑马厅草地中的某一点。解放后原来空间广大的跑马厅被改名为人民广场,其空间分隔为许多的建筑方块,例如,上海市政府、音乐厅、图书馆、博物馆,等等。现在,我已找不到我原来摄影的立足点在何处了。

展示这一张1946年所拍的上海古旧景物照片,用意是想和现状做一比较,以发现与现状有多少不同,说繁荣到底繁荣到什么地步。所以依我一个旧照片的原摄者来说,内心有一个很大愿望:能在原摄影点拍到一张现状的照片。但是，当年我是一个二十郎当岁的青年，时光飞逝七十多年过去，目前我已是九十多岁的老头了，虽然身体还算健好，但已有了视障，看来这一愿望已经无法实现，要找到原摄影的地点也几乎是天方夜谭了。想要实现还要依靠我的好友及摄影大军中热心的同好们相助，更要借助目前进步的摄影工具及技术，克服诸多困难来完成。完成一张与旧照片同地标同位置的现状照片，应该可以看到原来空荡荡的空间中增加了多少繁荣——七十年中所增加的繁荣。希望读到这封信的同好们，也转告你的摄影好友，能共同帮助我完成这个心愿，在不久的将来看到这两张相隔七十年的照片，满足我这个老上海老友的心愿，谢谢！

九十四岁老头　吴绍同

接着吴先生写道：

　　"先施公司"及"大新公司"等四大公司，与现在的上海风貌相比，只能评价为"空荡荡"。

七、于右任到"中国新专"演讲

　　"美髯公"于右任是中国近现代著名政治家、教育家、书法家。早年为同盟会成员，他不仅长期在国民政府担任要职，亦为复旦大学、上海大学、国立西北农林专科学校等著名高校的创办人，更是被誉为"当代草圣"的书法家。

　　这是民国三十五年（1946）秋，时任国民政府监察院院长的于右任以校董身份到吴绍同就过学的中国新闻专科学校做学术演讲时，吴绍同拍摄的照片（图9）。

图9　讲演中的于右任

八、"古董菊展"

关于这次菊展的照片，吴老这样附言：

　　古董菊展民国三十五年十一月八日于上海市　吴绍同　摄影
　　这是七十三年前的上海市工务局主办的菊花展览会，所以我把它称
为"古董菊展"。其与目前台北市士林每年的菊展不同，所以特别提出
来向现在的读者介绍一下，让大家做一个比较，想必一定会有所感触，
因为这中间有了七十多年的时光空间，有了很多的历史变迁，可惜我没
有把当年上海市的菊展拍得很完整，这是遗憾。

　　笔者曾问过吴先生，台北士林指的是"台北士林官邸"吗？答曰：是。
蒋介石和宋美龄 1950 年 5 月迁入士林官邸，直至 1975 年 4 月蒋介石去世。
这期间，据说因宋美龄喜欢菊花，每年都要在这里的广场举办菊展。

图 10　菊花展览会牌楼

图 11　参展的市民

吴先生拍摄的 1945 年由上海工务局主办的菊花展览会（图 10），照片没说明地址，看来是片宽敞的场地，大门口扎起的"菊展"临时牌坊也小有气势，用菊花拼成的"菊展"和花坛也算得上有规模，但单盆的菊花看起来不过平平（图 11），这也许和我们现在看到的琪花瑶草、姹紫嫣红般的菊花远难相比。

九、吴国桢检阅义务警察大队

民国三十五年（1946）十月十日，上海市市长吴国桢在跑马厅检阅市警察局义务警察大队。

这组照片，吴先生拍摄有以下画面：跑马厅大门外警员在临时搭建的竹牌坊前站岗，牌坊上悬写有"上海市警察局义务警察总队"及"双十节检阅典礼"横幅；上海市市长吴国桢在警界长官陪同下检阅警队（图 12）；警队通过检阅台；还有吴国桢台上讲话的场面及特写。吴先生在随附的说明中说："图的右后方是上海市西藏路上著名的基督教的教堂'幕而堂'，现已改为

图 12　时任上海市市长吴国桢检阅警队

'沐恩堂'，尚存在着。"

　　吴国桢（1903—1984），字峙之，湖北人，清华大学毕业后赴美留学，获经济学硕士、政治学博士学位。1926 年进入政界，得蒋介石垂青，逐次擢升。曾任汉口市市长、重庆市市长、外交部政务次长、国民党中宣部部长及上海市市长（1946 年 2 月—1949 年 3 月）。去台后历任"台湾省主席""行政院政务委员"。1949 年元旦，中国共产党公布了包含四十三名"战犯"的"战犯名单"，吴国桢位列第十七名。1953 年，吴与蒋介石反目而"请假赴美"，从事教育和著述。旋被蒋介石明令撤销"政务委员"并开除出中国国民党。1984 年，正当他翘首盼望回到阔别三十余年的祖国大陆怀抱时，突然病逝于美国。

　　吴老先生曾告诉我，将从他在民国三十四至三十六年拍的那一百六十六卷胶片中选出一大部分传给我。没想到转瞬间先生与我阴阳暌隔，再看到他所拍照片的想法已成云烟。每思先生，心情陡添恻然。

（原载《老照片》第 128 辑，2019 年 12 月出版）

上海"二六大轰炸"始末

刘 统

几年前,我到上海市档案馆查阅资料,意外发现了一组 1950 年上海遭遇国民党空军轰炸的历史照片。其清晰的画面,为我们再现了七十年前那个惊心动魄的时代。

从 1949 年 6 月 23 日起,败退台湾的国民党当局宣布对长江口及其以北直至山东半岛的沿海实行封锁。执行封锁长江口任务的国民党海军第一舰队司令刘广凯指挥"太和""太平"等四艘驱逐舰及小型炮舰,从舟山出动百余次,拦截过往的外籍货轮。为了遏制外轮进入上海港,国民党海军于 12 月 24 日在长江口布雷。水雷深度为低潮水面下一米,错综敷设。当时上海主要工业生产原料大部分依赖进口,如棉纺业所需原棉的 60%,面粉业所需小麦、造纸业所需纸浆的全部,上海人赖以为生的粮食的半数以上,动力生产所用的 80% 的油料和 20% 的煤,等等。上海的产品也需要国外的市场。国民党海军封锁长江口使上海经济陷入巨大困境,以"卡脖子"来形容毫不过分。

为了生存,中共上海市委动员全民力量展开反封锁斗争。用国产原料取代进口原料恢复生产,开拓国内市场销售上海产品。其中最困难的是能源问题,中国当时石油资源极为缺乏,燃油全部依赖进口,储存的燃油是烧一升少一升。市政府宣布对汽油、柴油实行严格控制,统购统销,节约燃油资源最重要,石油管理处积极推动各用油大户将燃油设备改装成燃煤设备。

上海公交公司汽车用的是汽油,在反封锁斗争中,公交公司经过工人和工程师的共同努力,改装了 20 辆木炭汽车和 40 辆白煤车。炉子的设计是一个庞大的圆柱体,装在车子后面。改装后行驶速度与汽油车相差不大,尚能满足在市区内行驶需要。这种拖着锅炉的公交车,成为当年上海一景,运行

图1 改装后拖着锅炉的上海公交车

图2 1949年11月，在长江打捞"长治"舰

了一年左右。

就在上海各界人民进行反封锁斗争时，一个意外事件使东南沿海军事形势发生了很大的转变。

1949年10月25日，中国人民解放军进攻金门岛失利。几天后在舟山登步岛，解放军登陆作战再次失利。金门、登步战斗虽然只是师级规模的作战，但对一再败退的国民党军却犹如注射了强心针。登步岛战斗后，粟裕指示华东野战军暂时停止了进攻，总结经验，调整部署。蒋介石认为解放军无海空军，一段时期内不可能对台湾和沿海国民党军构成威胁，于是开始转守为攻。在他亲自督促下，国民党空军扩建舟山机场，调集大批飞机，对上海、杭州等城市进行空袭和轰炸。

在此之前，舟山国民党海军封锁长江口的同时，空军即不断对长三角地区进行空袭和轰炸。1949年8月3日上午11时40分，六架国民党空军B-24型轰炸机空袭上海。在江南造船厂投弹30余枚，命中20余枚。伤9人，造

图3　遭受轰炸前的杨树浦发电厂

船厂各船坞、内燃机、翻砂厂、机器厂、木工厂、电焊厂、电气厂均被炸毁，损失甚大，据记者探悉，该厂已很难复工。1949年9月19日凌晨，国民党海军"长治"号驱逐舰在长江口外起义，拂晓驶抵上海外滩码头。为了防止国民党飞机轰炸，当天下午"长治"舰溯江而上开往南京。舟山国民党军出动飞机搜索，并于22、23日连续轰炸停泊在燕子矶江面的"长治"舰。在危急情况下，上级决定"弃舰保人"，于24日晨将"长治"舰自沉于长江江底。1950年初，台湾国民党当局军事会议决定：对上海及其他城市的发电厂、码头、仓库、船只、车站、铁路、桥梁等重要目标进行广泛轰炸。意图是全面破坏上海的重要设施，造成上海经济和生活的瘫痪。国民党飞机对上海的空袭更为频繁，轰炸规模不断升级。

1950年2月6日，上海遭受了国民党飞机最猛烈的袭击，史书称为"二六大轰炸"。官方记载的情况："1950年2月6日从中午12时25分到下午1时53分，国民党飞机出动4批17架（机种为B-24型12架、B-25型2架、P-38型1架、P-51型2架），投弹48枚，对上海市区进行狂轰滥炸。"

这次轰炸的重点是上海杨树浦发电厂。杨树浦发电厂当时属于美国商人经营的上海电力公司，早期为上海公共租界工部局电气处。民国初年，工部局在杨树浦路黄浦江边建造新电厂，占地三百余亩，安装了汽轮发电机及锅炉设备。1925年杨树浦电厂装机容量达到12万千瓦，成为当时远东最大的火力发电厂。1929年工部局电气处将其全部资产及经营权以8100万银元的价格转让给美商，更名为上海电力公司。到30年代，杨树浦电厂已拥有锅炉30台、汽轮发电机15部，发电量约19万千瓦，占当时上海总发电量的80%。上海解放后，由于经济封锁，燃油的进口断绝，造成发电困难。上海市人民政府命令当时仍属美商的上海电力公司将燃油锅炉进行改造，恢复烧煤发电，以维持上海工业和民用所需用电。2月6日的轰炸使杨树浦发电厂遭受了毁灭性的破坏。据英国籍管理人员行政副总裁亨脱（Willam Hunter）、厂长顾问帕礼司（Clifford Please）和行政主办退脱（George Tate）3月向上海市政府提交的《上海电力公司1950年2月国民党飞机轰炸杨树浦发电厂之报告书》陈述，我们看到轰炸造成的具体结果。

下列事项可说明，此次杨树浦发电厂之被炸确系蓄意及有预谋之行为：

1. 空袭时气候及视线极佳，来攻击之飞机由地上可用人目清楚见到。

2. 至少有飞机两架参与发电厂之轰炸。

3. 杨树浦发电厂有 15 架高烟囱，集中在一较小地区上，其中一具高达 350 英尺，此外电厂之西贴邻有 5 座能容 11 万桶燃油之油箱，可以作为无可错误之轰炸目标。

……

6. 在共约 14 枚炸弹中，有 10 枚系投掷在上海电力公司之资产上，其余投掷在发电厂南北之 50 码距离内。

根据事后的调查和《报告书》中附录的英国籍技术人员培卡、李嘉杰、

图 4　被炸毁的厂房俯瞰

曼敦、麦克莱及中国管理人员冯国祥的证词，杨树浦发电厂的损失为：

被炸房屋建筑：1、2、3、5号锅炉间，涡轮机间及给水泵间，办公室，循环排水渠，铁匠间和围墙。

被炸机器设备：8、9、11、14、15号涡轮发电机，12、14、17、18、19、20号锅炉，6600伏辅助配电板，运煤及运灰驳船，燃油加热器，照明及示热线路，运煤皮带。

电厂开列的罹难职工名单：

死亡24人，为首的是机械金工领班张来发，63岁，工龄32年，家属7人依靠其生活。失踪的有电器漆工舒富才、电器金工孙根堂等4人。受伤的有锅炉间服务员胡骏之等31人，其中10人伤重住院。

《报告书》说："杨树浦发电厂被炸之损失，根据目前所能确知之情形，按恢复被炸前之原状及死伤职工赔偿费计算，估计约需450万美金。"

《报告书》附有厂方拍摄的照片。我们可以看到发电厂的厂房、发电机及相关设备被炸毁的情况，以及消防队抢险灭火的场面。此前一天，国民党军飞机在上海市区上空撒下了中英文对照的传单："各同胞注意：凡居于上海、南京、杭州、青岛、天津、北平、汉口、福州、厦门、广州各地之造船厂、发电厂、码头、车站、工厂、仓库、兵营及其他一切军事目标附近之居民，请即刻离开，以免遭受轰炸之损害。"国民党空军之所以敢这样做，就是欺负解放军没有空军和防空体系，他们可以为所欲为。

"二六大轰炸"是上海解放后遭遇的最严重的灾难，使新生的上海遭受全面的打击和重创。如陈毅后来所说："各种矛盾和问题一齐爆发出来，正如大病初愈的人，又染上了新的病痛。"此次轰炸，共炸死市民542人，致伤836人，毁坏厂房、民房2500多间，受灾市民达5万多人。大轰炸造成上海的电力设施损坏高达80%，给上海市区的工商业和人民生活造成了空前的灾难。市区工厂几乎全部停工停产，绝大多数街区没有电力供应，高层建筑的电梯因停电而悬在空中，许多商店关门停业，市场萧条，物价波动。由于自来水供应困难，市民的马桶、厕所都无水冲洗。

寓居上海的宋庆龄在致友人信中说："目前我们在上海所面临的主要问题之一是最近国民党轰炸所带来的后果，造成大面积破坏，并给人民带来不可言状的苦难。人们看见自己的朋友和亲戚被卑劣的空袭夺去了生命。人们不断地从虹口及苏州河一带涌过来。长长的三轮车队载着那些离开家园的人们，不知奔向何方。见此情景，不禁使人感到心酸。"从宋庆龄的信中，可以深切感受上海民众所遭受的苦难。

轰炸后第二天中午，陈毅市长（兼任华东军区司令员）和潘汉年副市长、公用局局长叶进明来到杨树浦发电厂。在了解了轰炸和损毁情况后，陈毅紧急部署，组织抢修电厂，动员全市力量支援上电，争取在48小时内部分恢复发电。中共中央华东局和上海市军管会连夜开会，向中央汇报情况，研究

图5　被炸毁的杨树浦发电厂厂房

防空和善后措施。大家痛苦地认识到，因为没有防空能力，无法遏制国民党飞机的空袭，只能采取被动的防御措施，尽量减少空袭造成的损害。

上海市供电量在2月6日轰炸以前是日均15万千瓦，被破坏后，当日上海电力公司及华商电气公司均不能发电，闸北水电公司只能部分发电约2000千瓦。仅法商电车电灯公司及浦东电气公司未遭破坏，合力供给约2万千瓦之数。这点电力连本电厂应付正常生产都困难，更不要说满足市区居民的日常生活用电。据宋庆龄信中说，那时一个月每家只允许用十五度电，她只能在煤油灯下看书和工作。

2月23日，国民党P-51型及B-25型飞机各两架，于上午9时40分及10时15分由浦东、沪杭线袭击上海市区，在爱多亚路（今延安东路）外滩至十六铺、蓬莱区及浦东等处江面共投弹15枚，附近船户及行人被炸伤5人，由广东路至金陵路沿外滩一带各大楼玻璃门窗被气浪冲击而破碎的很多。公安局黄浦分局救护队、警备车、担架及中央消防区队救护车均立即出动抢救，永安坊里弄救护队员亦赶至灾区帮助包扎救护。这两次轰炸虽然也造成破坏和伤亡，但上海市民经过防空组织，已经有了应对轰炸的生存能力和迅速抢险的本领。1950年2月到5月初，是上海解放后最困难的时期。华东局、上海市委虽然一再号召全市人民团结奋战，克服轰炸和封锁造成的困难，但如果没有强大的防空力量，就无法保证上海人民的生命安全。陈毅心中一直是痛苦和沉重的，他期待着军事援助早日到来，彻底解除上海的空中和海上封锁。

上海防空最大的问题是雷达发现不了飞机。"二六大轰炸"后，防空处经陈毅司令员批准，2月16日从上海交通大学将要毕业的学生中借来21人帮助工作。这些学生来自电机系，虽然学了不少无线电方面的理论，但都没接触过雷达。开始时工作并不顺利，国民党飞机来袭击，地面观察哨用眼睛都看到了，但雷达仍未发现。上级领导和学生们都很着急。交大的蒋大宗老师建议把上海市国际电台总工程师钱尚平先生请来帮助调试，钱总准确判断出问题出在发射机与接收机的工作频率不一致。经过调试，使雷达在3月20日9时第一次发现了来袭的飞机。原来商定交通大学同学帮助工作三个月，5月底到期，但为了更深入地掌握雷达技术，防空司令部决定动员他们参军。

图6 空袭中被炸毁的发动机

华东局、上海市委有关部门与交大联系，让学校动员这批学生直接毕业参军。经过各方努力，交通大学的 21 名学生除 1 人外都参军了，这批学生后来成为解放军防空部队雷达技术的骨干，做出了巨大的贡献。

得知上海连续遭到轰炸的消息，正在苏联访问的毛泽东也十分焦急。2月 14 日，《中苏友好同盟互助条约》在莫斯科签字，第一条规定："一旦缔约国任何一方受到日本或与日本同盟的国家之侵袭因而处于战争状态时，缔约国另一方即尽其全力给予军事及其他援助。"毛泽东收到刘少奇转来饶漱石的电报，中国领导人紧急约见苏联领导人，请求苏联出动空军协助上海防空。

2月 17 日，苏联正式通知中方，将派出一支强大的防空混合集团军援助上海防空。毛泽东非常高兴，致电刘少奇、饶漱石："积极防空，保卫上海，已筹有妥善可靠办法，不日即可实施。上海工厂不要勉强疏散，尽可能维持下去。但对上述防空办法，务须保持秘密，以期一举歼敌。我们今夜动身回国。"毛泽东所说的"妥善可靠办法",是应中国政府的邀请,苏联派出一支防空混合集团军,由巴基斯基中将指挥,来上海协助防空。

得知苏联防空部队即将来上海的消息,上海党政军负责人极其振奋,他们立即部署准备工作。上海警备司令部调来三个师官兵,并动员上万民工,连夜突击扩建江湾、大场、龙华三个飞机场,迎接苏联空军的到来。

3月初,苏军混合集团军的部队陆续到达上海,最先来的是雷达部队。苏军独立雷达营带来10部Π-3A型警戒兼引导雷达,20余部500W发报机,数十部收报机,20余部汽油发电车,还有一套雷达营情报站收集处理、报知雷达情报的设备。独立雷达营到达上海后,用三天时间了解上海周围情况。苏军雷达技术人员到达阵地后,当天就架起雷达、电台,开始担负战备值班任务。到3月10日前后,以上海为中心,由五个雷达站组成的地区性雷达

图7 遭轰炸后消防员们前来救火

情报系统已经形成。距上海 250 公里的高空飞机、150 公里的中空飞机都可以及时发现、连续跟踪了。安国路的防空处雷达队经过加强技术力量，请国际电台总工程师钱尚平先生帮助调试后，也可在 300 公里有效范围内发现飞机。江湾、虹桥两个机场的雷达站也开始执行引导苏军飞机的任务。3 月 7 日，巴基斯基等将领到达南京，受到华东军区粟裕副司令员的迎接。3 月 9 日 15 时，苏军指挥班子抵达上海，与华东军区陈毅司令员会晤。陈毅着重介绍华东军区保卫上海兵力和装备，上海这座城市有哪些特点，最需要保护的重要工业区和运输枢纽的分布情况，使苏军指挥员尽快熟悉和掌握情况。

随后，苏联防空部队混合集团军各个梯队 3500 余人，至 3 月 27 日陆续到达上海。马卡罗夫上校的歼击机团有 45 架拉 -11 型歼击机，他们从大连机场起飞，飞越渤海湾，经青岛抵达徐州，在短暂停留后到达上海。谢苗诺夫上校指挥一个有 30 架图 -2 型和 30 架伊尔 -10 型的混成轰炸机团，也沿上述飞行路线到达上海。与此同时，帕什科夫上校的米格 -15 型飞行团也从莫斯科经铁路抵达徐州。当时苏联空军刚刚开始配备喷气机，帕什科夫团是苏联首个投入实战的部队。

苏联空军的米格 -15 型歼击机是当时世界上最先进的亚音速飞机，最大速度 1070 公里／小时，最大飞行高度 15200 米，航程 1782 公里，机上装有一门 37 毫米、两门 23 毫米机关炮，备有 200 发炮弹，1948 年底才交付苏联空军使用。巴基斯基部队来上海的一个飞行团拥有米格 -15 型歼击机 38 架，飞行员多数有参加第二次世界大战的作战经验，是一支战斗力极强的飞行部队。而国民党空军当时使用的最好的战斗机是美制 P-51 型歼击机，为二次大战期间研制的活塞式螺旋桨飞机，最大飞行速度 704 公里／小时，最大飞行高度 12800 米，航程 3700 公里，配备 12 毫米机枪 6 挺，炸弹 450 公斤。执行轰炸任务的 B-25 型轰炸机最大飞行速度 467 公里／小时，最大飞行高度 8540 米，航程 5960 公里，配备 12 毫米机枪 10 挺，炸弹 4000 公斤。对比这些参数可以看出，苏军喷气式战斗机在高空、高速性能方面比国民党空军的飞机都要优越得多。

了解到中国东南沿海地区的严峻形势，巴基斯基部队这次调动采取了临战非常措施，空中梯队在转场过程中随时做好战斗准备，地面梯队则要求随到随展开随参战。3月13日，米格-15型飞行团第一梯队到达徐州机场时，突然遭遇国民党P-51型战斗机空袭，苏军米格战机起飞迎战，当即将其击落。次日国民党空军又派一架B-25型轰炸机临空侦察情况，苏军飞机又起飞迎击，将其击伤后迫使其降落在徐州东大湖车站附近。一名射击员在空中被击毙，国民党空军分队长孙希文上尉等六名机组人员全被俘获。

3月20日，巴基斯基部队歼击机团先遣队刚到上海，立即领受了随时起飞作战的任务。23日国民党飞机入侵上海，苏军战机迅即起飞，将正在轰炸扫射的一架P-51型飞机击落，首战告捷。

4月1日，上海防空司令部于淮海中路1189号建立人民解放军第一个要地防空合成指挥所。至此，上海完成了有诸军兵种参加的现代化要地防空和空中设防。上海空中设防后，苏军巴基斯基防空集团与解放军地面高炮部队

图8 遭轰炸后的救火现场

密切配合，在保卫上海的防空作战任务中连续取得重大战绩。

4月2日，国民党空军派出 P-51 型战斗攻击机两架袭扰上海市区，轰炸扫射。苏军歼击机立即起飞迎战，在追击过程中精确攻击，将其中一架击落于杭州湾海中，又将另一架击成重伤，坠毁于浙东四明山区。4月18日国民党 P-38 型飞机两架从海上进入上海地区，长机未及投弹即被击落于横沙，飞行员王宝翔毙命。僚机亦被击伤，机身发动机起火，最后坠落于国民党空军岱山机场海边，飞行员李长泰跳伞落于岱山岛以西海面。

两次空战连续击落国民党飞机四架后，引起了国民党军将领的震惊。他们难以想象：解放军怎么一下具备了先进的飞机和防空装备？因此，国民党空军一改以白天轰炸为主的空袭方式，转为夜间偷袭。5月11日夜21时，国民党空军 B-24 型轰炸机四架，分三批携带重磅炸弹企图趁黑夜轰炸上海，被地面雷达发现之后，防空部队全部进入一等战斗准备，严阵以待。第一批飞机遭到防空部队高射炮射击掉头逃跑，当第二批的一架飞机刚进入上海市区，就被苏军探照灯照中和不间断地跟踪。苏军拉 -11 型战机起飞迎战，地面高射炮紧密协同，交替轮番射击，一架轰炸机被击中，坠落于浦东塘桥，机组人员全部丧命。另一架 B-24 型飞机未进入到上海境内即仓促投弹，然后调头逃窜。上海市民目睹了这场夜间空战，陈毅命令公布战绩。第二天的《解放日报》以"血债必须血还，一架匪机被击落"的大标题，报道了国民党轰炸机被击落的消息和飞机残骸的照片。但为了保密，不能暴露苏军的行动。报纸只笼统地说国民党飞机"被我防空部队击落"。在陈毅市长举行的记者招待会上，外国记者问是用什么武器击落飞机的，陈毅说是用高射炮打下来的。有的记者问："高射炮能打这么高吗？"陈毅风趣地说："它能飞多高我们就能打多高！"

上海空中设防短短两个月的时间，苏军巴基斯基部队在中国人民解放军上海防空部队配合下，四战四捷，先后击落国民党空军各型飞机六架，制止了国民党空军对上海的轰炸破坏。国民党空军被迫从空袭转为防守。

国民党将领百思不得其解，解放军怎么会在如此短的时间内具备防空和空中打击力量？最初国民党军侦察机经常执行空中照相，各机场上都未发现飞机。不料没有多久，就有一架 P-51 型在杭州附近被击落。接着是飞往上海准备轰炸的一架 B-24 型被击落，负责掩护的八架 P-51 型曾发生空战，这就说明解放军已有空军了。但究竟是何种飞机尚不清楚。于是国民党军派了一架 P-38 型照相侦察机前往侦察，落地后将照片冲印出来，立马惊呆了。原来解放军的飞机竟是当时苏联最新的喷气式战斗机米格 -15 型，仅虹桥机场上就停了数十架。这种飞机的性能比 P-51 型好得太多。这一张空中照相决定了舟山群岛国民党军的命运：没有制空权，无法再防守。

当时舟山国民党军有十五个师，加上海军陆战队、装甲兵、炮兵、工兵，陆军总兵力 12 万余人。海军第二舰队有 3 艘驱逐舰、2 艘扫雷艇、2 艘炮舰、15 艘炮艇、5 艘巡防炮艇。空军有 B-25 型轰炸机 8 架、B-26 型 2 架，P-51 型战斗机 32 架，还有部分运输机、侦察机。国民党舟山防卫司令石觉自恃海空优势，本来想打"总体战"，使舟山成为反攻大陆的前进基地。但是1950 年 3 月苏联空军进驻上海机场后，国民党空军的飞机在苏联喷气式战斗机的打击下，连连受损。石觉感到大势已去。基于"空中优势不能确保""敌

图 9　被击落的国民党空军飞机

近我远，支援不易"和"补给线长，运输困难"三大原因，国民党统帅部开始考虑撤军。5月9日，石觉奉命秘密飞往台北，参加蒋介石召开的军事会议。会上，蒋介石做出从舟山撤军的决策。5月13日黄昏，第一批部队开始登船。那几天舟山持续大雾，给国民党军的撤退提供了掩护。5月20日部队全部到达台湾各港口登陆。共计撤出人员12.5万人，及大批武器装备。国民党空军在撤退之前，用炸药将岱山机场跑道炸毁。岱山岛分南北二山，中间淤积为平地，星罗棋布些小山头。国民党空军工程队使用机械和人力平山填海，花了4000万银元，修了将近半年，完成了2000米长的跑道，本来是供B-29重型轰炸机起降攻击大陆的。没想到才使用了仅仅四天，就在瞬间被彻底破坏了。

在宁波的解放军部队监听到舟山群岛的动向，推测国民党军可能撤退。粟裕命令三野七兵团二十一、二十二、二十三军紧急出动，进军舟山本岛。舟山解放的消息，使上海人民感到欢欣鼓舞。《解放日报》5月21日在头版以套红标题报道："舟山群岛全部解放，上海封锁宣告解除！"几天后，来自舟山的渔船陆续到达上海十六铺码头，满载新鲜的大黄鱼、带鱼，上海百姓的饭桌又摆上了久违的舟山海鲜。战争和空袭的阴霾一扫而光，人民真正开始了和平安宁的生活。

（图片由上海市档案馆提供，原载《老照片》第124辑，2019年4月出版）

一位汽车兵的抗美援朝

王永义

十五岁的小兵

1951年3月30日，是我终生难忘的日子。这一天，我作为一名汽车助手，跟随六十四军高炮三十营，从安东出发，跨过鸭绿江，踏上了朝鲜的国土。

四个多月前，我还在济南卷烟厂当小童工。我所在车间是轻体力活，五六十名工人只有五六个男性童工。在这里工作，虽然解决了温饱，但我觉

图1　参军前的作者。头戴解放初期流行的八角帽，胸前徽章为济南卷烟厂厂徽。拍摄于1949年秋

得一个堂堂男子汉整天和些大姑娘小媳妇为伍，有失体面，所以并不安心。这时恰好六十四军后勤部筹备成立汽车司机训练队，在济南招考学员，我就报了名。经过了一场简单的文化测试，虽然我在年龄、文化方面离要求均有差距，但因报名人数未达计划，凡参加考试的，都被录取了。就这样，不足十六岁的我幸运地成为一名解放军战士。这天是 1950 年 12 月 14 日。

入伍后，先在泰安学习了一个月的汽车构造。1951 年 2 月又移驻安东（今丹东），学习原地和操场驾驶。还没等上路实习，因为战局需要，我们几十名学员又被紧急抽调至两个高炮营，任汽车助手，随军入朝参战。

踏上朝鲜国土

部队出发前，每个连配备一名通晓汉语的朝鲜向导，坐在头车带路。我们傍晚从安东出发，不久便驶入鸭绿江大桥。开始还算平稳，过半后便进入朝鲜领土，江桥已被炸断，我们便沿着旁边临时修建的便桥继续前行。这便桥仅容一车通过，且屡炸屡修，用木板铺修的桥面高低不平，汽车行驶在上面左右摇晃，望着近在咫尺黑不见底的江水，不时惊出一身冷汗。

朝鲜战争初期，敌方完全掌握着制空权，我军的一切后勤行动多半在夜幕掩护下进行，白天空旷少人的公路，一到夜晚便充满活力。行军的队伍，运输的车辆，巡逻的哨兵，转送的伤员川流不息，但秩序井然。

敌人的飞机就在公路上空轮番盘旋，寻找袭击目标，不时传来机枪扫射和炸弹爆炸的声响。汽车走在公路上，绝对不能开灯，以免暴露自己，只有摸黑前行。我们初到朝鲜，路况本不熟悉还不时遇到路面被炸毁需要绕行（这种情况下，连向导也要下车问路），这无异于盲人骑瞎马，一个小时还走不了二十公里。营首长担心，照这个速度行军，天亮以前怕赶不到宿营地，于是口头命令：所有助手都要站在驾驶室外的脚踏板上，将手从车门玻璃处伸进驾驶室抓住仪表盘旁边的拉手稳住身体，帮着司机看路，发现偏差及时提醒。

这是一个愚蠢而又危险的决定：发令者根本不知道，汽车在行驶中，司机的视野远大于站在车外脚踏板上的助手，司机无需也不可能根据助手的提示更改操作。而站在飞驰的汽车外的助手们，一个个好像是在表演杂技，相当危险，遇到路面颠簸或者身体疲劳，手一松动就可能滚下汽车，造成伤亡。助手多为十六七岁的半大孩子，根本预见不到这些，只知服从命令。有些人童心未泯反而觉得好玩，直到"玩"出了两条人命，才觉察到危险。那是第一天到达宿营地后，炮兵们忙着架设高射炮和高射机枪进入阵地，汽车兵则忙着伪装汽车和挖单人掩体。虽然我们在这里只驻一天，晚上还要继续前行，但也顾不了行军疲劳，要随时准备应战。正当我们忙于备战的时候，忽然传来了噩耗：昨晚二连在行军途中，突遇前方公路被炸，司机刹车不及，汽车驶入弹坑，造成倾斜，把站在脚踏板上看路的助手茹宗锡甩出车外，他被滚落的大油桶砸中要害，当场死亡。第二天我们宿营后又传来三连助手唐珠明被侧翻的汽车压死的消息。茹宗锡是陕西人，比我早参军两个月，性情憨厚，言语木讷，透着少许拙笨。因此常常被我们打趣取笑。唐珠明是山东人，和我同日当兵，是个干净利落的小伙儿，活泼好动，经常参加连队组织的文艺演出。二人皆为我在汽训队的同学，均长我一岁。两个风华正茂、充满活力的生命，绚丽多彩的人生旅途刚刚启程，就这样被一道错误的命令来了个急刹车，留给人们的只有无尽的思念与惋惜。

第三天行军，排长再没指令助手站脚踏板，两条人命终于换来了决策者的醒悟。

大乌里遇袭

在高炮三十营待了不到一个月，我们二十几个助手又被抽调去充实六十四军后勤部汽车连。那是 1951 年 4 月下旬，汽车连派了一名通讯员带我们去驻地南川郡报道。没有车送，我们只能跟随通讯员徒步行军。白天二十九人走在路上目标太大，容易招来敌人飞机的袭击。我们选择夜间走，不料出发前天公不作美，竟淅淅沥沥下起雨来，军令难违，我们只得冒雨上路。天越来越黑，雨越下越紧，我们每人身上只披着一块军用雨布，仅能护住背包，身上全淋透了。通讯员是带队的，他不发话谁也不敢停下避雨，只能跟着他走。与目的地南川郡相距不过百余里，原计划天亮前到达。谁知我们这些十六七岁的孩子，当兵数月一直与汽车为伍，从未徒步行军，加之天黑路滑，大雨不停，个个全成了落汤鸡，背包越背越沉，好不容易挨到一个叫大乌里的村庄。天亮雨停，又出现了灿烂的阳光，"人不留人天留人"，继续行军已不可能，带队的只好停下，借了朝鲜老乡几间空房就地宿营。我们草草吃了两块随身携带的军用饼干。人困马乏，不及脱衣倒头便睡，很快便进入梦乡。

忽然一阵飞机低空飞行的巨大声响把我们惊醒，紧接着传来一阵阵嘎嘎的机枪扫射声和扑扑的子弹落地声，炸弹爆炸产生的冲击波和巨大的声响随之而来，火舌已经从房门窜进，夺门而出已不可能，幸好这栋房子依山而建，靠山坡的一面开有两个窗户，木质的窗棂已经腐朽了，我们毫不费力地破窗而出，奔往山坡林密处。幸运之神终于眷顾了我们这些娃娃兵，以前的驻军在这个山坡上留下许多单人掩体，成了应急的庇护所，使我们转危为安逃过一劫。事后集结，仅有一名战士皮肤轻微灼伤。天黑以后，我们继续行军，午夜到达汽车连驻地南川郡，结束了我当兵以来首次也是末次的徒步行军。

到驻地以后，连里专门帮我们总结这次教训，认为有两种情况可能招致敌机袭击：一是敌特捣鬼；二是我们自己暴露。分析认为，我们到大乌里不足一个小时便遭袭击，就算敌特在第一时间发现我们，他也不可能在这么短的时间调来敌机。再者敌机袭扰我们总共持续不到十分钟时间，也不像是袭击既定目标，倒可能是过路发现了什么随便打打，所以，这件事还要从我们自身来查，这一查果然看出端倪。

原来宿营后，几个年龄稍长、平素生活仔细的战士，并未如我等立马就寝，而是先打开背包，拿出湿被子、军大衣等到院子里晾晒，这一晒晒出了大麻烦，军用被服是草绿色，民间绝不能拥有这种颜色的被服。满院子草绿色等于告诉低空飞行的敌机——此处有驻军！

大乌里遇袭给我们这些新兵蛋子上了一堂生动的军事课，这一课的记忆一直留到今天。

战火中诞生的汽车兵

我们顶风冒雨赶到南川郡是为了尽快编入刚组建的汽车连。

解放战争初期，我军的军需运输主要靠马车和老区人民支前的人力车。战争后期才有了少量从国民党军手中缴获的汽车，但零星分散，不成单独编制。朝鲜战场的情况完全不同于国内战争，敌方高度机械化且完全掌控了制空权，我方靠原有的运输方式显然不行，必须立马组建一支快速灵活的汽车运输队伍。

建立一支从无到有的汽车部队，骨干由部队原有零散的汽车司机和维修工集中起来组成，助手则调取未学完科目的汽训队学员担任；然而主体——司机和维修工——仍存在较大缺口，这也是入朝各部队在组建汽车兵时普遍存在的问题。如何弥补？唯一解决的办法是去国内招募战勤。各部都去招募，求大于供，条件自然降低。考察应募司机的程序很简单：部队派一个熟练司机坐在副驾驶座上，让应募者开一段车，看看他在转向、变速、制动等方面对汽车的控制能力，认为还可以就算通过了，编入汽车连，给他一辆车开。抗美援朝初期，开军车是不需要驾驶证的。

维修工可先到部队，在工作中考察，不符合条件的，再送回国内。

战勤虽然没有军籍，可在部队政治和生活方面均享受战士的待遇，家属还可按月领薪金。朝鲜停战后，战勤完成了历史使命，回到国内，由当地政府重新安排工作。

组建一支从无到有的汽车部队，最关键的是要有一个懂技术善

图2 战勤韩文阶，辽宁省宽甸县人，分配到保养排任电工。照片中，他身着带护肩战士军衣，与其四十几岁的年龄不很相称。拍摄于1952年10月

图3 佳木斯汽车学校学员。右为李永昌，1952 年秋天分配至保养排，成为作者的战友。其他二人为李的同学，分配至六十五军

管理的领导班子和相对完善的制度和规则，这些条件当时并不具备。汽车连的领导多来自战斗部队，他们带兵打仗经验丰富，而汽车运输对他们而言则是新事物，相应的管理制度和经验更是一片空白，一切从零起步。比如时下最看重的驾驶证和汽车号牌，在汽车兵初建时是没有的。那时的驾驶资格认定，无须经过严格的培训与考试，全凭连长一句话，如果遇到司机缺岗，连长会征询班排长的意见让谁来顶。班排长说某助手行，连长说那就让他顶吧！这事就这么定了，无须再经考评。

这样选拔司机，太过简单草率。开车技术难以保证，必然会给日后行车事故的高发带来隐患。此后不久，这个问题便得到纠正。

1951 年下半年开始，黑龙江省佳木斯市解放军第五汽车学校定向为志愿军各部培训汽车司机。各部选送来的学员，经过全部科目学习并考试合格后，再送回原部。从此司机的选拔也由人定开始变为法定。此举既提高了司机的素质，也保证了兵源。

汽车兵建立之初，车辆也没有统一号牌，只是由连里自行编号，用白漆喷在前保险杠和后货箱板上。直到 1952 年春，才由志愿军车辆管理部门统一编制首号，首号以后部分由军后勤部编号。编号则由车辆单位用白漆喷制。

1952 年在朝鲜行驶的军车，每车发一本"行驶证"，里面记载着司机和车辆的信息。这表明我军的汽车管理制度已经开始建立。

倍感自豪的汽车兵

汽车兵很受部队领导的重视，连长、指导员都派富有带兵能力的营级干部担任，有些排长则为连级。司机、维修工、助手以及有上述技能的干部，除每月的津贴费外还加发技术津贴。技术津贴共有十二个等级，以当月猪肉的价格折合成人民币发放。三斤至五斤猪肉为助手级，七斤至十五斤猪肉是司机（维修工）级，这项待遇在 1953 年初取消。几斤猪肉在今天当然微不足道，但在供给制年代却是一笔不菲的收入。那时一个新入伍的战士月津贴费只有一斤猪肉、四两黄烟。我初到汽车连时只是个助手，很多活只能打下

图 4　作者穿工作服的照片

手也评了四斤猪肉的津贴，这可比一个步兵排长的津贴费还高呀！当时在步兵眼里，当汽车兵是很荣幸的。

　　汽车兵还发一种四个口袋宽大的上下相连的工作服，设计这种衣服的初衷是让汽车兵在工作时套在外面以保护军衣不被油污，不料我们却舍不得在工作时穿，而是在休闲时穿，以显摆汽车兵身份。1952 年我就特地穿了这身工作服，佩戴上刚颁发的抗美援朝纪念章搭车去平壤，照了一张相片寄回家。

　　那时当汽车兵要比当步兵的门槛高：当步兵，只要年龄适当，身体无重大残疾就行；当汽车兵则要求初中文化，通过考试入伍。当下初中文化

图5 任锋，放弃排级身份，一心一意当汽车兵，拍照时着四袋上衣、尖腿马裤是当时的干部着装。照片背面有他的题字，"荣（永）义同志留念：人生若一溪流（水）不遇见几棵石，不会起美丽的浪花。战友任锋赠，大仙里。1952.10.30"

连写求职简历都上不了台面，但如果按照受教育的人口所占的人口比例做一个今昔对比，恐怕那时的初中生要比现在的大学生还稀少。也有不经考试当了汽车兵的，那多半是首长的警卫员、通讯员等。我有一个战友任锋，原为机关排级文员，却一心一意要当汽车兵，软磨多日，领导无奈，允其所求，分到保养排当了一名副班长，作为战士使用，保留排级待遇，他却欣然接受。

在汽车保养排获奖

我到汽车连后便分到保养排，直到朝鲜停战后回国。

保养排的工作是负责两个汽车连车辆的保养与维修。汽车连的车辆全是崭新的苏制嘎斯 51 型货车。这么好的车况，按照正常的工作规程安排保养，日常维修应该不多，然而保养排组建之日便频频应接繁重的维修，这些维修少数是由于机件的自然磨损，大多数来自碰撞、侧翻等交通事故。之所以这类事故高发，除敌机封锁、摸黑行驶、道路频毁等行车环境恶劣的因素外，部分司机素质不高、操作失误亦是重要原因。

维修这么多破损车，配件从哪里来？一部分常用易损件可以从国内采购，但是破损车多由行车事故造成，其损坏部分大半不是常用件，正常渠道

图 6 战友闵冠群。拍摄于 1952 年 10 月

较少供应，如何保障维修用件？修理班长闵冠群想了一个办法——到公路上的报废车上去拆。1951年初，在朝鲜被敌机打坏的、事故撞坏的汽车丢弃在公路上的很多，这些弃车有一些是起火烧成一堆废铁无甚价值，有一些虽破损严重无修复可能，但部分部件尚完好可以用，闵冠群就是要打这些车的主意。他的提议得到了全班同志的一致赞同和领导的支持。每晚闵冠群带一个小组去公路弃车上拆配件。我的任务是背一支步枪站在不远的地方警戒。所谓警戒，就是听到敌机的动静后立刻向天空鸣枪，提醒正在拆件的同志关闭手电筒，暂停作业。

拆回来的配件越积越多，面对这些用不完的配件，闵冠群突然有了一个想法：何不用这些配件拼装一辆车自用，省得每次用车还得请示连里。他把这个想法告诉大家，大家一致同意，还得到排长的支持，于是全班上下一起动手，不到一周，一辆嘎斯51型小货车便组装成了。

如果这件事放到现在，那是绝对禁止的违法行为，但在那时却是作为一个工作成绩受到支持和鼓励的。为此上级给汽修班每人奖励人民币十万元（折合新人民币十元），大生产烟一条。这下修理班的劲头更足了，不久又拼装了一辆上交运输科使用。尽管拼装车在外观上与原厂车存在不少差异，但照样在公路上跑，无须号牌。

驻地遭空袭

我们保养排最初驻在三峡里，这是隶属于南川郡的一个小山村，不过百十户人家，靠近三八线，不时有敌机在天空出没袭扰，驻一个保养排已经勉强，汽车连的几个运输排车多人众，必须另选驻地，听说他们去了朝阳洞。平时维修车都是他们自己开来，我并没有机会去那里。有一天一辆故障车抛锚在朝阳洞，连里派人通知我们去维修，班长闵冠群带着我跟着来人走了几公里山路进入一个山谷。两旁是清一色的松树长满山岗，这山谷稍加平整便成了一条可通行汽车的便道，下路一拐便到了一个松枝茂密的地方，来人说："到了。"我们定睛一看，原来是一个伪装的车库。这车库建在靠近便道的山坡下，向里面挖进一个3米×5米的掩体，用圆木篷布搭上顶子，便成了一个车库，顶面及入口再砍些松枝加以伪装，在几十米外看便和周围环境混为一体，白天汽车隐蔽在里面，日落后出发。车库对外是保密的，对内虽然没有限制，我们保养排没有工作也不去车库，我和班长也就在来人带领下进了这一个，至于全连几十辆车都停放在哪，并不知详。

这个车库出入方便，位置隐蔽，加之保密到位，堪称完美。由此及彼，可以推测，其他车库的建造也绝不逊色。几个月后，在一次敌机有目标针对我连的空袭中，经过实战的检验，便充分证明了这一点。

那次空袭发生在1952年早春，之前保养排已搬到朝阳洞驻地，我得以亲历始终。

那是一个晴朗的上午，万里无云。忽然传来了一阵阵刺耳的飞机轰鸣声，由小变大，随声而来的是四五架低空盘旋的敌机，一一俯冲轮番扫射。嘎嘎的机枪发射声和扑扑的子弹落地声清晰可闻，炸弹触发的爆炸声震耳欲聋，掀起的尘土使原本晴朗的天空顿时昏暗，空气中弥漫着阵阵刺鼻的硝烟味，我们都避在防空洞中静观其变。

汽车连驻地在隶属于朝阳洞的一个山沟里，这里远离村庄，驻地人员起居全在防空洞中。供人睡觉的防空洞只有四五平方米大小，选一块隐蔽较好的地，向下挖一个平底方坑，修一个斜坡作为入口，顶子仍用圆木篷布，伪装一如车库。这种防空洞低矮潮湿，为了驱寒，在靠边的地方用当地特有的石板砌成火炕，冬季用木柴烧热取暖。住防空洞虽然条件恶劣，但相对安全，机枪子弹是射不透的，且位置隐蔽，不像民房那么容易暴露，我们倒还乐意住防空洞，不过这事由领导决定，不容个人选择。

敌机折腾了大半个小时，才悻悻离去。事后清点，我们仅被炸坏了一个防空洞，伤了几个战士，至于车库，敌机根本没发现。

这次负伤的战士中，有一个叫刘炳生的，是和我在济南一起参军的战友，瘦高个子，文静寡言，在空袭后被抬走了，此后再也没有听到他的消息，我对他的记忆就此定格。

事后领导分析：驻地远离居民区，又不在要道，平时少有人来往。这次袭击敌机是直奔目标而来，显然与敌特捣鬼有关。应对办法即是加强搜山。搜山是部队领导组织相邻几支部队互相配合的军事行动。参加人员荷枪实弹，于拂晓前包围目标山脚，由下向上进行拉网式搜查，发现可疑人员立即带交朝鲜当地政府审查，此举对敌特震慑颇大，从那以后汽车连再也没有受到敌机袭扰。这类行动，每次保养排及连部二线人员都奉命参加。

夜闯封锁线

我们保养排最常接触的人就是运输排的司机和助手，他们平时谈论最多的话题莫过于闯封锁线。从 1951 年下半年开始，敌机每夜都要到我方公路沿线的主要城镇、交叉路口、桥梁等关键地点投掷照明弹，寻找袭击目标进行袭击，这些地点我方称之为封锁线。而运输排的车辆每晚都要多次穿越封锁线，穿越与反穿越成为敌我斗争的焦点。其中发生了许多小故事，这些故事或惊险或悲壮，经过他们绘声绘色地描述，听得我如醉如痴，很想跟着他们闯闯封锁线，但是他们谁也不敢带我去。

终于，机会来了。

1952 年初夏的一天，保养排出车去一个叫新溪的地方拉配件，这任务自然落到了能开车的班长闵冠群身上，他要带一个助手与他同行，当时我们几个助手都争着要去，小算盘无非是想在路上摸摸（开）车。闵冠群当即指定让我去，开的车还是以前拼装的那辆。这车一直没配上起动机，需要摇手柄发动。我把车摇发动以后，由于太过兴奋把摇手柄随手一扔便上了车。谁知这个不经意的动作，在穿越封锁线时几乎酿成车毁人亡的大祸。

车很快便上了公路，这是我到保养排后第一次见到阔别已久的公路。情况与之前有了很大变化，在公路上开车不再摸黑，可以开灯行驶，这缘于公路上增加了一个新的兵种——防空哨兵。防空哨兵多由朝鲜年轻的女兵担任，她们肩背五尺枪，手拿指挥旗，口含发令哨，军衣笔挺，英姿飒爽，遇有过往车辆立刻变成立正姿势，哨音响后，挥旗引导，威武中带有几分妩媚。察听到敌机的动静后，她们立即向天空鸣枪示警，过往司机心领神会，马上关灯减速，使敌机顿时失去目标。

我们的车开到一个叫新幕的地方，这是一个十字路口。闵冠群将车停在路边，下车问路。待到问清路准备开车出发时，才发觉摇手柄不在车上，汽

图 7　嘎斯 67 型吉普车，朝鲜战场师级及以上机关配置。车前保险杠右侧白漆喷制车号依稀可辨。照片是作者（右）与战友王文义合影。拍摄于 1953 年 6 月

车发动不了，闵冠群再次下车准备截停一辆车借摇手柄。这时天空飘亮了一颗照明灯，这就是信号，敌机要封锁这个路口了。随之而来的是陆续投掷的十几颗照明弹，在路口上空排成一个圆圈，把地面照得雪亮，这一步完成以后，紧跟着便会对发现的目标实施袭击。投掷照明弹有一个时间规律，两颗照明弹投掷间隔为十几秒，敌机布置一个照明弹圈需三分多钟，这三分多钟对处在路口的车辆是生死攸关的。他们必须争分夺秒，抢这三分钟冲出封锁线，在这紧要关头，谁还会理会你截车？而在封锁线外的车辆早已停住，等候照明弹熄灭后再走，谁也不会在这个时候进路口。前后也就两三分钟，原本喧嚣繁忙车水马龙的路口顿时变得空旷寂静。

此时照明弹已形成一个圈，而且越来越亮，我们孤零零的一辆车在白昼般的光照下非常扎眼，接下来就会是敌机射来的枪弹，后果极有可能是车毁人亡。我们能选择的似乎只剩下一条路：弃车保人，立即跳下公路，虽未出照明圈，但人的目标小，借助田野的地形、杂树掩护，或可躲过一劫。但是闵冠群却丝毫没有要走的意思，他舍不得那辆车，那是他和战友多少个日日夜夜用血汗换来的，他不能就这么放弃。他的执着终于迎来了转机，危急关头，恰好有一小队士兵跑步闯过封锁线，为首的一个军官模样的人发现了我们这辆车和两个手足无措的人，高声喝道："怎么回事？"闵冠群答："摇把掉了，车发动不了啦。""胡搞！胡闹！"他示意他的兵停下，一声令下："推车！"众人合力把车推发动，闵冠群猛踩油门，车一溜烟开出了封锁线。

我们很快进入安全地带，身后是那一队尚在闯封锁线的士兵。他们为了让避逅的我们脱离险境，硬是把即将到达安全地带的自己留在险境，虽只有

图8　1953年6月，保养排部分官兵于朝鲜大仙里合影。自左至右依次为班长王占、战士白玉喜、战士张毓庆、战士王永义、战士李生春、排长蒋立平、班长李英奎、材料员王文义

几十秒钟，但在那种严酷的战争环境，局面瞬息万变，每秒钟都关乎人的生死啊！

斗转星移，岁月已经流逝了六十五年，这件事回想起来仍然那么清晰，那么使我感动。

闵冠群，湖南人，长我十六七岁，为人平和可亲，从小缺失父爱的我对他十分依恋，像一个小跟屁虫。1952年初冬，在维修一辆嘎斯67型车底盘时，他用千斤顶将车顶起，躺在车下修车，未用石块垫实，不料一颗螺丝锈死，他用力扳动，千斤顶支撑滑脱，砸伤头部，抬出来时已不能说话和呻吟，紧急送往医院，从此没了消息。我只保留了他送给我的一张照片，背面有他的题字："永义同志：加紧学习，提高技术政治文化水平，在胜利的基础上稳步前进。战友闵冠群赠。"语言朴实无华，寄托着一个老兵对新战士的情谊与期望。

大仙里记事

1952年国庆节后不久，我们从朝阳洞移驻大仙里。这里是我在朝鲜最后一个驻地。

大仙里是遂安郡的一个小村庄，远离前线，位置又偏，极少受到战火涂炭，平和而宁静。我们选了一块背靠山坡的平整林地，搭建了大小不等的帐篷作为工作和生活的场所。帐篷虽然冬冻夏晒，但比以前一直居住的阴暗潮湿的防空洞要好得多。给养也比以前大有改善，新鲜蔬菜不时上到餐桌。电工班安装了一台五十千瓦用汽车发动机作动力的发电机，除供给车床、电焊、蓄电池充电等用电外还有富余电能可供照明，一切条件较之朝阳洞可谓鸟枪换炮了。精神生活也日渐丰富，每周还能集体去后勤部可容数百人的礼堂看一场电影，祖国派出的几批文艺慰问团就曾多次在这里演出。这些活动，根本不用担心敌机袭扰。自1952年下半年起，我空军开始参战，天空中经常传来空战的枪炮声，有时能见到被击毁的飞机下坠和跳伞的飞行员，这时我们都异常兴奋，纷纷端起枪跑步到降落伞飘落点去抓俘虏。敌机掌控天空的局面终被打破，不过为保万全，运输排仍须夜间行车。

图 9　战友刘荣杰。拍摄于 1953 年 5 月

　　在大仙里，军邮的畅通使我们能很方便地和家人通信。祖国人民捐赠的书刊、慰问袋等也源源不断地从祖国各地送来。

　　慰问袋在今天不少人听起来很陌生，但在朝鲜前线却是很普通的物件，每个战士都能分到几个。它是用双层白布做成约十六开书大小的袋子，用彩线绣上精致的图案和赠给"最可爱的人"或"志愿军战士"字样，有些慰问袋还绣有或用毛笔写有制作人的地址。不难看出，这些慰问袋多出自年轻女性之手。战士刘荣杰还因为慰问袋发生了一个小故事。

　　刘荣杰是陕西省宝鸡市北崖人，他分到了一个宝鸡市十里铺署名曹建萍寄来的慰问袋，异国睹乡仪，使他欣喜而兴奋。他试着写了一封信表示谢意，很快就收到了回信，对方是一个正在中学读书的女孩子。二人书信往来，情感不断升温，竟至互赠照片。然而部队是有纪律的，战士禁止谈恋爱，这件事到此就画上句号。不知他复员后这段故事能否续演。

回归朝思暮想的祖国

1951 年夏，朝鲜战场上双方进入了相持阶段。敌方在武器装备方面占绝对优势，而我方在兵源补充及军事素养方面又压倒对方，可以说是势均力敌，战局不可能在短时间内实现北统南或南统北。通过谈判来结束战争便成为双方的共识。1951 年 7 月 10 日，朝鲜停战谈判在三八线上的城市开始启动。但是谈判的进展异常艰难，双方在确定军事分界线和遣返战俘两个问题的主张上存在很大分歧，致使谈判时断时续两年多。直到 1953 年 7 月 27 日才签署了停战协定。

1953 年 7 月 28 日清晨，连里紧急召开全体大会，连领导在会上郑重宣布："昨日上午十时，朝鲜停战协定在板门店签字。上级领导机关命令我部

图 10　回国后的作者及其战友。左起依次为：作者、王文义、杜平、李生春、蒋立平。1953 年 8 月拍摄于辽宁凤城

图11 回国后的作者。1953年8月拍摄于辽宁凤城

即日启程回国。"这突如其来的消息顿时使全体同志惊讶得目瞪口呆，会场瞬间寂静。入朝两年多，环境恶劣、生活艰苦、语言不通使我们思乡之情与日俱增。自启动朝鲜停战谈判以来，我们随时都在关注谈判的进展，然而谈谈打打两年多，消息时好时坏，以致都不太在意了。现在我们日夜的企盼竟然一朝成真！待到大家回过神来，全场一片欢腾。很多人忘记了是在开会，有人模仿着苏联电影的台词高喊："乌拉！"有人拥抱着转圈，会场一时失控。

吃过早饭，连里派车帮助我们保养排搬设备，同志们个个情绪饱满动作飞快，只用了一个上午，连地面都打扫干净了。午饭后登上归程的汽车，这是入朝两年多我第一次在白昼乘汽车奔驰在朝鲜的公路上。在灿烂的阳光照耀下，青翠欲滴的山峦、晶莹剔透的小溪、炊烟袅袅的村庄虽一晃而过却又过目难忘，但愿他日还能再见。在我的沉思中大同江已映入眼帘，建于江岸的大同门渐渐清晰，这是一座中式牌坊式的建筑，巍峨而华丽，屹立在大同桥头，穿过大同江便进入平壤市区，我们将在这里登上军列，回归朝思暮想的祖国。

（原载《老照片》第114辑，2017年8月出版）

中国见闻 1956

约翰·特纳

　　汤姆·哈金斯（Tom Hutchins）在一篇未曾发表过的名为《深圳的桥》的打字机手稿中，记录了 1956 年 5 月 9 日他途经香港入境中国内地的经历。当天他携带着大包小包的摄影器材在海关入境时感到忐忑不安，当时中国内地对世界其他地区的人们来说是陌生的。"在站台上的另一边有很多人在等待着从内地返回香港的列车，"他写道，"似乎无人介意我这个拍照的人，我向站台中央一个亭子里帮我发电报的一位美丽女孩对焦，她害羞地微笑，面带好看的羞涩。有一些人聚在一旁笑着观看。她查了查表格，正聚精会神地向一个叫作新西兰的陌生地方发送寥寥数语的同时，我的快门声也没有停下。在相机后面，我暗自庆幸第一次中国之行，就实现了用自己的方式和信条来拍摄这个拥有世界四分之一人口的国度。"如其所料，他最初的一些试探性质的照片也并未收录在他后来编纂的目录内，却为未来四个月马不停蹄的拍摄开了头。"坚冰既破……"这位刚刚成为父亲的三十四岁的新西兰人继续写道，"……我将镜头转向在座椅间玩耍的孩童，休憩中的人们，号召促进生产、教育、健康的宣传海报。一位耐心的王先生检查我海关通关的手续，我抱着歉意地向他们解释自己携带五部相机的必要性，海关官员相信了我宣称携带的胶片数量，只要我保证不售卖或转让这些胶片，便只需填写一张三联的表格，就可以享用一顿美妙午餐，有鸡肉、蔬菜和米饭和精致的（茉莉花？）茶。"

　　汤姆一开始并未在广东省停留过多时间，虽然新西兰早期中国移民大多来自此。他计划晚些再回这里，并于 9 月重返新西兰。但当时有关部门在

图1　稻田里的农民，从广州前往汉口的火车上拍摄，1956年5月11日

图2　火车站台上的苏联人和农民，湖南，1956年5月11日。哈金斯解释说，苏联人身穿的睡衣是他们日常的旅行装束

图 3　建设中的长江大桥和中国式帆船，汉口。哈金斯解释说，这座大桥的建造运用了新式建筑工艺，是第一座横跨长江的大桥，于次年建成

认定他询问了太多难以回答的问题后，将他六个月的签证减短了六周的有效期。汤姆在中国期间是作为一名独立的摄影师活动的——虽然他此前已担任《奥克兰星报》的首席摄影师，但当他在 1956 年 4 月末终于获得中华人民共和国签证时，这份以自由主义标榜的晚报要求他离职。当时冷战已经全面展开，虽然新西兰并未像美国那样禁止记者和摄影师涉足中国内地，但也紧密追随着资本主义阵营的反共意识形态。汤姆原本盼望他的妻子弗洛伦斯可以与他同行，而就如同他最早计划跟随黄河从西部的源头穿行直至黄海的设想

一样，受实际情况的局限而无法实现。这段时期，中越边界和东南沿海都因紧张局势而同样无法进入。当时得以获许进入中国内地，已然是个小小的奇迹。汤姆的摄影作品最早于 1948 年 1 月登上《生活》杂志，那是他二十六岁时拍摄的一组 1947 年克莱斯特彻奇市遭受火灾后的拜兰廷百货商店全景接片。他当时已经是纽约黑星图片社的成员，身为亨利·卡蒂埃·布列松以来第一位报道新中国的非共产党员西方记者，这次酝酿良久的中国之行也得到了《时代》和《生活》杂志编辑的支持。卡蒂埃·布列松和他的马格南团队，包括马克·吕布、布莱恩·布莱克（也许是最著名的新西兰摄影师）、里奈·布瑞、滨谷浩等摄影师都步哈金斯后尘，在 1957 年之后才来到中国内地。

由于其时间的特殊性，哈金斯的摄影中记录了苏联的在场，也拍摄到了新疆风貌。他的照片弥补了优秀外国摄影师对这个时期文献记录的空缺。《生活》杂志协助哈金斯冲洗并整理了大部分的底片以便其调用。《生活》杂志于 1957 年 1 月 21 日美国版上刊登了一篇九页、二十二张图片组成的《红色

图 4　北京第五中学屋顶上的中学生们，1956 年 6 月 14 日

图 5　北京王府井百货商店买相机的男子，1956 年 6 月 19 日。哈金斯解释说，这位男子买的相机可能是捷克斯洛伐克生产的美普塔·弗雷克萨雷特双反相机

图6　正在培训的女工，辽宁鞍山钢铁厂无缝钢管车间，1956 年

图7　鞍钢下班准备午休的工人们，1956 年。哈金斯裁剪了这幅照片的画面，以强调工人的
状态和工厂背景

图 8　在矿工养老院打麻将的老人，辽宁抚顺，1956 年

图 9　星期六夜晚的工人俱乐部舞会，吉林长春，1956 年。哈金斯解释说，男女之间跳华尔兹时有些尴尬

图 10　长春卡车厂的苏联专家。哈金斯描述道，当时这座中国最大的汽车厂内机动车很短缺

图 11　人们在湖北长江某处码头上下船，1956 年 5 月 12 日

图 12　新疆哈密的街景，1956 年 7 月 17 日

图 13　放学的儿童们，甘肃玉门，1956 年 7 月

图 14　新疆哈密的街景，1956 年 7 月 17 日

图 15　在沙尘暴中进行灌油作业，甘肃玉门，1956 年 7 月

中国进行曲》专题报道，也于 1957 年 2 月 28 日在其国际版上发表。然而，
此后的六十年间，这一批记录新中国的卓越摄影作品却被淡忘在视线之外。
汤姆在 20 世纪 60 年代试图寻找出版商未果之后，逐渐对它失去了兴趣，他
更多地将精力投身于其他的摄影工作和生活之中。这其中包括建立起英联邦
国家中第一个电影及摄影专业学位课程，从 1965 年直至 1980 年退休，他执
教于奥克兰大学的埃兰美术学院，教授这两门课程。他是一名影响深远的教
育者，他对他的学生和教员都有着最严格的要求。

后来从远方中国传来的消息令他痛心疾首，他对后续递进的各项政治
运动直至"文化大革命"都持尖锐的批判态度。他关心那些他曾经相遇相
识的中国人此后的命运。身为一个社会主义者、和平主义者和人道主义者，
他曾经目睹并见证了社会的进步和心智的解放，他曾申请重返中国，但未
获批准。

1989 年初的一天，我和马拉·玛尤在汤姆的奥克兰雷穆瑞瓦区家中地下

图 16　举着镰刀劳作的回民，新疆乌鲁木齐西南，1956 年 7 月 14 日

室里，翻出这些已然腐烂的纸箱子、相纸和手稿。其中有六百幅损坏严重的爱克发布罗维拉 8 英寸 ×10 英寸相片，原本是为他曾经意图出版的中国画册准备的。我们无法找到他的底片，本以为已经遗失，却在几年后从汤姆家中另一处寻获，并全数保存完好。那又是另一番题外话的故事了。汤姆于 2007 年 3 月 15 日以八十六岁之龄去世。在此之前的二十年里，我和他利用空闲时间一起整理出了一份他自己选定的，认为是最具代表性的中国照片目录。在他非常严格的监督下，我们完成了收藏级的校样页和六百幅 8 英寸 ×10 英寸的新洗印片。在此之后，这些图片也随他选定并洗印的底片一起经过电子扫描，以备未来需要时制作数码片。汤姆更愿意让他的照片直接与观者对话，并担心他人（包括我自己，我觉得）会曲解其拍摄的原意及存在理由，以及他旨在记录的"可视的证据"。他自己仅写过一篇短文回顾这批作品，我准备将那篇文章录在未来一本更完整的中国画册之中。

　　20 世纪 60 年代的某个时候，他曾向某出版商写下如下的文字总结他想要出版的"中国画册"的意义。他描述他的书为："在中国四个月旅行的图集——从人道主义者的个人视角，而不是批判的观察者视野，更关注于中国人可见的生活明证而不是外国人士强加于他人的自我表达。"我认为他是在描写一种重要的区别，将自己与已经出版的著名摄影师如亨利·卡蒂埃·布列松、布莱恩·布莱克等人在中国的摄影作品区分开来。对汤姆来说，他们的作品太过于主观，也太"艺术"了。见仁见智，汤姆自己的作品现在也公之于世，时间会给出更好的答案。

（原载《老照片》第 123 辑，2019 年 2 月出版）

1965 年：斋藤康一的中国之旅

〔日〕本田善彦

　　斋藤康一先生是当代日本摄影界很重要的专业摄影师，特别是在肖像
照领域建立了独特风格。1935 年斋藤先生出生于东京，1960 年毕业于日本
大学艺术学部摄影学科，学生时代担任过摄影名家林忠彦、秋山庄太郎的助
理，毕业后即成为专业摄影师。早期在日本的画报和各大杂志上，斋藤先生
几乎每周都有作品发表，其中他拍的肖像照颇受好评，包括著名作家川端康
成、三岛由纪夫、井上靖、野坂昭如、远藤周作、司马辽太郎等的肖像照，
以及各界名流如松下幸之助、黑泽明、市川昆、藤子不二雄、北野武、王贞
治、冈本太郎、安藤忠雄、池田大作等人士，都在他的镜头前留下过生动的
表情。

　　斋藤先生除了作为肖像摄影的大师之外，也是位日本摄影界里屈指可数
的"中国通"。他跟中国的第一次接触是 1965 年，即"文化大革命"爆发的
前一年。该年，包括斋藤先生在内的日本青年艺术家代表团，本来是要参加
在北非阿尔及利亚举行的世界青年联欢节，没料到该国突然发生政变，赴阿
尔及利亚的计划临时取消。日本代表团本来要分两团出发，亲日本社会党的
这一团计划经过苏联前往阿尔及利亚，而亲日本共产党的另一团则是经过中
国大陆往阿尔及利亚，然后双方在北非会合。阿尔及利亚出事后，他们刚好
得知中国大陆计划举办第一届中日青年大联欢活动，于是临时调整计划，决
定所有团员前往大陆参加两国青年大联欢活动。

　　斋藤先生所属的团，以艺术家为主，有传统舞蹈家、画家、摄影师等，
每个成员都颇具才华和个性。他们先搭机飞往香港（当时日本和中国的邦

北京

北京

北京

北京

北京

北京

北京

北京

上海

交尚未正常化，两国之间没有直飞班机），日本人去中国内地必须经过第三地——香港。斋藤先生在内的一行人抵达香港后，手提着摄影机、戏服和传统乐器等，然后由陆地经过罗湖关口，进入当年外界普遍认为神秘的中国内地。1965年9月初，斋藤先生一团16人先从广州飞往武汉，后来又回到广州，再坐火车沿途北上。火车停在哪儿，就在哪儿下车，并跟当地青年交流，住一两个晚上，如此这般，经过了上海等城市，最后抵达北京。根据大陆方面官方报道显示，该年8月23日，出席中日青年大联欢的日本青年271人到达了北京，25日北京各界青年万人集会欢迎日本青年代表团。直到9月，来自日本的其他团体，先后结束两到三个星期的访华行程，各自启程回国。但斋藤先生所属的艺术团却仍然在大陆各地访问，整整待了48天之久。由于增加了访问的时日，斋藤先生原本从日本带来的五六十卷胶片根本不够用，到了北京，好不容易才买到了柯达胶卷。走访大陆各城市期间，斋藤先生用掉的胶卷高达八九十卷之多。

据斋藤先生回忆，在大陆的48天中，摄影上的限制并不多。除机场、桥梁和铁路等军事设施和重要的公共建设以外，基本上什么都可以拍摄。当时在中国大陆拥有私人相机的个人很少，每从饭店走到街头，他一定会被围观。有一次他住在上海和平饭店，从楼上俯瞰外面时，看到饭店前面有一群人，他们都是专门来看外国人的上海市民，斋藤先生笑道："他们好像是来看稀有动物一般，对外国人充满好奇，仿佛战败后日本小孩围观着美国大兵那样！"由于在街头上能优哉地拍照的机会并不多，斋藤先生往往一大早溜出饭店，坐三轮车去拍照，有时只好在移动的交通工具上拍摄。斋藤先生拍的不只是中日青年大联欢的活动，也有更多胡同里的庶民生活以及街道、建筑、市容等。他拍的这些照片，如今已成了珍贵的时代影像记录。

斋藤先生说，新中国成立第16年的1965年，无论到哪儿都感受到热烈的气氛。无论参加任何活动，或打开收音机，时时都听得到高呼"毛主席万岁"的声音，连不会说中国话的斋藤先生，因为反复地听，也学会了。从幼儿园的儿童到养老院的老人，开始讲话时一定先说"我们敬爱的毛主席……"然后开口闭口就说"我们亲身参与建设新中国！""我们要奉献祖国！"之类的话，不少人表达对国家恩情的感激。表面上看，老百姓的物资生活并不

上海

上海

上海

杭州

422

杭州

武汉

长沙

湖南韶山

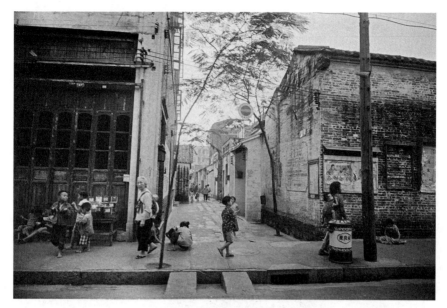

广东

富裕，他们对外面世界的理解也很有限，而且某些言论明显带着对外宣传的目的。但整体看来，斋藤先生感受到社会有一股朝气和兴奋，未来似乎充满了希望，对此他感受很深！

因为延长访华行程，多待了几个星期的缘故，斋藤先生等团员受全国青年联合会的邀请参加国庆大会。10月1日在天安门广场，他还看到了毛泽东。他记得毛泽东旁边有柬埔寨的西哈努克亲王和刘少奇等人士，戴黑色帽子的林彪站在隔毛泽东有八九个人的地方，感觉与毛并不亲近，地位也不明显。毛泽东现身天安门城楼上的那一刻，斋藤先生记忆犹新，说："群众好像发狂似的拍手，不断地高喊'毛主席万岁'，毛泽东在群众中的魅力真了不得！"他对国庆大会的游行也留下很深的印象，整个游行队伍一丝不乱、井然有序，表现出革命社会的高昂情绪。

斋藤先生在国庆晚宴上还有机会见到周恩来、宋庆龄等高层人士。当晚人民大会堂里摆设了许许多多的圆桌，周恩来他们坐在正中央前方的位子。同时斋藤先生注意到楼上有个乐团席的包厢位子，他随机想到如果能上去那

延安

边，就可以拍摄盛大晚宴的全景。他假装上厕所偷偷地走上楼梯混进乐团席，从上面拍了几张晚宴的全景图。这些照片不仅有很好的构图，也忠实呈现了盛宴的氛围。

同时，斋藤先生也以敏锐直觉，捕捉到其他成员都没意识到"文革"前兆的画面。他们访问杭州的纺织厂时，看到师傅们正在绘制林彪的肖像。"当时1965年，一般的外国人都不认识林彪这一号人物。可是我们在参访的纺织厂所看到正在绘制的，却不是周恩来，也不是刘少奇，而是林彪肖像的装饰品。"斋藤先生问工厂负责人，对方只回："这是上头的指示，具体情况我也不清楚！"斋藤先生记得在国庆大会中，林彪站在毛泽东好几步之外，如今在杭州却大量绘制他的肖像，觉得有点奇怪；直到"文革"发生后，他才确定那就是预兆。这意味着，1965 年的秋天，地方已在为来年重大的历史事件悄悄地作准备。

透过 1965 年的访问，斋藤先生跟中国结了深缘。第二次访华是 1976 年，也就是"文革"的最后一年。该年 5 月，以向旭为团长的上海京剧团一行130 人赴日访问演出，斋藤先生为了报道这次访问演出，事前获准赴沪采访。后来陆续又有机会到中国大陆访问，走遍北京、上海、苏州、哈尔滨、拉萨等地，拍摄了不少照片。1985 年他在日本佳能公司出版了画册《苏州にて》（在苏州），1997 年又出版《北京'95~'96》等画册，皆获得高度评价。

此次，有"两岸老照片收藏第一人"之称的秦风（徐宗懋），在日本寻找苏州老照片的过程中，偶然买到斋藤先生 1985 年出版的苏州写真集。秦风先生立刻发现了斋藤先生中国摄影作品的艺术和文献价值。不久，透过佳能公司的协助，由敝人联系上了斋藤先生，双方经过通讯后，约在东京会面。由于斋藤先生和秦风先生都具有影像的专业背景，谈话格外投缘，很快就建立了互信。接着，秦风先生得知斋藤先生在"文革"前一年曾前往中国大陆访问，拍摄了大量的照片，他觉得这批照片具有极高的出版价值，实际上是近代中国影像史重要的记录，斋藤先生也慷慨地提供了大量底片，作为秦风先生修片、整理和编辑之用。因此，称这本珍贵画册为日中影像作者及爱好者的合作之最，实不为过！

斋藤先生有关中国的许多摄影作品，曾静悄悄地藏在箱子底下几十年，如今重现于世，予人以无比的惊艳！这件事看似偶然，其实是许多有心人长年努力的必然成果，也代表了中日文化交流史最新的一页！

（本文系作者为《岁月中国 1965——斋藤康一中国摄影集》撰写的序言，图片由秦风老照片馆提供）

（原载《老照片》第 114 辑，2017 年 8 月出版）

"文革"年代的地质勘探

邹本东

　　为满足国家发展高科技的需要，1969 年至 1971 年间，青海第十五地质队深入唐古拉山区寻找稀有的天然水晶矿产。在三年时间里，全队人员克服了工区海拔高、山势险峻、空气稀薄、终年冰雪覆盖、环境冷酷等重重困难，终于找到了国家急需的水晶矿床。为此，后来第十五地质队得到了当时的地质部、青海省地质局的表彰，被誉为"一不怕苦，二不怕死的战斗队伍"。但是由于受当时 "保密" 规定的限制，这段事迹仅在 1971 年的一期《人民画报》上进行了简单披露，没有详细报道，他们的贡献罕为人知。

　　那时，我恰好刚从部队转业被安排在青海省地质局做宣传工作，有幸承担了摄影报道这支"战斗队伍"的任务，于是留下了这些珍贵的记忆片段与黑白影像。

　　那几年，青海十五地质队的大本营驻扎在唐古拉山脉一处海拔 5400 米的缓坡上，而每天工作的地点则在海拔 6700 多米的高地上。因为海拔高，空气稀薄缺氧，人人都会感到胸闷憋气，呼吸困难，工作时每人都要随身携带一个氧气瓶，以备急用。寒冷也是个大问题，野外工期虽然都安排在七八月份，但几乎天天都会有大雪纷飞、寒风呼啸的时候，气温在零下二十来度是常事。当时轻便的羽绒衣还算稀罕物，为了能在极端寒冷的环境里防寒保暖，人人都穿上了又厚又硬的羊皮袄和羊皮裤。每一件羊皮袄和羊皮裤都由两张羊皮缝制而成，穿上如此沉重的衣服，光是站着就已不轻松，而队员们还得穿着它在茫茫雪地里徒步跋涉、翻山越岭和挥镐挖矿！

　　工地要不断地沿着矿脉的延伸出露而转移，随时都有可能需要在高山上

图1 这是当时的队党支部书记亢振兴在位于海拔5400米的大本营里伏案工作，他身患高血压，并不适宜到高海拔的地方去工作。由于条件限制，当时高原上没有房屋，人人都住在帐篷里。他的案头放着厚厚的《毛泽东选集》，这在当时是每个干部的必备

宿营，因此队员们上山时都要背上工具、寝具、资料、书籍、干粮、水、葡萄糖等必备用品，下山时还要加背当天采挖到的水晶矿石，其艰难程度常人难以想象！由于缺氧和负重，通常走十来步就会气喘吁吁，有时实在走不动了，就停下来喝上两口随身带着的葡萄糖，似乎感觉会好一些，然后继续步履蹒跚地前进。可是，现在从科学的角度仔细想想，葡萄糖对于高山反应基本没有什么缓解作用，而当时大家之所以觉得它管用，应该只是心理作用吧！高山上，车辆无法通行，长距离的物资运输就只能雇牧民的骡马了，但骡马也只是用来驮运一些大型的探矿工具、帐篷和炊具等较重的用品，其他物品全得靠人肩扛背驮了。高海拔地区空气稀薄，蔚蓝的天空上太阳格外明亮，在阳光照耀下，白茫茫的雪原闪耀着刺眼的银光。为保护眼睛，只要出帐篷就得戴上镀铬的特制雪镜，否则在雪地里待不了多久，眼睛就要被烧坏而得"雪盲"，那就什么也看不见了。可是眼镜救不了大家的脸面，雪地里超强的

图2　清晨，队员们从大本营出发，向着海拔6700多米的工作面前进。为拍摄这张照片，作者要比队伍提早两个小时出发，在前方选好位置等着

紫外线只需两三天工夫就把大家"化妆"成了"黑包公"。接下来几天，每个人脸上突出的部位，如前额、颧骨、嘴唇等处就开始裂口、脱皮，"黑包公"又都变成"窦尔敦"了！部分队员嘴唇的裂口里渗着鲜血，疼得不敢开口说话，连吃饭都觉得受罪。

　　在高海拔地区，解决吃饭喝水问题也不是件易事。刚上山时，由于山上到处都是结实的冰层，队员们就在沟谷的冰层上凿洞取水。满以为有了水就能吃上饭了，谁知因为气压低，水的沸点很低，水烧到60来度就开了，做出来的饭是夹生的，没法吃。而当时还没有炊用高压锅，炊事班的同志就想方设法，用医务人员高温消毒用的卫生锅烧水做饭，才让大家吃上了熟饭。平常新鲜蔬菜是很难吃到的佳肴，偶尔吃上一顿从远方运来的已经不太新鲜

图3　工作间隙，队员们自编自演办起了文艺晚会，这是他们在跳"忠字舞"

的蔬菜，竟会乐得大家直敲饭盆。除了常有的肉罐头吃外，有时还能吃到野
生动物的肉。那时，高原上黄羊和羚羊成群，它们尚未被列为国家珍稀保护
动物，是当地牧民的食物来源之一。队员们有时也会抓几只黄羊或羚羊来为
大家解馋。

　　在高山上只能住帐篷。帐篷是由骡马驮着跟随工作队辗转的。每到一处宿
营的地方，队员们就自己动手先把帐篷搭起来，需要离开时则收起来，宛若游
牧民。由于过于寒冷，队员们晚上睡觉时，必须把鞋子用鞋带系在行军床床头；
睡相差点的人，为防被子从很窄的床上脱落到地上，得用绳子将被子与床绑住，
否则第二天鞋子或被子就会与地面冻结在一起。我刚去时没有经验，晚上睡觉
没有把鞋子挂在床头，结果第二天早上醒来发现，鞋子已牢牢地粘在了地上，
只好找来热水，融化掉鞋子周围的冰块后才把鞋子拿了起来。

　　在那个全国响彻"与天奋斗，其乐无穷；与地奋斗，其乐无穷；与人奋
斗，其乐无穷"口号的年代，青海十五地质队就是在这样极端艰苦的环境中，

图 4　队里的随队医生在为藏族牧民看病

图 5　地质技术人员在进行地质矿产调查

图 6　工作间隙，大家集合在一起读《人民日报》

以高涨的热情和坚忍的意志，历时三年胜利完成了地质勘探任务。队党支部书记尢振兴同志身患高血压，本不宜到高海拔地区工作，但他不顾个人安危，身先士卒，亲自带队出野外工作。他的模范行动感染了全队职工，对鼓励大家克服重重困难、全力投入工作起到了带头作用。

　　当时"抓革命、促生产"的最高指示传遍全国上下，在高山上艰苦工作的地质队员也不例外。每天除了做好本职工作、完成生产任务外，"革命"也是他们很重要的日程安排。当时的林彪副主席号召每个人都要随身携带《毛主席语录》或《毛泽东选集》，不仅平时需要留出专门的时间认真学习，而且只要遇到工作间隙就要拿出来读一读，补充"精神营养"。还规定每人每天必须执行的特别仪式，如早晨起床后第一件事要高喊"毛主席万岁"，然后面向东方跳一段"忠字舞"；食堂开饭前，要列队齐声背诵《毛主席语

图7　队里组织以"批判刘少奇活命哲学"为主题的批斗会。演讲者虽然戴着墨镜，但是他上扬的嘴角所流露出来的讪笑还是不由得让人遐思

录》；工间休息时，大家要集合在一起，听读十天半月才从山下捎来一次的"两报一刊"，以便知道有没有最新的"最高指示"。毋庸置疑，那时，大家对毛主席的热爱和崇敬之情是真心实意、溢于言表的。此外，队员们也会自编自演一些短小的说唱、歌舞节目，以活跃单调枯燥的业余生活；还会按上级要求召开各种名目的批判会。有一次，队里组织"批判刘少奇活命哲学"。发言者一个接一个登台，先是毕恭毕敬地表达对毛主席的忠心，接着用几乎千篇一律的词语声讨、批判刘少奇的"罪行"，好像人人对他都有深仇大恨似的。其实，这些长年从事科技工作的地质队员和普通工人对于远在北京的国家领袖，哪里有什么深仇大恨？更不用说连什么是"刘少奇活命哲学"都没有搞明白！于是便有了在严肃的批判会上忽然出现打趣、讪笑的不合拍场面。当时坐在一旁负责拍照的我悄悄按下了快门，捕捉了这一诡异瞬间。

图8　山上有些地方非常险峻，需要先在前方系好一条麻绳，大家拉着麻绳才能通过

　　在那几年里，队员们跟当地的藏族牧民相处得非常融洽。由于当时的工区不仅自然条件十分恶劣，而且缺乏较大比例尺的地形图，更没有卫星图像、GPS 等现代装备，队员们对环境的陌生，也给工作带来了许多额外困难。而藏族牧民常年在当地生活，对工区附近的地形地貌非常熟悉，因此队员们常常会拿着矿石样品，向牧民们打听哪里能找到同样的矿石，得到了牧民们的许多帮助，而随队医务人员也常常会给牧民诊疗疾病。面对这些高山外的友好来客，牧民们有时会舞之蹈之表示欢迎。多次跟牧民们一起点篝火、吃烤肉、快乐共舞的难忘情景，已深深留在我的记忆里。

图 9 炊事员们在风雪里生火做饭，使的是医务人员高温消毒用的卫生锅。这样才能把水烧开，把饭做熟

图 10 帐篷里摆放着毛主席像、《毛泽东选集》和《毛主席语录》

　　我还清晰地记得，当年青海十五地质队工作的唐古拉山脉，到处都是陡峭险峻的绝美山体与晶莹剔透的巨大冰川，让人叹为观止！其中的格拉丹东冰川是长江真正的发源地。要说起来，如今竖着"三江源"碑石的地方并非长江真正的发源地。近年，我故地重游时遗憾地发现，由于全球气候变暖，格拉丹东冰川已经消失了……

　　在那腥风血雨的动乱时期，也正因为勘探队身处深山，使他们远离了政治旋涡，避免了山外风云变幻的侵扰。我至今还记得，当年在山上时，我们所有人每天还在摇着手里的"小红书"，真诚地祝福"毛主席万寿无疆，林副主席永远健康"。而等我 1971 年 9 月中旬下山回到地质局时，竟听到一个有点家庭背景的同事神秘兮兮地跟我说"林彪已经机毁人亡"了。我当时实在不敢相信会有这样的事发生。直到一个月后我去北京出差，为正在筹备的"地质部'工业学大庆'先进事迹展览"送第十五地质队的图片资料时，在一次会议上正式听到了中央有关"九一三"事件的文件传达：林彪企图抢班

图 11　队员们向熟悉当地地形地貌的牧民打听找矿线索

图 12　队员们在对矿样进行分析鉴定

图 13　队员们在采集矿样。每人有必备的工具：一把方便取样的锤子、一个方便鉴定的放大镜、一个用于定位和指方向的罗盘（俗称地质队员"老三样"）

图 14　唐古拉山脉里的巨大冰川。格拉丹东的冰川与湿地，是长江的发源地。现在该冰川已经消失了

夺权，阴谋败露后又试图叛逃苏修，他与亲信乘坐的飞机在蒙古的温都尔汗失事，机毁人亡……

　　日月如梭，一晃近半个世纪就要过去了。这段当年与青海第十五地质队在一起的特别岁月，我至今记忆犹新。

　　　　　　　　　　（蔡华旗整理，原载《老照片》第 111 辑，2017 年 2 月出版）

来自对岸的"空飘"

杨　潜

在我少年的经历和记忆中，对台湾之种种充满神秘感，且无不与恐怖、罪恶、戒备相关联。许多年后才明白，这一切均源自海峡两岸长期的军事对峙与相互隔绝。作为国共内战的延续，两岸关系经由漫长而复杂的演进，已由"汉贼不两立"的军事斗争阶段，逐渐走向了缓和与对话、沟通与合作，"血浓于水"的同胞意识，终于化解开两岸之间的高度敌意，大陆与台湾关系的话题，也不再是政治禁忌。

近日翻检旧物，找出收藏于 20 世纪 90 年代中期的台湾"心战"传单，约有数十帧。逐一审视并打开记忆之门，回首旧时往事，心有百般滋味。

从天上掉下来的"毒弹"

大约在 20 世纪 70 年代初，尚在小学读书的我，一次与小伙伴们在学校外游逛时，捡到过一张"台湾反动传单"，彩印的双面覆有一层极薄的透明塑料膜，尺寸不及 32 开的课本大小。传单内容早已记不清了，只留下模糊的印象：发现传单时我们都有些惶恐，似乎还有点兴奋。传单当然是立即上缴，因为政府有严格规定，学校的老师们更是不厌其烦地叮嘱学生，发现任何反动宣传物品，要做到不看、不信、不传、不隐匿、不私自销毁，否则便与"现行反革命"同罪。那时候，小学生们的"警惕性"绝对不在大人之下，我们相信躲在台湾的蒋介石做梦都想"反攻大陆"，为了不再"受二茬苦、遭二茬罪"，还要学好本领，将来去解放台湾。这样的紧张气氛，伴随了成

图1　蒋经国走访基层的空飘宣传照片

长的少年时代，直至"文革"结束。

　　从台湾飘来的这些印制精美的传单，那时在人们眼里就是从天上掉下来的"糖衣炸弹"，毒性无比，台湾反动派简直罪恶滔天。故每年从五六月起，组织收缴台湾空飘传单成为公安机关、地方武装部及保卫部门的一项重要任务，对收缴的传单和物品，人民武装部除报送各类样品和数目外，一律交由公安机关统一处理。每当我们看到空中缓缓飘荡的白色气球，一具或数具自南而来，心中便义愤填膺。有关台湾空飘气球的传说与流言，时常在民间不胫而走，有的说，它不仅能投放反动宣传品，还投放掺有剧毒的各种食品，用于毒杀大陆人民；有的说，还能投放电子侦查监控设备，用于获取军事情报之用，不一而足。

　　来自台湾的"反动传单"，何以撒落到相距遥远的华北平原呢？它凭借的是一种巨大的高空气球。随着每年春天的季风来临，台湾对大陆的"空飘"宣传战便拉开帷幕。"空飘"作业只是台湾军方实施"心战"的一环，此外还有海飘物品、广播喊话种种。据说这是国民党败退台湾后，汲取在大陆失

图 2　孙中山像也在对岸的空飘宣传品之列

败的教训，认识到"攻心"的特殊作用，将心理战作为政治作战的重要样式
之一。至 20 世纪 60 年代初，蒋介石启动反攻大陆的所谓"国光计划"，随着
技术手段的改善，巨型气球应运而生，"空飘"作业的规模、范围得以扩大。

　　笔者虽亲睹飘浮于万米之上的高空气球，也曾近距离得见因自爆坠落地
面的残骸碎片，却描述不出它的"真容"。据知情者说，气球体积庞大，充
气后像一座楼房，最高可飞至近 2 万米高度，一般可携带 200 公斤左右物品，
能轻而易举地飞抵长江以北区域，最远可达内蒙古。空飘气球大多由设在
金门、马祖的高空气球站施放，人员隶属台湾政战部队，后经整编为心战
大队。

　　大规模"空飘"须选在季风季节，先由气象单位提供目标区域的天气资
料和技术保障，心战人员选择不同型号的气球充填氢气，计算航程时间，挂

装心战物品后升空，当飞至预选目标区域后，利用纯酒精和定时装置引爆，达到投撒心战物品的目的。后期多采用电子装置控制时间及着落点。施放气球，看似简单，其实技术含量颇高。当年台湾对大陆的"空飘"心战，以及作业施放的详情，因其性质特殊，长期秘而不宣。据台湾近年来的解密资料，"台军"有系统地对大陆"空飘"作业，始于1954年，至1962年，开始积极发展大型高空气球，并扩大"空飘"点，数年后，相继又在台湾花莲、韩国建立基地。当时空飘气球的研制生产均属"高度军事机密"，70年代初，还为空飘气球起了一个代号：犁庭产品。直到90年代末期才彻底停产。

这些自天而降的宣传品，对大陆而言毒在哪里？毒性多大？在两岸政治军事对峙的漫长时期里是有所不同的，从传单内容看，五六十年代多以攻击谩骂中共、诋毁丑化大陆、诱降前线官兵为主；七八十年代则以宣扬台湾建设成就、炫耀台湾生活方式、介绍台湾价值观念为主。台湾宣传品的"软性"变化，既显示其心战策略的转变，也反映了两岸军事对抗力度的减缓。从深

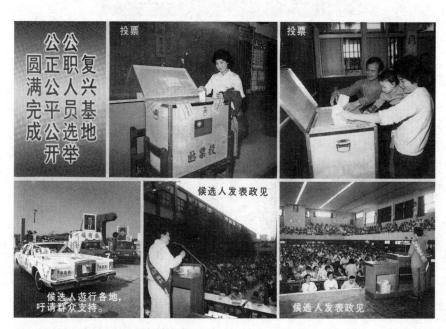

图3 宣传台湾公职人员选举的空飘照片

层次来说，台湾政权已逐渐认识到，利用军事"反攻大陆"构想愈发不能实现。传单表现形式也是五花八门，有文字、图片、绘画、图案，有说教、有报道、有劝诱、有威吓等。总之，内容与形式因对象、时机、目的不同而有所差别，有着较强的针对性。

长达近40年的"空飘"心战，对台湾而言收效如何？对大陆而言损害多大？实在不好评估。如果它是两蒋当年提出的"三分军事、七分政治"的产物，却没能为"反共复国大业"铺路，更没能收到"撒纸成兵"之效，充其量为蒋家父子刷了几十年的"存在感"。比如，"蒋公标准照"传单投放大陆少说也有数十亿张。在"文革"结束以前，民众对捡拾的反动传单辄上缴公安机关，集中销毁，私藏等同于犯罪，会有多少人甘冒身家性命，去相信台湾的那一套说辞呢？大陆改革开放后，社会管控放松，外面的世界逐渐打开了人们的视野，台湾的"心战"传单虽依旧属于"反动宣传品"，但人们对它的神秘感已不复当年了。从今天的视角看待走入历史的"空飘"心战，我觉得台湾著名报人徐宗懋先生的评论最为公允："台湾对大陆的空飘与广播，从一开始即为国民党当局政治作战的一环，其言辞话语尽管当时听来难免刺耳，而在台独气焰在岛内日益猖獗的今天，再看那些充满强烈中华民族意识的文宣品，竟有了几分莫名的亲切感，它们已成了两岸关系半世纪演变过程中的某种珍贵的文献。"

对台湾"空飘"宣传战的反制

这场没有硝烟的"心战"较量，台海两岸始终针锋相对。从20世纪50年代起，双方均投入大量人力物力进行"空飘""海漂""广播"等形式的心战。福建晋江县最早成立了负责"空飘海流"的机构，以组织领导对金、马岛屿的宣传战，并尤为注重发动群众，除厦门前线的战场广播喊话由军方实施之外，地方民兵组织是进行"空飘""海飘"的主力军，当时"空飘"的工具主要是风筝，组织发动妇女们扎糊风筝以供需要，大有"人民战争"的影子。"海飘"的工具更是五花八门，竹排、竹筒、玻璃瓶、盆盆罐罐都能派上用场。风筝"空飘"则需要选择合适的风向、风速，施放时的窍门是：

挂装宣传品的风筝线绳下端拴有一块重量适中的木块，方能保证脱离人控后平稳飞行，飞至目标上空时，捆扎于线绳上端预先点燃的蚊香恰好烧断绳子，风筝飘落地面并散落传单。如此土办法在当时缺乏气球的条件下，也十分奏效。不少投诚的"国军"官兵，便是看了大陆投送的宣传品才下决心来归的。1955年，八一电影制片厂在福建拍摄《海防民兵》纪录片，距离金门最近的小嶝岛民兵实施的"空飘""海飘"得以记录呈现，并广为人知。女民兵洪秀枢等人随即红遍全国，成为那个时代的名人。据晋江县统计，仅1958年至1960年间，晋江就施放了风筝3663只、竹筒2754个、竹排10只、宣传品124万份、礼品373件，送达率达到93%。50年代末，随着技术手段的改进，风筝"空飘"逐渐被气球"空飘"取代。台湾对大陆的"空飘""海漂"物品的管控也极为严格，不准民众私藏"共党宣传品"，发现后也会予以严厉处罚。

攻心与反制，均为海峡两岸高度关注的焦点。在长时段的军事对峙中，

图4　介绍台湾空军建设的空飘宣传图片

双方军力此消彼长，特别是福建、粤东地区的制空权，在 50 年代后期发生了向大陆一方的有利变化，以往国民党空军任意进行空中袭扰破坏沿海及内地的局面不复存在。在此情形下，台湾当局依赖"心理战"对大陆的骚扰却愈演愈烈。自 60 年代中期，"台军"大规模施放高空气球，近至闽粤苏浙沿海，远到西南华北等地，这种时隐时现"白色幽灵"成为大陆的心头之患。为粉碎敌方的心战攻势，人民空军责无旁贷地担负起这种"特殊"的空中作战任务。空军以航空兵部队为作战主体，雷达、观通、气象等勤务分队为配合，合力打击"空飘"气球。官兵遂行此项任务的积极性甚高，不少航空兵师专门成立了"打空飘气球作战小分队"，在战备值班的同时，把打敌"空飘"气球作为紧急升空作战任务。飞行人员击落一具高空气球即给予立功受奖，空军航空兵和海军航空兵部队涌现了一大批打"空飘"的能手。其中空军飞行员吕延岐曾先后击落 28 具气球，创造空军击落空飘气球最高纪录，人称"打气球大王"。

这种貌似飘行缓慢、无还手之力的高空气球，其实并不好打。总结起来有几难：定位难、攻击难、打碎难。台湾军方为避免我方战机机载雷达的截获与攻击，在巨型气球上极少装配金属构件，施放时再经精确计算，一般在夜间抵达目标区上空，这给飞机发现锁定目标带来很大的挑战。即使昼间可以肉眼看见，但它在太阳光反射下，地面雷达难以测定它的准确高度，飞机升空后，也难以识别定位。再说攻击难，高空气球的飘移速度相比飞机速度，只能算是"静止"物体，又没有参照物，飞机接近气球发起攻击时，很容易造成视觉误差，射击时机不好把握。也就是说开炮过早打不着，开炮过迟则可能相撞。同时，攻击时飞机须尽量降低时速，极易引起失速进入螺旋状态，造成空难事故。还有的时候，飞机在地面雷达引导下，虽抵达目标空域，气球高度远远超过飞机最大升限，只好盘旋待战，或返场落地。无功而返的情况司空见惯。

所谓打碎难，是说当具备了攻击条件时，开炮击落它也绝非易事，这与飞机和飞机之间的空战有极大不同，空飘气球采取蜂窝状结构，球体布置了很多各自独立的气囊，炮弹击碎一点或数点，气球照样飘行，所以击落一具气球，发射炮弹都在 100 发以上。这里引用一段老空军战士回忆录中的一段

图5　当年逃往台湾的某些大陆人，也成了空飘宣传品的主角

记述，可见当年打"空飘"的困难和危险："6月14日，又接军指挥所夜间通报，在我防区南部某地上空发现敌空飘气球一具，指挥所当即命令二等值班的飞行员杜昌荣转进一等起飞迎击，怎奈到达气球所在空域位置时，机载雷达根本搜索不到目标，此时本机高度是15500米，指挥所遂命令杜昌荣盲目开炮，'嗵嗵嗵……'发射炮弹135发，飞行速度达到220公里/小时。这是很危险的，歼五甲型飞机，失速速度230公里/小时，即是说，搞不好，220公里的速度就有进入螺旋的危险。不过可以看出，当时飞行员们作战情绪是多么高涨，保卫祖国的决心是多么强大。由于不能判断杜是否打下了这具气球。于是，指挥员又命令李长海起飞迎击。当他驾机升高到13500米时，机载雷达发现了目标，在距离目标600米时，他开了炮，发射炮弹142发。第二天，地方人民公社报告，在该地域里发现空飘气球一具，并且悬挂物完好无损。于是李长海又与其他各保障部门人员，再次荣立三等功！（注：李长海曾于6月3日击落一具空飘气球）根据李长海的作战经验，全大队更加深入地开展打敌空飘气球的战术研究，不久，又由大队长吴鹏富、飞行员廉寿生等，相继击落敌空飘气球多具。"

　　笔者曾经服役过的航空兵某师，虽驻守山东远离东南沿海，但在1974

充满温情的三民主义社会

社会的变迁，大家庭变为小家庭。现在实行三代同堂，使家庭更加和谐融洽。

图6　空飘宣传品中，反映台湾家庭生活的照片

复兴基地人民的居住环境

　近年来，随着复兴基地台湾人民人均收入的增加，对于生活品质的要求也提升了。在居住环境方面，目前80%的人民拥有自用住宅，平均每户居住面积在100平方米以上，新建的社区和国民住宅大多附有停车场、遊乐设施和公园，使居民可享受快乐舒适的闲暇生活。

图7　宣传台湾民众居住环境改善的空飘照片

449

年至 1984 年间，也击落了空飘气球 18 具，其中，1976 年 8 月，1 名飞行员驾歼击 5 甲型战机，首创空军夜间击落空飘气球的战例。各航空兵部队在担负国土防空中，把打空飘气球作为实战任务完成，虽然不算是歼灭敌人的有生力量，但对提升战斗力具有重大作用。从这层意义说，还真要感谢海峡对岸给我们免费提供了这么多的空中靶标得以练兵。

见证海峡两岸历史的"凭据"

几乎是两岸同时进行的"空飘""海漂"早已成为历史。双方进行如此长时间、大规模的宣传战，在人类历史上绝无仅有，它既可以看作是一种严

图 8　空飘品中，台湾民众参观军演的宣传照片

重对峙的应激反应，也是一种独特方式的"对话"。双方共同强调为"内战的延续"，使得台湾与大陆须臾不可分离，实与1958年的金门炮战有异曲同工之妙。

1979年元旦，大陆方面宣布停止对金门、马祖等岛屿的炮击。1984年，台湾当局也宣布全面停止对大陆的炮击。1985年，解放军奉命停止向台湾、金马空飘和海漂宣传品。台湾对大陆最后一次大规模"空飘"是在1988年，当时大陆南方发生了严重的水灾，除心战宣传品外，主要投送了一批用于救灾的物品。次年，两岸交流沟通扩大，台湾终于也停止了对大陆的"空飘"和"海漂"。但双方的心战较量远未结束，只是转换为更"柔性"隐秘的方式。那些数以亿计的传单，今日已存世不多，其"心战"功能虽已不在，却成了见证海峡两岸跌宕起伏历史的证据。

最后，笔者需要简要交代一下所藏"反动传单"的来历。本人既非收藏爱好者，也非"心怀不轨"之人，台湾传单得来纯属一次偶然。那是1996年夏天，尚在军中服役的我，帮助师保卫科整理文件库房，在一个铁皮文件柜里发现几个牛皮纸袋子，打开看是一沓沓花花绿绿的台湾"空飘"宣传品，有上千帧之多，这勾起了我少时的记忆，捡到那张反动传单时的情景……时过境迁，翻检数张，竟无多少好奇。想来存放无用，就和另一位同事商定烧掉了事。因传单覆有塑料薄膜不易点燃，又找来一瓶航空煤油。点火之际，忽然心生一念，将来国家实现统一时，这些传单也是历史的见证。便从中挑选出"毒性"不大的传单数十张，其他如蒋介石肖像等，则浇上煤油，付之一炬。若干年后思之，对当年之举懊悔不及，那时若将这些传单悉数留存下来，也不会有人指我为"反革命"了，还可以让它们见证历史，那该有多好呀！真是可惜了！

事后我曾问及那些传单从何而来，是部队打"空飘"的战利品还是官兵们上缴的捡拾品，但无人能说清楚。

（注：文中引用打"空飘"回忆片段，摘引自"龙布晨曦"的新浪博客）

（原载《老照片》第113辑，2017年6月出版）

改革年代的影像

——一位日本摄影家镜头里的中国

〔日〕本田善彦

　　斋藤康一是当代日本摄影界人物肖像照领域的泰斗，他长期在《文艺春秋》《中央公论》等日本主流媒体的刊物上主持作品连载，曾跟随众多当代日本名人拍摄了许多经典作品。个性谦逊温和、平易近人的斋藤康一，容易获得被拍摄者的信任，加上他细腻的观察和温馨的影像风格，擅于表现出被拍摄者自然人性的一面，使得他的作品受到众多读者的喜爱。

　　斋藤康一还是日本摄影界里少有的"中国通"。1965 年秋天，在偶然的机遇下，他参加了中日两国青年联欢活动，踏进当时被外界视为神秘大地的中国大陆，留下了近百卷胶片的照片。

　　斋藤康一从小即对中国文化感兴趣，这跟他祖父的教导有关。1935 年生于东京的他，成长于二战时期的日本社会，在日本国内弥漫着对中国强烈敌意的那个年代，斋藤的祖父在家里私底下告诉他"自古以来中国拥有伟大的文化，是一个了不起的邻邦，本不应该跟他们交战的"，然后偷偷地教他中国的古典精华。或许早年受到祖父熏陶的缘故，斋藤康一对中国文化有一种朦胧的钟情和好奇。

　　斋藤康一通过实际的参访，开始对中国拥有浓厚的兴趣，回国以后一直期待有第二次访华的机会。然而，来年中国大陆即陷入"无产阶级文化大革命"的风暴，连跟中国特别亲近的外国友人也很难去大陆境内，何况是当时还年轻，也没有社会主义政党背景的斋藤康一自然更不可能有访华的机会。

目睹了"文革"最后一年的中国

　　直到 1976 年，斋藤康一好不容易等到第二次机会。此时"文化大革命"已近尾声，日本新兴佛教团体"创价学会"旗下的"民音（民主音乐协会）"邀请上海京剧团赴日本表演。上海京剧团安排于 1976 年 5 月在日本开演，民音方面先于 4 月间派媒体代表团到上海做采访宣传工作。斋藤康一以日本四大新闻媒体所组成的采访团之摄影师的身份，第一次搭机直航中国内地。1965 年，斋藤第一次访华时，日中双方的邦交尚未正常化，访问内地的大多数外国人，要先飞往香港，再经过罗湖海关才能够进入内地。1972 年，日中实现了邦交正常化，1974 年 9 月，日中定期航线终于开通。1976 年，包括斋藤康一在内的日本媒体代表团，从东京飞往北京，再转中国国内班机到上海，开始采访之行。斋藤对重逢久违十一年的中国大陆有着高度期待，但他所看到的 1976 年大陆百姓的表情和 1965 年所看到

1976 年，上海

1978 年，北京

的很不一样。1976 年 4 月周恩来逝世没多久，也就是四五事件不久后。斋藤说："在上海，看到一位学校老师站在两轮拖车的上面打鼓指挥学生们，老师的表情很明显地流露出疲倦，他打出来的节奏和声音，一点都没有活力，跟十一年前朝气蓬勃的社会氛围大大不同。目睹这些，我很震惊，印象也特别深刻。"

上海京剧团赴日本表演的是革命样板戏《智取威虎山》，因此，斋藤的主要任务就是拍摄京剧团的照片。京剧是中国的国粹，体现数百年来的中国传统舞台剧的精髓，大搞"破四旧"和"立四新"的年代，这些传统艺术到底被如何改造？他们的处境如何？特别是 1965 年，斋藤第一次访华时，访问过上海京剧团。因此，过去十一年之间，京剧团到底发生了什么变化？斋藤对这些问题特别感兴趣。斋藤试问团员，以前看过的传统戏服现在放在哪里？团员回答说，那些已经全部都烧掉了。由于斋藤在日本采访过无数艺术家，非常了解舞台演员演戏的本能，打死都

1985 年，昆明

1985 年，苏州

1985 年，苏州

1985 年，苏州

1988 年，扬州

1988 年，镇江

1992 年，上海

1992 年，上海

不相信这些团员说的话。他判断，或许到了排练场就能看到被改造前的模样，于是他特别提出要到排练场拍摄的要求。上海京剧团一开始婉拒斋藤的要求，但斋藤非常坚持，最后京剧团只好妥协，在舞台上铺好厚垫，让斋藤拍摄短暂的排练，适度满足他的要求，但坚决不让外国来宾看到后台。对此斋藤也没办法，决定不再为难京剧团，只是默默地拍摄临时的排练。上海京剧团的一举一动，都忠实地反映着教条生硬的"文革"末期的社会氛围。

采访的同时，斋藤不忘忙里偷闲，跑去市井小巷拍摄普通百姓的照片，虽然数量有限，不过还是成功地捕捉到"文革"末期的社会景观，目睹了死气沉沉、极度疲倦的中国社会。斋藤心中萌生一股好奇：这样被压抑到极点的中国社会，将来会走向哪里呢？

改革开放启动，社会朝气蓬勃

"文革"终于正式结束，中国迎来了改革开放的时代。斋藤康一开始积极地往返日本和中国之间，有时以私人身份参加旅行团（当时，中国政府原则不开放外国人的自助旅行，只有特定的旅行团有办法申请中国签证），有时会通过受邀于日本或中国的单位主办的活动，尽量找机会去访问。斋藤康一每次来都带几十卷底片，他几乎跑遍了中国各地，包括北京、上海、广州等大城市，还有哈尔滨、呼和浩特、拉萨以及云南等边远地区。他所拍摄的内容和对象非常丰富，从人物肖像到名胜古迹，包含了淳朴的乡村和多变的城市。这段时期，他快门下的中国社会朝气蓬勃，充满魅力。

斋藤特别关注城乡景观和底层百姓生活的变化。他生长于东京，会以直觉观察城市生活的变迁，因此很自然会拍摄中国城市的生活。至于乡村的变化，有时虽比城市还要鲜明，少数民族的生活、著名名胜古迹等都很吸引人，但那部分的变化有时看来大同小异。因此，斋藤决定反复造访北京、上海等大城市，记录市井庶民的点点滴滴，捕捉时代变化的细节。同时，斋藤也费足心力追踪苏州、杭州等拥有悠久历史的中型古老城市的当

1994 年，北京

1995 年，北京

1995 年，北京

1995 年，北京

代演变。

斋藤康一不只用相机记录了改革开放以后中国大陆各地的变化，同时也敏锐地通过自己的耳朵捕捉社会的变化。"改革开放后，中国城市百姓的服装明显多元了，表情和肢体语言也变得活泼，同时百姓的思想也逐渐改变"，这就是斋藤的心得。他举例说，1965 年和 1999 年的两场国庆大典给他带来不同的感受。1965 年的中国，虽然还很穷，但处处充满着建设新国家的喜悦，百姓的士气也非常高昂，国庆当天的游行队伍进行得非常整齐，过了天安门广场后还秩序井然。到 1999 年，建国 50 年国庆大典的氛围和 1965 年大大不同，庆典虽然华丽壮观，但整体的气氛缓和很多，游行队伍过了天安门广场后很快就放松了，之前的紧绷氛围再不复见。斋藤康一认为，改革开放的进展带来中国经济的大幅成长，百姓所得逐年提高，生活质量也明显提高，同时因为整个社会相对富裕起来，百姓的紧张情绪也慢慢地弛缓下来，这也是很自然的现象。

重现中国人四十年之路

改革开放初期，照相机几乎是昂贵奢侈品的代名词，拥有相机的中国家庭并不多。根据斋藤康一的回忆，在早期中国的观光景点，一定会看到出租相机的从业者，旅客买底片的同时，跟租相机者花钱借用相机，和家人、跟朋友摆个姿态拍各式各样的纪念照，拍完后把底片拿去洗。当时，在大陆的景点周边可以看到，不少旅客拿着刚洗好的照片边看边走的样子，斋藤感受到大陆百姓对照片的爱好。除了在相馆或景点拍摄的纪念照之外，大陆百姓手里自己拍摄的照片数量很有限。至于社会生活照片，官方提供的宣传照片都是固定风格的摆拍，以作为宣传用，不太可能去拍摄自然状态的百姓生活。在这种情况下，斋藤康一凭着摄影师的好奇心和艺术感，拍摄了成千上万张的中国街头生活，包括北京胡同里凌乱的民居、上海石库门的窄巷的居所，还有许许多多拆到一半的老建筑。林林总总的城乡变迁、居民悲欢离合的容貌，共同交织成改革开放大时代的进行曲。

今天展阅斋藤康一的中国摄影作品，仿佛四十年来中国人的肖像，逐一

1996 年，北京

1996 年，北京

1999 年，哈尔滨

走过眼前，看似久远，实际上重现了四十年来中国人所走过的路，自是无比地熟悉和感念。

（图片由秦风老照片馆提供，原载《老照片》第 121 辑，2018 年 10 月出版）

那年，在西藏边境乃堆拉

张聿温

西藏，圣洁而神秘的西藏，是我向往已久的地方。辽阔的雪域高原，奔腾的雅鲁藏布江，壮观的布达拉宫，庄严的扎什伦布寺，还有随风飘扬的经幡，散发着清香的青稞，象征着生命活力的和珍稀的牦牛、藏羚羊、藏獒、金雕……所有这一切，对我一直有着极大的吸引力。

1992 年 7 月，我作为《空军报》记者，终于有了一次难得的进藏采访的机会，如愿踏上了那方热土。如今三十一年过去了，那里的山水草木、风土人情和军人戍边的业绩还清晰地铭刻在我的记忆里，尤其是在西藏边境亚东乃堆拉的所见所闻，更是令我回味无穷。

由于特殊的地理位置和气候环境，进藏采访并不是一件容易的事儿，方方面面要做好充足准备。从北京飞成都后，要经过体检，合格后，再等候空军航空兵某师的值班飞机进藏。飞抵拉萨后，先停留几天，一面短暂休整适应，一面和空军拉萨指挥所相关部门听取线索汇报，商定采访路线。采访范围大致分三块，一是拉萨周边，二是南下经日喀则赴亚东，三是北上直奔那曲。最后经再三考虑，确定先南后北，由远及近，即先去亚东，后去那曲，然后再在拉萨周边活动。

我们这个采访组由四人组成，《空军报》记者两人——我和白春风；成空宣传处一人——宣传科长袁道斌；空军拉萨指挥所一人——政治部副主任方贤业。由于此前大家都熟悉，一路谈笑风生，很是融洽。

亚东距拉萨空军部队驻地不足六百公里，在今天人们的概念中，还不是"张飞吃豆芽——小菜一碟"，实在算不得什么，不过一天车程而已！但别忘

图 1　笔者抵达拉萨机场留影

图 2　笔者与方贤业（左）在日喀则扎什伦布寺前

图3 采访组在界碑前合影。自左至右依次为方贤业、白春风、笔者、袁道斌

图4 在国际邮政亭前留影。自左至右依次为白春风、笔者、袁道斌

了，这可是在西藏，而且是三十年前啊！名副其实的千里迢迢，山高路险。西藏地形复杂，道路蜿蜒曲折，主要是砂石路，有的地段还是土路，几乎看不到柏油路和水泥路。况且，当时部队装备的车辆车况也较差，还要保证行车安全。因此，路上花费的时间较长。中途我们在日喀则空军场站住了一夜，中间还到两个连队作了短暂采访，第二天赶到目的地亚东时，已近黄昏。路上，袁道斌流了鼻血，白春风呕吐了一回，我和方贤业还算好。亚东的地理环境，真是奇特。刚才还在茫茫雪原上艰难行驶，严重缺氧让人嘴唇发紫，头痛欲裂，上气不接下气，而一进入亚东县境，汽车欢快地直下谷底，就到了另一个世界，宛如置身江南。但见四周绿色植被茂密，鸟声啁啾，溪流淙淙，五颜六色的野花竞相绽放，空气甜美，气温宜人，缺氧的感觉一下子消失得无影无踪。亚东，真是太迷人啦！

我们在驻亚东空军某部的采访和写作非常顺利。工作之余，还去了趟乃堆拉山口，一看边境线，二看国际通邮。部队陪同的战友介绍说，边境虽是中锡（金）边境，但对方驻守的却是印度士兵，国际通邮日是每周四、周日上午十一时。我们选了个周四上午，吃罢早饭就出发了。到边境口岸的路极其险峻，汽车吼叫着沿盘山公路爬高再爬高，遇不到行人，也遇不到其他车辆，四周是茂密的原始森林，路外侧则是万丈深渊，叫人胆战心惊。

到达山顶，也就是乃堆拉山口的边境线，我们才看清了边境概貌。乃堆拉藏语的意思是"风雪最大的地方"，其海拔高度说法不一，从四千七百余米到四千四百余米不等。山头上青草和灌木旺盛，开满野杜鹃，红色的居多，也有不少黄、白色的。再往下才是林木，一片葱绿。边境线上，拉着破旧的铁丝网，有的地方铁丝网已经倾倒，人可踏入。双方阵地哨所相距二十七米，各有观察镜，用望远镜看，印方公路一侧地势较平坦，公路是柏油的，而我方一侧则是沙土路。

按照约定，上午十一点整，双方开始交换邮件。只见印方一名邮政员在四名士兵护送下，远远地走了过来。其中两名士兵在远处停下，另两名士兵行至铁丝网站定。邮政亭在我方一侧，是座石块水泥结构的大房子。印方邮政员叫洛丁，我方邮政员叫亚林，是亚东邮局的年轻职工。二人握手，互换邮件，清点后在各自的登记簿上签字，然后印方邮政员离去。前后不足

图5　笔者、方贤业（右一）隔铁丝网和印方士兵合影

图6　笔者隔铁丝网与印军士兵握手留影

图7　笔者在我方观察哨

十分钟。印方的邮递员洛丁不苟言笑，我们用"哈喽"打招呼，他仍不回头。相比之下，倒是印军士兵显得比较友好。这位印军士兵肤色黝黑，个头很大，军衣颜色是水泥色，整体看上去倒也协调。他们没携带武器，只是扎着武装带。由于语言不通，我们无法交谈，但彼此均面带微笑，和善地握手、照相。

我们一行，庄严地在界碑前留影。碑石上刻着"中锡边境乃堆拉山口　中国人民解放军五六一八九部队　一九八八年十月一日立"。我当时不解，曾问陪同的战友：既然是中锡（金）边境，怎么由印度兵来站岗呢？他大致介绍说，锡金王国原来是个独立的君主制国家，后来被英国，再后来被印度强占，成为印度的保护国。1975年，锡金被印度吞并为一个邦。陪同的战友还介绍说，1967年，印军入侵乃堆拉，枪杀了我军一位连长，打伤我士兵多人。这是继1962年中印边境自卫反击战之后，我国与印度爆发的第二次严重边境冲突，双方军队展开了大规模炮战。冲突结果，互有伤亡，但印军并未占到什么便宜。再多，他就说不上来了。直到此次写这篇见闻，打开人民网搜索，才发现有关锡金、印度、乃堆拉的资讯非常多。从网上得知，乃堆拉山口距离亚东县城约五十二公里，距离锡金首府甘托克约二十四公里。历史上，通过乃堆拉山口的贸易路线是"茶马古道"的一部分。据说唐僧西天取经曾路过这里。

但无论怎样，1992年的乃堆拉边境，还是和平而安宁的。这一印象，一直存留在我的记忆中。

（原载《老照片》第 148 辑，2023 年 4 月出版）